KB071582

사회서비스와 성과측정

| 지은구 · 조성숙 · 김민주 공저 |

학지사

머리말

이 책은 사회서비스사업, 특히 2007년부터 본격적으로 시작한 '지역자율형 사회서비스투자사업'의 성과를 측정하여 사업의 안정 및 발전을 도모하기 위한 '표준성과측정모형'을 개발하고자 기획하였다. 정부가 기획하는 모든 사회서비스사업은 국민복지 증진이라는 사회적 가치 실현을 가장 중요한 목적으로 하므로, 목적에 맞는 성과측정모형이 개발되어야 한다는 것이 이 책의 가장 핵심적인 주안점이다.

이 책에서 제시하는 성과측정모형은 기관들의 자발적인 성과측정 노력을 통해서 기관 및 직원들의 역량을 강화할 수 있도록 돕는 자기주도적 역량 강화에 초점이 맞추어져 있는 측정모형이다. 또한 성과개선을 통해 성과를 지속적으로 관리할 수 있는 측정모형이고, 기존의 성과측정모형에 대한 비교연구를 통하여 사회서비스사업에 가장 적합하다고 인정하는 '단계별·요소별 성과측정모형(Stepwise·Component Performance Measurement model: SCOPM)'이다.

'단계별·요소별 성과측정모형'을 성과측정영역으로 투입하는 단계는 사회적 가치 지향성을 통하여 측정되며 사회적 가치지향을 위한 노력을 의미한다. 사회적 가치지향성은 행동단계와 산출 및 결과단계와 상호 간에 연관이 있으므로 영향력 모델과 로직모형을 적용하여 사업의 직접적이고 간접적인 영향력을 측정할 수 있는 측정모형을 개발하기 위해 노력하였다. 투입, 행동단계와 산출 및 결과단계에는 각 단계를 연결하는 성과측정요소들이 나타나는데, 이러한 성과측정요소는 서비스효과성, 서비스품질, 서비스만족, 서비스형평성을 포함하는 성과측정요소에 대한 측정을 필요로 한다.

지역자율형 사회서비스사업의 사회적 가치지향성은 결국 사업이 성취하려는 구체적인 목표와 연관이 있으며, 이러한 사업의 목표달성 정도는 성과측정요소인 서비스효과성의 측정을 통해 이루어진다. 이 책에서 제시하는 성과측정모형의 서비스효과성은 다음의 영역에서 측정된다.

> 첫째, 이용자 개개인이 갖는 문제의 해결이나 감소 그리고 사회문제에 대한 인식의 개선
> 둘째, 이용자의 친구, 가족, 학교, 사회에 대한 적응력 향상
> 셋째, 이용자의 회복력 개선 및 증진
> 넷째, 이용자의 복지체감도 향상을 통한 삶의 질과 생활만족도 향상
> 다섯째, 이용자가 주관적으로 인지하는 행복감의 향상
> 여섯째, 이용자의 사기 진작
> 일곱째, 이용자 및 이용자가족의 가족순응성 향상 및 가족건강성 개선
> 여덟째, 이용자 및 이용자가족의 지자체 및 사회서비스에 대한 신뢰를 포함하는 사회자본에 대한 인식의 개선

이 책에서 제시하는 성과측정모형의 서비스품질은 기대하는 서비스와 경험한 서비스의 차이를 비교하는 차이분석(gap analysis)을 통해서 이루어진다. 서비스품질의 차이분석은 기본적으로 1988년 Parasuraman, Zeithaml 그리고 Berry에 의해 개발되어 영리조직을 중심으로 발전된 바, 비영리조직의 서비스품질 측정을 위한 측정도구

로의 적용 및 개발을 위해 서비스품질을 구성하는 요소에 대한 새로운 영역의 적용을 고려하였다. 이를 위해 이 책에서는 기존의 품질 구성요소인 유형성, 공감성, 신뢰성, 응답성 그리고 확신성 이외에 지은구가 제시한 이용자의 권리성 및 기관의 접근성을 포함하는 서비스품질 측정의 구성요소를 제시한다.

또한 사회서비스 성과측정모형의 서비스형평성은 서비스의 내용형평성, 서비스에서 제공하는 혜택형평성 그리고 서비스에서 혜택을 받는 대상자형평성을 통해 측정이 이루어지는데, 기존에 서비스형평성을 측정할 수 있는 측정도구가 존재하지 않아서 자체 개발하여 내용타당도를 검증받은 척도를 제시하도록 한다. 성과측정모형의 서비스만족은 인간봉사영역에서 주로 활용되고, 사회서비스사업에 적용될 수 있는 검증받은 측정도구를 활용하여 측정해야 한다. 이를 위해 이 책에서는 사회복지영역에서 Hudson이 개발한 간편 측정도구인 이용자만족 측정도구를 사회서비스에 적용하여 자체 개발한 척도를 제시하도록 한다.

사회서비스 성과측정모형이 작동하기 위해서는 서비스품질, 서비스만족, 서비스형평성 그리고 서비스효과성을 측정할 수 있는 검증받은 측정도구가 반드시 필요하다. 사회서비스 성과측정에 적합한 신뢰할 수 있고 타당한 측정도구가 없으면 성과측정은 불가능하다. 이를 위해 사회서비스 성과측정모형에 가장 적합한 검증받은 측정도구 개발을 위한 연구를 후속작업으로 제시하는 바다. 이 책에서 제시하는 성과측정영역의 대표적인 성과측정도구들은 현장 및 학계 전문가로부터 내용타당도를 검증받아 수정·보완한 것이지만, 사회서비스사업에 적용할 수 있는 보다 신뢰할 수 있고 타당한 측정도구를 개발하는 것은 우리의 과제다. 이 책의 제2장과 제3장은 본교의 조성숙

교수 그리고 제4장은 김민주 교수가 책임 집필하여 연구의 질을 향상시키기 위해 노력하였고, 전체적인 연구 과정에서 본교 김민수 연구원의 도움을 받았다. 특히, 이 책의 출간에 도움을 주신 학지사 사장님 이하 모든 관계자분에게 감사의 마음을 전한다.

대표 저자
지은구

차 례

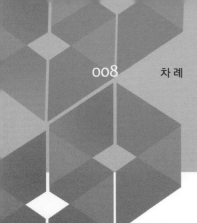

제5장 ▶ 사회서비스와 성과측정   121

 제6장 ▶ 지역자율형 사회서비스투자사업
              성과측정모형   147

제7장 ▶ 지역자율형 사회서비스투자사업
성과측정모형 및 측정영역   171

제**1**장

서 론

1. 연구의 필요성

2. 연구의 목적

3. 연구의 방법 및 과정

서 론 제**1**장

1 연구의 필요성

사회서비스사업은 일반 국민들의 삶의 질 향상 및 전체 사회복지의 증진을 위하여 2007년 약 2,000억 원의 예산을 시작으로 보건복지부가 기획하여 제공되고 있는 사업이다. 사회서비스사업이 설계되고 제공된 배경은 다음과 같다.

첫째, 고령화, 저출산 등 신 사회적 위험에 따른 사회 환경 변화에 대한 정부 차원에서의 전략적 대응의 필요성 등장

둘째, 시장경쟁의 가속화에 따른 사회적 양극화의 심화와 이에 따른 절대적 빈곤계층의 확대와 이들에 대한 사회서비스의 필요성 증가

셋째, 근로빈곤층(working poor)의 확산과 이들을 빈곤으로부터 벗어나도록 하기 위한 인적자본 투자의 필요성 증대

넷째, 사회서비스사업의 제공을 통한 사회적 일자리 창출의 필요성

특히, 사회서비스사업의 일환으로 제공되는 '지역자율형 사회서비스투자사업'은 지방정부가 직접 서비스를 기획하고 생산하는 사회서비스로서 지역 중심의 사회문제에

대한 지역차원에서의 대응과 예방이라는 차원에서 지역주민의 복지체감도를 증진시키고 지역사회 주민들의 삶의 질을 향상시키는 대표적인 사회서비스사업이다. 현재 '지역자율형 사회서비스투자사업'으로는 지역사회서비스투자사업, 산모·신생아건강관리지원사업 그리고 가사·간병방문지원사업이 있으며, 이 중 지역사회서비스투자사업이 가장 대표적인 사업이고 예산의 규모도 가장 큰 것으로 알려져 있다. 보건복지부의 2014년 사회서비스사업 전체 예산 1조 944억 원 중 2,617억 원이 '지역자율형 사회서비스투자사업'으로 지출되었다. 특히, 지역자율형 사회서비스사업의 확대는 중앙에서 지역으로 내려가는 중앙정부 위주의 사회서비스 제공으로 지역주민들의 다양한 욕구를 충족시키는 데 한계가 있고, 지역사회의 특성을 반영하기 어렵다는 측면에서 2007년 처음 서비스가 시작된 이후 지속적으로 확대되고 있다.

사회서비스가 2007년 처음 도입되었을 때 국비보조금이 약 1,312억 원 지출되었으며 이후 지속적으로 증액되어 2014년에는 국비와 지방비를 포함하여 1조 944억 원으로 8배 이상 확대되었고, 지역자율형 사회서비스사업의 경우는 2007년 국비 727억 원에서 2014년에 2,617억 원을 지출하여 약 3.6배 증액되었다. 특히, 2015년 사회서비스포괄보조금의 제도화로 본 사업이 '지역발전특별회계 포괄보조사업'으로 전환되어 2016년 사회서비스사업의 전체 예산은 증액이 이루어질 것으로 예상하고 있다.

사회서비스사업의 필요성 증대와 지속적인 확대는 이에 따른 관리적 측면에서의 문제점 역시 양산하고 있다. 특히, 사회서비스사업은 비영리조직 중심의 공급자 제공방식에서 서비스를 시장자율에 맡기는 시장 중심의 서비스 제공방식을 채택하여 민간영리조직과 비영리조직이 사회서비스시장을 형성하는 유사시장(또는 준시장)에서 서비스가 제공되어, 이에 따른 영리조직 간 경쟁과 일부 영리조직의 시장독점 현상은 사회서비스품질 유지 노력에 대한 심각한 도전이 되고 있는 실정이다.

이러한 문제점을 극복하기 위한 방안으로 사회서비스품질 유지 및 향상을 위해 정부는 매년 사회서비스 품질평가를 시행하고 있지만 형식적인 평가지원체계의 운영으로 실질적인 서비스의 관리 및 지원체계의 역할을 수행하고 있지 못한 것으로 평가되고 있다. 특히, 형식적인 서비스품질에 대한 보여 주기 위주의 정량평가만이 시행되고 있어 사회서비스품질 향상 및 성과의 개선을 통한 지역주민의 삶의 질 향상이라는 본래의 사업목적의 성취 여부는 입증되지 못하고 있는 것이 현실이다.

특히, 사회서비스품질을 유지 발전시키고 안정적인 사업발전을 도모하기 위해서는 품질 향상을 포함하는 사회서비스사업의 성과를 측정할 수 있는 측정모형을 개발하고 측정된 증거를 바탕으로 사업발전을 지향하는 선순환적인 성과관리 시스템의 구축이 필요하다. 그러나 일회적인 사업체에 대한 문건(서류) 중심의 평가로 인해 사회서비스 사업 전체의 발전과 사회서비스품질 향상 그리고 이를 통한 지역주민의 삶의 질 향상 및 복지체감도 증진이라는 사업성과는 입증되지 못하고 있어 전반적인 지역주민의 사회서비스에 대한 복지체감도는 낮은 수준에 머물러 있는 것이 현실이다.

결국, 사회서비스의 발전을 통한 지역주민의 삶을 개선하고 주민들의 행복감을 향상시키기 위해서는 사회서비스의 성과를 측정하는 시스템을 구축하는 노력이 필요하다. 특히, 지역주민의 삶의 질을 개선하고 지역사회 전체의 복지증진이라는 성과목표를 성취하는 것을 목적으로 하는 '지역자율형 사회서비스사업'을 관리하기 위해서는 사업의 안정성 담보와 서비스품질을 자체적으로 개선할 수 있도록 유도하는 효과적인 성과측정 시스템의 구축 및 시행이 필요하다.

② 연구의 목적

본 연구의 목적은 '지역자율형 사회서비스투자사업'의 성공적인 정착 및 지속적인 발전을 담보할 수 있는 표준적인 성과측정 시스템을 개발(표준성과측정모형)하는 것에 있다.

③ 연구의 방법 및 과정

　'지역자율형 사회서비스투자사업'의 성공적인 정착 및 지속적인 발전을 담보할 수 있는 표준적인 성과측정 시스템 개발(성과측정을 위한 표준모형구축)이라는 본 저서의 목적을 성취하기 위하여 선행연구를 통하여 연구자들에 의해 제시된 프로그램 및 사업의 성과측정모형의 장단점들을 비교분석한 후 '지역자율형 사회서비스투자사업'에 로직모형을 적용하여 각 사업 단계별 영향력을 분석한다. 그 후 성과를 측정할 수 있는 측정영역 확인 및 영역별 측정 지표를 개발하여 전문가들의 타당도 검증을 마친, 표준적인 사업의 최종 성과측정모형을 완성할 것이다. 본 연구의 과정은 [그림 1-1]과 같다.

프로그램 성과 평가 선행연구	프로그램 성과측정 문헌검토
프로그램 성과측정 국내외 모형 분석	성과측정모형 분석
지역사회 서비스투자사업 논리 분석	영향력이론을 통한 인과관계 분석
사업의 목적과 목표 그리고 구체적인 서비스 확인	서비스의 구체화 및 투자사업운영 단계별 과정 확인
성과측정을 위한 측정영역 확인	측정영역 및 영역별 내용 확인
성과측정요소 확인	성과측정요소 확인을 위한 학계 전문가 FGI
지역사회 서비스투자사업 성과측정모형 구축	최종 성과측정모형 완성

[그림 1-1] 연구의 과정

제**2**장

사회서비스

사회서비스 제2장

① 사회서비스사업

1) 사회서비스의 개념 정의

사회서비스에 대한 개념 정의는 학자들마다 매우 다양하게 정의하고 있으며, 따라서 사회서비스에 대한 합의된 개념을 도출하는 것은 용이하지 않다. Johnson(1995)은 사회복지서비스와 사회서비스를 동일한 개념으로 보고 있으나, Baugh(1987)는 욕구가 있는 사람들을 돕기 위해 국가(또는 지역)에 의해 제공되는 서비스로 간주하여 사회서비스를 매우 광범위하게 정의하고 있다. 사회서비스(social service)라는 개념은 사회복지서비스(welfare service), 대인사회서비스(personal social service), 사회적 보호(social care) 등 다양한 용어와 혼용되고 있다(강혜규 외, 2007). 일반적으로 미국에서는 사회서비스를 대인서비스로, 유럽에서는 돌봄서비스(care service)의 성격을 띠는 것으로 간주하여 사람을 대상으로 하는 대인서비스라는 특성을 동시에 가지고 있다고 간주되고 있다(조성숙, 지은구, 2009).

사회서비스란 일반적으로 개인 또는 사회 전체의 복지증진 및 삶의 질 향상을 위해 사회적으로 제공되는 서비스를 의미하며, 집합적 대응이 필요하다고 사회적으로 인정되고,

개인과 국가가 공동으로 책임지는 국가 혹은 지역서비스를 의미한다. 일반적으로 공공행정(일반행정, 환경, 안전), 사회복지(보육, 아동, 장애인, 노인 보호), 보건의료(간병, 간호), 교육(방과 후 활동, 특수 교육), 문화(도서관, 박물관, 미술관 등 문화시설 운영)를 포괄하는 개념으로 사회복지서비스가 사회서비스에 포함되는 것으로 해석하고 있다(보건복지부, 2015b).

개정된 「사회보장기본법」 제3조에 따르면, '사회서비스'란 국가, 지방자치단체 및 민간부문의 도움이 필요한 모든 국민에게, 복지, 보건의료, 교육, 고용, 주거, 문화, 환경 등의 분야에서 인간다운 생활을 보장하고, 상담, 재활, 돌봄, 정보의 제공, 관련 시설의 이용, 역량 개발, 사회참여 지원 등을 통하여 국민의 삶의 질이 향상되도록 지원하는 제도를 말한다. 기타 관련 법률에서 사회서비스의 정의를 살펴보면 다음과 같다. 「사회서비스 이용 및 이용권 관리에 관한 법률」에 따르면, '사회서비스'란 「사회복지사업법」에 따른 사회복지서비스, 「보건의료기본법」에 따른 보건의료서비스, 그 밖에 이에 준하는 서비스로서 대통령령으로 정하는 서비스를 말한다. 「사회서비스 이용 및 이용권 관리에 관한 법률 시행령」에 의하면, 사회서비스의 종류에는 돌봄 및 일상생활 지원서비스, 가사지원 및 간병 서비스, 건강관리 서비스, 인지 · 인성 발달지원 서비스, 사회적응지원 및 상담지도 서비스, 문화 체험 여행 서비스, 재활 보조용구대여 서비스, 그 밖에 보건복지부 장관이 필요하다고 인정하여 고시하는 서비스가 포함된다. 또한 「사회적기업육성법」에 의하면, '사회서비스'라 함은 교육, 보건, 사회복지, 환경 및 문화 분야의 서비스, 그 밖에 이에 준하는 서비스를 말한다.

2) 사회서비스의 범위

사회서비스는 국민의 일상생활 지원, 가족과 공동체를 위한 생활서비스, 상대적인 불평등과 관련된 요구가 강한 서비스, 사회적으로 필요하나 시장에서 최적의 양이 공급되지 못해 주로 초기에 공공부문에서 제공 기반이 마련될 필요가 있는 서비스를 포함한다. 또한 이윤추구 등 경제적 동기 외에 이타주의 등 사회적 동기가 결합되어 있고, 사회적 소비의 총량은 개인적 선택 외에 집단적인 의사결정이 중요한 요소로 작용한다는 특징을 가지고 있다(보건복지부, 2015b).

대부분의 국가에서 사회서비스의 주요 대상은 노인, 장애인, 아동 등이며, 서비스 내용은 주로 돌봄, 기초적 의식 및 주거보장, 보건의료, 교육, 고용 등을 포함한다. 또한 사회서비스의 목표는 일자리 보장, 인적 자본 확충, 사회적 관계 참여, 신체적·정신적 건강 확보, 기초적 재생산을 위한 생활보장, 일반행정 및 서비스 전달 등이 있다(강혜규 외, 2007: 35-36). 사회서비스의 목표, 개입분야, 서비스 내용에 따른 분류는 [그림 2-1]과 같다.

[그림 2-1] 사회서비스의 목표, 개입분야 및 서비스 내용

출처: 강혜규 외(2007), p. 40에서 재인용.

2 사회서비스사업의 유형

보건복지부 소관 사회서비스사업은 노인돌봄서비스, 장애인사업, 지역자율형 사회서비스투자사업, 장애아동가족지원, 임신·출산 진료비지원, 청소년산모 임신·출산 진료비지원이 있다. 사회서비스사업의 유형은 〈표 2-1〉과 같다.

🖳 〈표 2-1〉 사회서비스사업의 유형

	사업명	바우처 시작연도	대상
노인돌봄 서비스	노인돌봄종합서비스	'07년 5월	만 65세 이상 노인
	노인단기가사서비스	'14년 2월	만 65세 이상 독거노인 또는 부부 모두 75세 이상
	치매환자가족휴가지원서비스	'14년 7월	노인돌봄종합서비스 이용자 중 치매노인
장애인사업	장애인활동지원	'11년 11월	등록 1~3급 장애인 (만 6세 이상~만 65세 미만)
	시·도 추가지원	'10년 10월	등록 1~6급 장애인 (시·도별 등급 상이)
지역자율형 사회서비스 투자사업	지역사회서비스투자	'07년 8월	사업별로 상이
	산모·신생아건강관리지원	'08년 2월	출산 가정
	가사·간병방문지원	'08년 9월	기초수급자 및 차상위 계층 (만 65세 미만)
장애아동 가족지원	발달재활서비스	'09년 2월	만 18세 미만 장애아동
	언어발달지원	'10년 8월	만 10세 미만 비장애아동
	발달장애인 부모심리상담서비스	'14년 2월	발달장애인 자녀의 부모
임신·출산 진료비지원		'08년 12월	임신확인서로 임신이 확진된 임신·출산 진료비지원 신청자

청소년산모 임신 · 출산 진료비지원	'12년 1월	임신확인서로 임신이 확인된 청소년산모 임신 · 출산 의료비 지원 신청자

출처: 보건복지부 사회보장정보원 홈페이지.

보건복지부 소관 명시적(전자카드) 바우처 적용 사회서비스사업으로는 노인돌봄종합서비스, 장애인활동지원서비스, 산모 · 신생아건강관리지원사업, 지역사회서비스투자사업, 가사 · 간병방문지원사업, 발달재활서비스, 언어발달서비스, 발달장애인 부모심리상담서비스 등 8대 바우처사업이 있다. 이 중 주요 사회서비스 유형을 살펴보면 다음과 같다.

1) 노인돌봄종합서비스

노인돌봄종합서비스는 혼자 힘으로 일상생활을 영위하기 어려운 노인에게 가사 · 활동지원 혹은 주간보호 서비스를 제공하여 안정된 노후생활 보장 및 가족의 사회 · 경제적 활동기반 조성을 목적으로 시행되었다. 서비스 대상은 만 65세 이상의 노인(독거노인)으로 노인장기요양등급 외 A, B 판정자로서 전국 가구 평균 소득의 150% 이하(연도 기준: 1950년 출생일 경과자), 시 · 군 · 구청장이 인정하는 장애 1~3등급 및 중증질환자 중 차상위계층 이하인 사람이다.

노인돌봄종합서비스의 내용은 다음과 같다. 첫째, 신변 · 활동지원으로, 식사 도움, 세면 도움, 옷 갈아입히기, 구강관리, 신체기능의 유지, 화장실 이용 도움, 외출 동행, 목욕보조 등이 해당된다. 둘째, 가사 · 일상생활지원으로, 취사, 생활필수품 구매, 청소, 세탁 등이 해당된다. 셋째, 주간보호서비스 이용으로, 심신기능회복서비스, 급식 및 목욕, 노인 가족에 대한 교육 및 상담, 송영 서비스 등이 해당된다. 방문서비스는 원칙적으로 일별 이용시간에 제한이 없고, 제공기관과 이용자 간의 계약 체결 시 별도 합의하여 결정하며, 주간보호서비스는 일별 9시간을 초과할 수 없으며, 초과 시에는 본인이 부담한다. 서비스 유형은 방문서비스, 주간보호서비스, 치매환자가족지원서비스, 단기가사서비스가 있다. 노인돌봄종합서비스의 지원 내용은 〈표 2-2〉와 같다.

🖥 〈표 2-2〉 노인돌봄종합서비스의 지원 내용

분류	서비스 내용
방문서비스	신변 · 활동지원: 식사 도움, 세면 도움, 옷 갈아입히기, 구강관리, 신체기능의 유지, 화장실 이용 도움, 외출동행, 목욕보조 등 ※ 목욕보조서비스는 보호자가 입회하는 경우에만 가능
	가사 · 일상생활지원: 취사, 생활필수품 구매, 청소, 세탁 등 ※ 의료인이 행하는 의료 · 조산 · 간호 등의 의료서비스 제공은 불가
주간보호서비스	심신기능회복서비스(여가, 물리치료 · 작업치료 · 언어치료 등의 기능 훈련), 급식 및 목욕, 노인가족에 대한 교육 및 상담 등의 주간보호서비스 제공
치매환자가족휴가지원서비스	서비스 제공기관에서 일정 기간 동안 치매노인 보호
단기가사서비스	식사 도움, 옷 갈아입히기, 외출동행 , 취사, 생활필수품 구매, 청소, 세탁 등

2) 장애인활동지원사업

장애인활동지원사업의 목적은 신체적 · 정신적 사유로 일상생활과 사회생활을 하기 어려운 장애인에게 활동지원서비스를 제공함으로써 장애인의 자립생활을 지원하고 가족의 부담을 줄여 장애인의 삶의 질을 향상시키는 데 목적이 있다. 서비스 대상은 만 6세 이상 만 65세 미만의 「장애인복지법」상 등록 1~3급 장애인이다. 소득과 무관하게 연령과 장애 기준에 해당되면 누구든지 서비스를 신청할 수 있다. 활동지원서비스인정조사표에 의한 방문조사 결과가 220점 이상이면 서비스 대상자로 선정될 수 있다. 〈표 2-3〉은 장애인활동지원사업의 지원 내용을 보여 준다.

📟 〈표 2-3〉 장애인활동지원사업의 지원 내용

서비스 분류	서비스 내용
신체활동지원	목욕 도움, 배설 도움, 체위 변경, 세면 도움, 식사 도움, 실내이동 도움 등
가사활동지원	청소 및 주변 정돈, 세탁, 취사 등
사회활동지원	등하교 및 출퇴근 지원, 외출 동행 등
방문 목욕	가정방문 목욕 제공
방문 간호	간호 · 진료 · 요양상담, 구강위생 등

3) 지역자율형 사회서비스투자사업

지역자율형 사회서비스투자사업은 중앙정부에서 직접 기획 · 관리하는 현행 사회서비스 공급체계로, 지역 특성과 주민의 다양한 서비스 욕구를 충족시키기에 한계가 있어 이에 탄력적으로 대응하고 지방의 자율성을 강화하고 수요자 중심적 공급체계를 구축하기 위하여 사회서비스 재정지원방식을 포괄보조(block grant)로 전환하여 지역의 사업 기획 및 집행상 자율성과 책임성을 부여한 사업이다. 지역자율형 사회서비스투자사업에는 지역사회서비스투자사업, 산모 · 신생아건강관리지원사업, 가사 · 간병방문지원사업이 포함된다. 〈표 2-4〉는 지역자율형 사회서비스투자사업의 유형을 보여 준다(지역자율형 사회서비스투자사업에 대한 상세 내용은 제3장 참조).

📟 〈표 2-4〉 지역자율형 사회서비스투자사업 유형

구분	사업 내용
지역사회서비스투자사업	지자체가 지역 특성 및 주민 수요에 맞게 발굴 · 기획한 사회서비스 지원
산모 · 신생아건강관리지원	출산 가정에 산모 · 신생아건강관리사를 통한 가정방문서비스 지원
가사 · 간병방문지원	신체적 · 정신적 이유로 원활한 일상생활과 사회활동이 어려운 저소득 취약계층에게 재가간병 · 가사지원 서비스 지원

4) 장애아동가족지원사업

(1) 발달재활서비스

발달재활서비스는 성장기의 정신적·감각적 장애아동의 인지, 의사소통, 적응행동, 감각운동 등의 기능 향상과 행동 발달을 위한 적절한 발달재활을 지원하고 정보를 제공하고, 나아가 높은 발달재활서비스 비용으로 인한 장애아동 양육가족의 경제적 부담을 경감하는 데 목적이 있다. 서비스 대상자는 18세 미만의 장애아동으로 시각, 청각, 언어, 지적, 자폐성 뇌병변 장애아동(중복 장애 인정)으로, 전국 가구 평균 소득 150% 이하(소득별 차등 지원)가 해당된다. 기타 요건으로는 「장애인복지법」상 등록장애아동으로, 영유아(만 6세 미만)의 경우 시각, 청각, 언어, 지적, 자폐성 뇌병변 장애가 예견되어 발달재활서비스가 필요하다고 인정한 의사 진단서와 검사자료로 대체 가능하다. 또한 시각 장애아동(중복 장애 제외)의 경우 발달재활서비스가 필요한 대상인지 여부를 별도로 판단한다. 전담 공무원은 상담 및 사회복지사, 재활사의 자문 등 다양한 방법을 통해 동 사업에서 지원하고 있는 발달재활서비스가 필요한 대상인지를 판단하여 대상자 적합 여부를 판단한다. 서비스 내용은 크게 두 가지로 구분된다. 첫째, 언어청능, 미술·음악, 행동·놀이·심리운동, 재활심리, 감각운동 등 발달재활서비스 제공이 있다. 둘째, 장애 조기 발견 및 발달진단서비스, 중재를 위한 부모상담서비스가 있다. 단, 의료행위인 물리치료와 작업치료 등 의료기관에서 행해지는 의료지원은 불가하다.

(2) 언어발달지원사업

언어발달지원사업은 감각적 장애부모의 자녀에게 필요한 언어발달지원서비스를 제공하여 아동의 건강한 성장 지원 및 장애가족의 자체 역량 강화에 목적이 있다. 서비스 대상자의 자격기준은 만 10세 미만 비장애아동(한쪽 부모가 시각, 청각, 언어, 지적·자폐성 뇌병변 등록장애인)으로 양쪽 부모가 시각, 청각, 언어, 지적, 자폐성 뇌병변 등록장애인인 경우 우선 지원하며, 소득 기준은 전국 가구 평균 소득 100% 이하(소득별 차등 지원)다. 아동, 부모, 대리인 등이 주민등록상 주소지의 읍·면·동에 신청하면, 지자체에서는 소득조사를 거쳐 서비스 대상자 여부 및 등급을 결정하며, 소득 기준에 따라 4등급으로 구분된다. 서비스 내용은 언어발달진단서비스, 언어재활, 청능재활 등 언어 재활서비스 및 독서지도, 수화지도를 하며, '논술지도' '학습지도' 등 교과목 수업이 불가하고 학습지를 사용한 지도 역시 불가하다.

(3) 발달장애인 부모심리상담서비스

발달장애인 부모심리상담서비스는 과중한 돌봄 부담을 가지고 있는 발달장애인 부모에게 집중적인 심리·정서적 상담서비스를 제공하여 우울감 등 부정적 심리상태를 완화시켜 궁극적으로 발달장애인 가족의 기능 향상을 도모하는 데 목적이 있다. 서비스 대상은 발달장애인(「장애인복지법」상 지적, 자폐성 장애인) 자녀를 둔 부모(성인 포함, 만 6세 미만인 경우 장애등록 대신 의사 소견서로 갈음 가능)로, 소득 기준은 전국 가구 평균소득 150% 이하(맞벌이 가구의 경우, 맞벌이 합산 소득의 25% 감경 적용)다. 서비스 이용자의 심리·정서 수준을 검사하고, 그 결과 우울증이 의심되는 등 전문적인 심리상담이 필요하다고 판단되는 경우에 적용되며, 다른 법령(또는 국가 예산)에 따라 발달장애인 부모 심리지원 사업과 유사한 서비스를 받고 있는 자는 제외된다. 서비스 내용으로는 발달장애인 부모에게 개인 심리상담을 6개월간 제공(회당 50분, 월 4회 이상)하며, 지원 연장이 필요하다고 판단되고, 이용자가 이를 희망하는 경우 1회(최대 6개월)에 한하여 지원 연장이 가능하다. 필요한 경우 일부 회기는 부부상담으로 진행 가능하다. 심리·정서 검사 등을 통해 위험군으로 의심이 되는 경우에는 병원이나 관할 정신보건센터 등에서 관련 치료서비스를 적절히 받을 수 있도록 연계해 준다.

5) 임신·출산 진료비지원

임신·출산 진료비지원제도란 임신이 확진된 임신부의 본인부담금을 경감하여 출산 의욕을 고취하고, 건강한 태아의 분만과 산모의 건강관리를 위하여 임신과 출산에 관련된 진료비를 국민행복카드 또는 고운맘카드로 일부 지원하는 제도다. 지원 대상은 임신확인서로 임신이 확진된 건강보험 가입자 또는 피부양자 중 임신·출산 진료비

지원 신청자로,「의료급여법」에 따라 의료급여를 받는 자(수급권자),「독립유공자예우에 관한 법률」및「국가유공자 등 예우 및 지원에 관한 법률」에 의하여 의료보호를 받는 자(유공자 등 의료보호 대상자)로서 건강보험의 적용 배제 신청을 한 자, 신청 접수 시 상실자(주민등록말소자), 급여정지자(특수시설수용자, 출국자 등)는 대상에서 제외된다. 지원 범위는 임신과 출산에 관련된 진료를 위해 임산부가 지정요양기관에서 받는 진료비용(출산 비용, 출산 전후 산모의 건강관리와 관련된 진료 포함)이며, 지원 금액으로는 임신 1회당 50만 원 이용권(국민행복카드, 고운맘카드)이 지원(다태아 임산부는 70만 원 지원)된다.

6) 청소년산모 임신 · 출산 진료비지원

청소년산모 임신 · 출산 진료비지원사업은 청소년산모에게 건강한 태아의 분만과 산모의 건강관리를 위하여 진료비 일부를 지원하는 사업으로, 산전 관리가 취약한 청소년산모를 대상으로 임신 · 출산 진료비를 지원함으로써 청소년산모와 태아의 건강 증진을 도모하는 것을 목적으로 한다. 지원 대상은 만 18세 이하 산모로 청소년산모 임신 · 출산 진료비지원 신청자로, 임신부가 산부인과 병 · 의원에서 임신 및 출산과 관련하여 진료 받은 급여 또는 비급여 의료비(초음파 검사 등) 중 본인부담 의료비를 지원하며, 임신 1회당 120만 원 범위 내에서 지원된다.

③ 사회서비스사업의 논리

사회서비스사업에 대한 논의는 2006년 말부터 보건복지부에 의해 시작되었다. 현재 시행되고 있는 사회서비스 정책들은 2006년부터 대통령자문위원회의 하나인 고령화 및 미래사회위원회와 기획예산처 중심으로 추진되었고, 2007년 이후부터는 보건복지부가 사회서비스 정책을 주관하였다(조현승 외, 2012). 사회서비스사업은 다음과 같은 논리하에서 도입되었다.

첫째, 사회서비스사업은 신 사회적 위험(new social risks) 등의 사회 환경 변화에 적극 대응한다는 논리로 도입되었다. 즉, 후기산업사회로의 이행과 관련된 경제사회 변동에 따라 저출산·고령화 등 인구구조의 변화, 핵가족화 등 가족구조의 변화, 여성의 경제활동 참여 증가 등으로 인해 구사회적 위험뿐만 아니라, 새로운 사회적 위험에 노출된 대상이 증가하기 시작하였고, 이에 따라 기존의 저소득 취약계층뿐만 아니라 소득과 상관없이 다양한 계층의 사람들의 사회서비스에 대한 수요가 증가하게 되었다. 예를 들어, 가족, 특히 여성에 과도하게 의존하는 비공식돌봄은 한계에 도달하여 돌봄의 시장화 내지 사회화를 불가피하게 하였고, 사회경제 전반의 경쟁 가속에 따른 양극화의 심화·확산은 상대적 취약계층의 증가로 이어져 사회서비스에 대한 수요를 가속화하였다. 이에 사회서비스는 저소득 취약계층 중심의 서비스가 아닌 다양한 계층을 위한 보편적인 서비스 제공을 통해 변화하는 환경에 적극 대응한다는 논리를 가졌다고 볼 수 있다(보건복지부, 2015b).

둘째, 사회서비스는 공급자 지원방식에서 수요자 지원방식으로의 변화를 통해 공급자 간 경쟁을 유도함으로써 서비스 이용자의 선택권을 강화한다는 논리를 담고 있다. 기존의 공급기관 지원방식하에서의 서비스 대상자는 주로 저소득층 위주의 소극적인 복지수급자에 제한되었으나, 수요자 지원방식하에서는 저소득층뿐만 아니라 중산층까지 확대함으로써 서비스 이용자가 능동적인 서비스 구매자로 전환되어 수요자의 선택권이 강화된다는 논리다(〈표 2-5〉 참조). 서비스 이용에서 소비자의 선택권이 보장됨에 따라 서비스 이용자는 기존의 수동적인 보호대상자가 아닌 능동적 시장의 상품 구매자로 전환되었으며, 이러한 서비스 이용자의 선택권 강화에 따라 이용자들이 서비스를 자발적으로 선택하고 서비스품질에 대해서도 요구가 강화될 수 있다(조현승 외, 2012). 물론, 서비스 이용자의 선택권 강화는 서비스 이용자가 적극적인 서비스 구매자로서의 책임도 가지게 하는 장치도 동반했는데, 이용자들의 소득 수준 등을 고려하여 일정액의 본인부담금을 부담하게 하였다.

🖥 〈표 2-5〉 공급자 지원방식과 수요자 지원방식 비교

	공급기관 지원방식	수요자 지원방식
지원 방법	민간단체 보조금	바우처
공급 기관	단일 기관 독점	다수 기관 경쟁
서비스 대상	수급자 등 저소득층	서민, 중산층
본인부담금	전액 국가지원	일부 본인부담금 부과
서비스 시간	공급기관 재량	이용자 욕구별 표준화

출처: 보건복지부(2012), p. 11.

셋째, 사회서비스 제공 과정에서 시장의 경쟁시스템 도입을 통해 서비스품질 향상을 도모한다는 논리다. 즉, 공급자 간 경쟁을 통해 이용자의 요구에 대한 민감성을 높이고 서비스 이용자가 제공기관을 선택할 수 있게 함으로써 공급자 지원방식에서 나타나던 사회복지서비스전달체계의 독점 상태를 해소하고 제공기관들 간의 자연스런 경쟁을 유도하여 서비스품질이 향상되는 효과가 나타난다고 가정한다(보건복지부, 2015b). 이러한 환경하에 기존의 사회복지영역의 주요 민간기관들뿐만 아니라, 대학 혹은 영리기관 등이 사회서비스 제공기관으로 유입되었고, 서비스 제공기관의 영역도 다양해졌다. 그러나 경쟁으로 인한 서비스품질 향상 등에 대한 긍정적인 영향은 미약하며 오히려 공급자와 이용자의 도덕적 해이 가능성이 증가하게 되었다. 또한 사회복지서비스 제공에서 영리기관의 참여가 공식적으로 허용되었으나, 영리기관 참여는 6개 사업분야의 23.0%에 불과하며, 돌봄서비스사업(바우처사업)의 경우 7.5%에 불과한 것으로 나타났다. 또한 사업 규모도 영세하여 인력 10명 미만의 돌봄서비스기관이 23.7%에 해당하는 것으로 나타났다(강혜규, 2013). 사회서비스영역에의 영리기관 참여 제한 및 영세기관 증가는 사회서비스 도입 당시의 서비스품질 향상에 대한 논리를 점검할 필요성을 제기한다.

넷째, 사회서비스사업은 고용 취약계층을 위한 다양한 일자리 창출을 통해 서민의 생활 안정 및 경제활동 참여 기회를 확대하고자 하였다. 사회복지서비스사업의 취업유발계수(28.8)는 서비스업 평균(18.0)은 물론, 제조업 평균(8.5)을 상회하여 자체 고용

창출효과가 큰 부문(2012년 기준; 한국은행, 2014)으로, 특히 중·장년 여성이나 저소득층 등 고용 취약계층에게 적합한 일자리를 제공함으로써 서민생활 안정 및 경제활동 참여 기회를 확대하고자 하였다(보건복지부, 2015b). 물론, 2007년 3개의 바우처사업에서 출발한 사회서비스사업은 약 9년간의 사업을 통해 이용자 및 제공기관 확대뿐만 아니라 일자리 창출에도 크게 기여하였다. 특히, 사회서비스 바우처사업의 제공인력이 2014년 현재 15만여 명으로 집계되는 등 일자리 창출의 양적인 면에서는 크게 기여하였으나, 질적인 면에서는 점검이 필요한 것으로 보인다. 사회서비스영역에서 창출된 일자리는 대부분 1년 이하의 기간제 근로자를 고용하고 있으며, 임금 수준은 여전히 낮고 안정적이지 않은 것으로 나타났다. 예를 들어, 노인돌봄 및 장애인활동지원사업 종사인력의 월평균 임금은 77만 원 수준이었고, 주로 시급 형태로 임금을 수령함에 따라 근로자의 노후보장이 어려울 뿐더러, 서비스 제공을 위한 이동시간, 교육시간 등에 대한 임금산정이 어려운 실정인 것으로 나타났다(강혜규, 2013).

지역자율형 사회서비스 투자사업

지역자율형
사회서비스투자사업

1 지역자율형 사회서비스투자사업

1) 사업 구조 및 추진체계

중앙정부에서 직접 기획·관리하는 사회서비스 공급체계는 지역 특성과 주민의 다양한 서비스 욕구를 충족시키기에 다소 한계가 있다. 다시 말하면, 보건복지부가 지역사회서비스투자사업 내 지자체의 자체개발사업을 매년 심사·조정하여 지자체의 자율성이 제약되었을 뿐만 아니라, 돌봄서비스 간 칸막이로 인하여 지역 수요 변화에 대해 탄력적으로 대응하기가 곤란해졌다. 이에 사회서비스 공급이 효율적으로 이루어질 수 있도록 지방의 자율성을 강화하고 수요자 중심의 공급체계로 개편을 추진하면서 지역사회서비스투자사업, 산모·신생아건강관리지원사업, 가사·간병방문지원사업을 지역자율형 사회서비스투자사업으로 통합하게 되었다. 이 과정에서 사회서비스 재정지원방식도 포괄보조(block grant)로 전환하여 지역의 사업기획 및 집행상 자율성과 책임성을 부여하였다(보건복지부, 2015b: 13).

지역자율형 사회서비스투자사업 운영 시 보건복지부, 시·도, 시·군·구는 다음과 같은 역할을 수행한다. 보건복지부가 시·도별 지역자율형 사회서비스투자사업의 배

분액을 결정하고, 내역사업별 예산 편성 기준을 설정하고, 자체개발사업 가이드라인을 설정한다. 한편, 시·도는 지출한도 범위에 따라 지역자율형 사회서비스투자사업의 예산을 편성하고, 내역사업의 총액을 관리하고, 시·군·구별로 예산을 배정하며, 자체개발사업 간 예산을 조정한다. 시·군·구가 내역사업 간 예산을 조정하면 시·도는 승인하는 구조를 가지고 있다. 지역자율형 사회서비스투자사업의 구조는 [그림 3-1]과 같다.

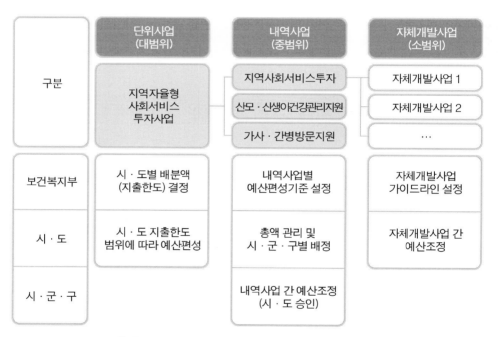

[그림 3-1] 지역자율형 사회서비스투자사업의 구조

출처: 보건복지부(2015b), p. 12.

지역자율형 사회서비스투자사업은 보건복지부, 한국보건정보개발원, 시·도, 지역사회서비스 지원단, 시·군·구, 서비스 제공기관들이 유기적으로 관련되어 추진되고 있는데, 구체적인 사업의 추진체계 및 기능은 [그림 3-2]와 같다.

추진 주체		기능
보건복지부	사회서비스사업과	• 사업 기본계획 수립, 지침 작성 사업 총괄 • 전자바우처시스템 구축 및 관리
	사회서비스정책과	
한국보건복지정보개발원		• 시 · 군 · 구 예탁금 관리 • 바우처 비용지급 및 정산 • 사업 모니터링 실시 및 통계 관리
보건복지부	사업총괄담당부서 (과, 계)	• 복지부와 사업계획 협의(전년도 12월~연초) • 시 · 도(광역) 사업 총괄 관리 • 본청 및 시 · 군 · 구 사업 선정 · 관리 · 감독 • 복지부에 성과평가 자료 제출(연말) • 자체평가 실시 및 결과보고(보건복지부)
	사업별 담당부서 (과, 계)	• 사업 시행 • 사업 지침 마련 • 서비스 제공기관 관리 • 사업홍보 • 서비스 이용자 관리(시 · 도 개발사업) • 시 · 군 · 구 사업 관리 감독
지역사회서비스 지원단		• 지역 제공기관/인력 교육훈련 총괄 • 사회서비스 컨설팅 및 발굴 · 기획 • 서비스품질 향상 지원체계 구축
시 · 군 · 구	사업총괄담당부서 (과, 계)	• 시 · 군 · 구 바우처 사업 총괄 • 본청 사업 관리감독 • 보건복지부에 성과평가 자료 제출(연말)
	사업별 담당부서 (과, 계)	• 사업 시행 • 서비스 제공자 등록 · 관리 • 사업 홍보 • 서비스 이용자 선정(시 · 군 · 구 개발 및 공동개발사업) • 서비스 제공 지도 감독
서비스 제공기관	기관 담당자	• 서비스 공급인력 모집, 교육 • 서비스 제공 및 모니터링 • 월별 집행실적 보고(일자리) • 착수보고 및 연말 결과보고 　(자체 평가, 서비스 효과, 회계 등)

[그림 3-2] 지역자율형 사회서비스투자사업 추진체계 및 기능

출처: 보건복지부(2015b), p. 57.

2) 사업 현황

보건복지부는 2007년 5월에 처음으로 사회서비스사업을 도입하였다. 2007년에는

노인돌봄종합서비스, 장애인활동보조서비스, 지역사회서비스투자사업 등 3개 사업이, 2008년에는 산모·신생아도우미서비스와 가사·간병서비스가 시행되었고, 2009년에는 장애아동재활치료사업, 2010년에는 언어발달지원사업 등이 순차적으로 시행되었다.

먼저 사회서비스의 연도별 사업실적을 살펴보면, 사회서비스 전체 지급액은 2007년 1,312억 원(국비)이었으나 지속적으로 증가하여 2014년에는 1조 944억 원(국비+지방비)으로 8배 이상 증액되었다. 또한 지역자율형 사회서비스투자사업 지급액은 2007년에 727억 원(국비)이었으나, 2014년에는 2,617억 원(국비+지방비)으로 약 3.6배 증액되었다. 지역자율형 사회서비스투자사업의 연도별 지급액(국비+지방비) 현황은 〈표 3-1〉과 같다.

🖥 〈표 3-1〉 지역자율형 사회서비스투자사업 연도별 지급액(국비+지방비) 현황 (단위: 억 원)

사업명		연도							
		2007	2008	2009	2010	2011	2012	2013	2014
사회서비스 전체		1,312	3,337	4,548	5,505	5,375	6,956	9,316	10,944
지역자율형 사회서비스 투자사업	지역사회 ①	727	1,124	1,155	1,457	1,684	1,748	1,951	1,969
	산모·신생아 ②	–	316	308	388	331	330	341	402
	가사·간병 ③	–	621	673	326	177	169	232	246
합(①+②+③)		727	2,061	2,136	2,171	2,192	2,247	2,524	2,617

출처: 2007~2009년 자료는 강혜규(2013)와 조현승 외(2012) 참조. 2010~2014년 통계자료는 사회서비스 전자바우처<정부3.0 정보공개<정보공개<통계정보 참조. 2007년의 지급액은 국비+지방비에 대한 지급액 자료가 확인되지 않아 국비 지급액만을 제시함.

사회서비스 전체의 연도별 이용자 현황은 2007년에는 247,958명이었으나 지속적으로 증가하다가 2014년에는 636,093명으로 다소 감소하여 2007년 대비 2.5배 이상 증가하였다. 또한 지역자율형 사회서비스투자사업 이용자는 2007년에는 224,848명으로 증가세를 이어 가다가 다소 감소하여 2014년에는 468,158명으로 2007년 대비 약 2배 증가하였다. 지역자율형 사회서비스투자사업의 연도별 이용자 현황은 〈표 3-2〉와 같다.

🖥 〈표 3-2〉 지역자율형 사회서비스투자사업 연도별 이용자 현황   (단위: 명)

사업명		연도							
		2007	2008	2009	2010	2011	2012	2013	2014
사회서비스 전체		247,958	599,000	636,767	680,038	656,203	643,725	705,986	636,093
지역자율형 사회서비스 투자사업	지역사회 ①	224,848	488,961	485,221	485,736	473,922	450,554	484,851	389,408
	산모 · 신생아 ②	–	44,902	53,401	67,420	57,848	57,744	58,569	67,791
	가사 · 간병 ③	–	20,070	33,281	27,953	10,539	10,353	10,878	10,959
합(①+②+③)		224,848	553,933	571,903	581,109	542,309	518,651	554,298	468,158

출처: 2007~2009년 자료는 강혜규(2013)와 조현승 외(2012) 참조. 2010~2014년 통계자료는 사회서비스 전자바우처 < 정부3.0 정보공개 < 정보공개 < 통계정보 참조.

사회서비스 전체의 연도별 제공기관 현황을 살펴보면, 2007년에는 1,274개소였으나 2014년에는 8,066개소로 6배 이상 증가하였다. 또한 지역자율형 사회서비스투자사업의 제공기관은 2007년에는 390개소이던 것이 2014년에는 3,540개소로 2007년 대비 9배 이상 증가하였다. 지역자율형 사회서비스투자사업의 연도별 제공기관 현황은 〈표3-3〉과 같다.

🖥 〈표 3-3〉 지역자율형 사회서비스투자사업 연도별 제공기관 현황   (단위: 개소)

사업명		연도							
		2007	2008	2009	2010	2011	2012	2013	2014
사회서비스 전체		1,274	2,235	3,000	4,289	5,361	6,982	6,838	8,066
지역자율형 사회서비스 투자사업	지역사회 ①	390	880	906	1,081	1,462	2,170	2,387	2,775
	산모 · 신생아 ②	–	164	197	253	305	256	298	337
	가사 · 간병 ③	–	292	303	311	315	471	402	428
합(①+②+③)		390	1,336	1,406	1,645	2,082	2,897	3,087	3,540

출처: 2007~2009년 자료는 조현승 외(2012) 참조. 2010~2014년 통계자료는 사회서비스 전자바우처 < 정부3.0 정보공개 < 정보공개 < 통계정보 참조.

사회서비스 전체의 연도별 제공인력 현황을 살펴보면, 2007년에는 15,683명이었으나 2014년에는 150,779명으로 약 10배 증가하였다. 또한 지역자율형 사회서비스투자사업의 제공인력 수는 2007년에는 2,789명이던 것이 2014년에는 56,491명으로 2007년 대비 20배 이상 증가하였다. 지역자율형 사회서비스투자사업의 연도별 제공인력 현황은 〈표 3-4〉와 같다.

〈표 3-4〉 지역자율형 사회서비스투자사업 연도별 제공인력 현황

(단위: 명)

사업명		연도							
		2007	2008	2009	2010	2011	2012	2013	2014
사회서비스 전체		15,683	39,783	74,658	122,190	116,897	132,809	152,961	150,779
지역자율형 사회서비스 투자사업	지역사회 ①	2,789	11,486	39,614	61,607	59,260	61,115	59,772	40,873
	산모·신생아 ②	–	3,687	3,977	9,554	8,735	9,156	8,948	9,859
	가사·간병 ③	–	3,846	5,369	6,305	4,062	4,307	5,257	5,759
합(①+②+③)		2,789	19,019	48,960	77,466	72,057	74,578	73,977	56,491

출처: 2007~2009년 자료는 조현승 외(2012) 참조. 2010~2014년 통계자료는 사회서비스 전자바우처<정부 3.0 정보공개<정보공개<통계정보 참조.

2 지역자율형 사회서비스투자사업의 유형 및 내용

1) 지역사회서비스투자사업

지역사회서비스투자사업은 중앙정부가 전국을 대상으로 일괄 실시하는 국가 주도형 서비스 제공방식에서 탈피하여 지자체가 지역 특성 및 주민 수요에 맞는 사회서비스를 발굴 및 기획하는 사업으로, 지역별·가구별로 다양한 특성과 수요에 부합하는 차별적 서비스를 지자체가 주도적으로 발굴·집행하여 지역주민이 체감하고 만족하는 사회서비스를 제공함으로써 이를 기반으로 사회서비스 산업화를 도모하는 데 목적이 있다. 이 사업의 목적을 구체적으로 살펴보면 다음과 같다. 첫째, 지역별·가구별

로 다양한 특성과 수요에 부합하는 차별적인 서비스(mass customized services)를 지자체가 주도적으로 발굴·집행함으로써 지역주민이 체감하고 만족하는 사회서비스를 제공하는 것이다. 둘째, 시장 형성 가능성이 높은 분야를 발굴하여 수요자의 구매력을 보전함으로써 지속가능한 사회서비스 시장을 형성하고 일자리 창출을 도모하는 데 있다. 셋째, 인적 자본 형성, 건강투자, 고령 근로 촉진 등 사회투자적 성격의 사업을 집중 지원함으로써 미래 성장 동력을 확보하고 사회·경제적 자립 기반을 확충하는 데 목적이 있다. 서비스 대상은 전국 가구 평균 소득 100% 이하 가구를 원칙으로 하며, 사업별로 상이하고, 노인·장애인사업대상은 전국 가구 평균 금액에 해당하는 소득 120% 이하이다.

지역사회서비스투자사업의 주요 사업 유형별 개요는 〈표 3-5〉와 같다.

〈표 3-5〉 지역사회서비스투자사업의 주요 사업 유형별 개요

주요 서비스	사업 목적	서비스 내용	서비스 대상	서비스 가격
영유아 발달 지원 서비스	발달 문제가 우려되는 영유아에 대한 중재서비스를 제공함으로써 영유아의 정상적인 발달 지원	발달 지연이 우려되는 영유아에게 지연 영역의 발달을 촉진할 수 있는 운동, 언어, 인지, 정서, 사회성 발달중재서비스 제공(제공인력 1인당 5명 이하 소그룹으로 제공)	• 소득/연령: 전국 가구 월평균 소득 100% 이하 가정의 만 0세~만 6세 • 욕구기준: 영유아 건강검진 항목 중 발달 평가 결과, 추후 검사 필요 등급을 받은 영유아 및 보건소장이 추천하는 영유아, 부모 협조하에 실시한 발달검사(KDEP, K-ASQ 등) 결과 지연 또는 발달경계인 경우로 유아교육기관장·보육시설장이 추천하는 영유아	월 20만 원 (정부부담 80~90%/ 본인부담 10~20%)

서비스				
아동 정서 발달 서비스	교육환경, 가족 해체 증가로 인한 아동·청소년의 정서·행동 문제 해결	아동·청소년의 정서·행동 문제 해결을 위하여 음악 교육 이론 및 실기와 정서 순화 프로그램 제공	• 소득/연령: 전국 가구 월평균 소득 100% 이하의 만 8세~만 13세 아동 • 욕구기준: '정신보건사업안내'의 아동·청소년 심층 사정평가도구 검사 결과, 절단점 이상인 아동 또는 학교장·정신보건센터장이 추천하는 학교부적응 및 정서·행동 문제, 문화적 소외로 어려움을 겪고 있는 아동	월 20만 원 (정부부담 80~90%/ 본인부담 10~20%)
아동· 청소년 심리 지원 서비스	문제행동(ADHD)의 조기 발견과 개입을 통하여 문제행동을 감소시키고, 정서·행동 장애로의 발전을 막아 정상적 성장 지원	증상에 따라 필요한 프로그램을 선별 또는 혼합하여 월 4회 (회당 50분 내외) 이상 제공하고, 여건에 따라 부가서비스 제공	• 소득/연령: 전국 가구 월평균 소득 120% 이하 가정의 만 18세 이하 범위 내에서 지역 여건에 따라 설정 • 욕구기준: 의사 진단서·소견서를 받은 아동 등 문제행동 위험군 아동 중 서비스 지원이 우선적으로 필요하다고 판단되는 아동	(기본)월 16만 원 (정부부담 70~90%/ 본인부담 10~30%)

인터넷 과몰입 아동·청소년 치유 서비스	조기 발견과 치료개입을 통하여 인터넷 과다 사용 아동·청소년의 문제행동을 감소시키고, 인터넷 중독으로의 발전을 막아 건강한 사회구성원으로의 성장 지원	아동·청소년의 인터넷 사용 정도에 따라 기본서비스와 대체활동·맞춤형 사후관리 서비스를 표준 프로세스에 준거하여 제공하되 이용자의 욕구를 판단하여 일부 프로그램의 제공 빈도 조정	• 소득/연령: 전국 가구 월평균 소득 100% 이하 가정의 만 18세 이하 아동 • 욕구기준: 인터넷 중독 선별검사 결과, 고위험군·잠재위험군 판정을 받은 아동	월 20만 원 (정부부담 80~90%/ 본인부담 10~20%)
노인 맞춤형 운동 처방 서비스	고령자 등 건강취약계층의 신체활동 지원을 통해 의료비 절감 및 건강 증진	• 건강상태 점검(분기 1회) • 운동 프로그램 구성 및 실시(주 3회, 1회 90분)	• 소득/연령: 전국 가구 월평균 소득 120% 이하 만 65세 이상 노인(장기요양등급 외 판정자)	• 수중운동 위주 서비스: 월 12만 원 내외(정부 10.8만 원, 본인 1.2만 원) • 기타 체조/에어로빅 등: 월 7만 원 내외(정부 6만 원, 본인 1만 원)
장애인·노인을 위한 돌봄 여행 서비스	관광에 대한 높은 욕구에도 불구하고 신체적 특성으로 인한 활동제약 및 관광인프라 부족으로 양질의 서비스를 받지 못하는 장애인·노인을 위한 특화된 전문 돌봄여행 서비스 제공	• 전문 돌봄인력이 동반하는 1박2일 국내여행 프로그램 • 특화서비스 제공	• 소득/연령: 전국 가구 월평균 소득 120% 이하 가정의 신체활동이 가능한 장애등록자, 「국가유공자 예우에 관한 법률」에 의해 상이등급 판정을 받은 자 및 만 65세 이상 노인	• 1박2일 프로그램을 기본형으로 설정하되, 당일/2박3일 프로그램 별도가격 설정 • 기초생활보장수급자, 차상위계층은 본인부담금의 50% 감면

장애인 보조기기 렌탈 서비스	지체 및 뇌병변, 척수장애아동 등에게 맞춤형 보조기기를 대여하고 이를 지속 관리함으로써 기기 구입에 따른 경제적 부담을 덜고 정상적인 신체발달을 지원	• 보조기기 대여 및 성장단계별 맞춤 지원 • 점검 및 유지 보수 • 상담 및 정보 제공	• 소득: 소득 기준 없음(단, 지자체에서 우선순위 설정 가능) • 연령: 만 19세 미만 장애아동 • 기준: 장애판정을 받은 지체 및 뇌병변 장애아동, 척수장애 및 근디스트로피로 의사 소견서 및 진단서 발급이 가능한 장애 아동	월 12만 원 (정부부담 70~90%/ 본인부담 10~30%)
시각 장애인 안마 서비스	노인성 질환자의 건강을 증진하고, 일반 사업장 등에 취업이 곤란한 시각장애인에게 일자리 제공 필요	월 4회(회당 1시간) 근골격계 · 신경계 · 순환계 질환의 증상 개선을 위한 안마, 마사지, 지압 등 수기요법 및 기타 자극요법에 의한 안마 서비스 제공	• 소득: 전국 가구 월평균 소득 120% 이하 또는 기초연금수급자 • 연령: 근골격계 · 신경계 · 순환계 질환이 있는 만 60세 이상인 자, 지체 및 뇌병변 등록 장애인, 「국가유공자 예우에 관한 법률」에 의해 상이등급 판정을 받은 자 중 근골격계 · 신경계 · 순환계 질환이 있는 자	• (월 4회 제공) 월 144천 원(정부 12만 8천 원, 본인 1만 6천 원) • (월 2회 제공) 월 7만 2천 원(정부 6만 3천 원, 본인 9천 원)

정신 건강 토탈 케어 서비스	정신질환자의 조기 발견과 개입(생활관리)을 통하여 입원을 예방하고 지역사회에서 적응하여 취업 및 자립생활을 할 수 있도록 지원	정신질환의 증상과 기능수준과 욕구에 따라 필요한 프로그램을 선별 또는 혼합하여 월 4회(회당 60분 내외) 이상 제공하고, 여건에 따라 부가서비스 병행 제공	• 소득/연령: 전국 가구 월평균 소득 100% 이하(단, 정신장애인은 전국 가구 월평균 소득 120% 이하) • 욕구기준: 정신장애인 또는 정신과 치료가 필요하다는 정신과 의사의 소견서 및 진단서 발급이 가능한 자	월 20만 원 (정부부담 18만 원/ 본인부담 2만 원)
자살 위험군 예방 서비스	자살 위험군에 대한 조기 선별검사와 사례관리 서비스 제공을 통해 자살예방 및 사회적 부담 경감	이용자의 자살위험성의 정도와 기능수준, 욕구에 따라 필요한 서비스를 월 10회 이상 제공하며, 필요에 따라 부가서비스 병행 제공	• 소득: 기초연금 수급자 또는 전국 가구 평균 소득 100% 이하 가구(단, 65세 이상 노인은 전국 가구 월평균 소득 120% 이하) • 욕구기준: 자살위험검사에 의한 자살위험군에 해당하는 사람	월 16만 원 (정부 14.4만 원/ 본인 1.6만 원)
아동·청소년 비전형성 지원 서비스	아동·청소년 시기의 체계적인 사회·문화 활동 및 자기주도력 향상 프로그램을 통해 자기에 대한 긍정적 인식과 미래 비전을 형성하고, 책임감 있는 사회구성원으로 성장하도록 지원	비전형성 기본 유형: 자존감 회복을 위한 라이프코칭, 리더십, 진로탐색, 자기주도학습 프로그램을 이용자 특성에 따라 제공	• 소득/연령: 전국 가구 월평균 소득 100% 이하 만 7세 ~만 15세	월 14만 원 (정부부담 80~90%/ 본인부담 10~20%)

다문화가정 아동 발달 지원 서비스	부모를 통해서 한국어를 배우기 어려운 다문화가정 아동들의 한국어 구사능력 향상을 통해 언어능력 향상 및 기타 서비스를 통해 자존감 및 사회성 향상 지원	다문화가정 아동의 발달서비스는 구체적으로 우리말 배우기, 일상생활 지원, 학습지원, 정서지원 서비스로 구분	• 소득/연령: 전국 가구 월평균 소득 100% 이하 만 3세~만 12세 • 욕구기준: 다문화가정의 아동	월 12만 원 내외 (정부부담 80~90%/본인부담 10~20%)
장애인·노인 등 건강 취약 계층 운동 처방 서비스	장애인·노인·산모 등 건강취약계층의 신체활동지원을 통해 의료비 절감, 건강증진	• 노인 프로그램(주 3회, 1회 90분): 혈액검사·건강상담/유산소 운동/댄스스포츠 • 장애인 프로그램(주 3회, 1회 90분): 혈액검사·건강상담(분기 1회), 유산소 운동/수중운동/놀이치유 프로그램 • 산모 프로그램(주 3회, 1회 90분): 혈액검사·건강상담/라마즈 교육/임산부 요가	• 소득: 전국 가구 월평균 소득 120% 이하 장애인, 산모(임신 3개월 이상), 65세 이상 노인(장기요양등급 외 판정자) • 연령: 만 65세 이상 노인, 기타 장애인 및 산모는 연령기준 없음	월 19만 원 내외 (정부 17.1만 원, 본인 1.9만 원)
고령자 소외 예방 서비스	고령자들에게 보다 적극적인 노후대비전략을 제시하고 이를 생활에 실천할 수 있는 교육을 통해 고령자 스스로 노년기를 보람 있게 보낼 수 있도록 지원	고령자 및 은퇴자에게 개별 라이프코칭과 노후재무 설계프로그램으로 구성	• 소득: 전국 가구 월평균 소득 120% 이내 • 연령: 만 65세 이상 노인 또는 기초연금 수급자	월 18만 원 내외 (정부 16만 원, 본인 2만 원)

(비만) 아동 건강 관리 서비스	경도 이상 비만 혹은 허약 아동과 부모에게 건강교육, 운동처방 및 운동지도 등을 통해 체질 개선, 질병 예방 등 건강한 성장 지원	아동의 특성에 따라 적절한 운동프로그램을 처방하고 주 1~2회(회당 50~60분) 운동지도, 필요시마다 비만관련 건강교육, 영양교육, 정보 제공, 상담	• 소득: 소득 기준 없음(별도 설정 가능) • 연령: 만 5세~만 12세 • 욕구 기준: 경도 (* 비만 지수 20%) 이상의 비만 아동	월 6만 원~ 10만 원 내외 (서비스 내용별 상이)
중소 기업 근로자 통합 지원 서비스	지역사회 내 중소기업 근로자의 스트레스 해소를 통해 신체·정서적 안정, 근무의욕 고취 및 삶의 질 향상 등을 이루고, 이에 따른 기업의 생산성 제고를 통한 지역경제 활성화	정서지원서비스, 직장 내 대인관계 증진 및 자존감 향상프로그램, 라이프코칭 서비스, 건강힐링서비스, 부부관계증진서비스 등	• 소득/연령: 소득 기준 없음(별도 설정 가능) • 욕구 기준: 지역사회 내 중소기업(100인 이하의 사업장) 근로자	월 16만 원 이내 (정부부담 60~90%/ 본인부담 10~40%)
부모- 아동 상호 관계 증진 서비스	유아기 아동과 부모를 대상으로 통합적 서비스를 제공하여 아동과 부모 간의 상호교감과 유대감 형성을 지원하고 양육부담을 감소	아동과 부모에게 상담 및 상호관계 증진 서비스 지원	• 소득: 전국 가구 월 평균 소득 100% 이하의 만 1세~5세 아동을 양육하는 부모 • 욕구기준: 부모-아동 상호작용 진단 결과 관계증진이 필요한 부모	월 15만 원 (정부부담 80~90%/ 본인부담 10~20%)

2) 산모·신생아건강관리지원사업

산모·신생아건강관리지원사업은 출산가정에 산모·신생아 건강관리사를 파견하여 산후조리서비스를 제공하는 사업이다. 이 사업의 추진근거는 「사회서비스 이용 및 이용권 관리에 관한 법률」과 「저출산·고령사회기본법」 제8조 내지 제10조다. 이 사업의 목적은 출산가정에 산모·신생아 건강관리사를 파견하여 산후관리를 지원함으로써 산모와 신생아의 건강을 증진하고 출산가정의 경제적 부담을 경감하며 산모·신생아 건강관리사 양성을 통해 사회적 일자리를 창출하는 데 있다. 지원 대상은 산모 및 배우자의 건강보험료 본인부담금 합산액이 전국 가구 월평균 소득 65% 이하 금액에 해당하는 출산가정이다. 단, 상대적으로 산후관리 부담이 큰 일부 특수 가정(쌍생아 이상 출산가정, 희귀난치성질환산모 등)에 대해서는 소득 기준을 초과하더라도 예외지원 하는 지자체도 있다. 신청기간은 출산 예정일 40일 전부터 출산일로부터 30일까지이며, 지원 기간은 한 아기(단태아)는 12일, 쌍둥이(쌍태아)는 18일, 세쌍둥이(삼태아) 이상 또는 중증장애 산모는 24일이다. 지원 내용은 산모·신생아 건강관리사가 출산가정을 방문하여 일정 기간 산후관리를 도와주는 산모·신생아 건강관리서비스 이용권을 지급한다. 유효기간은 출산일로부터 60일 이내(60일이 경과되면 바우처 자격 소멸)다. 신청 자격은 국내에 주민등록 또는 외국인 등록을 둔 출산가정이다. 단, 부부 모두가 외국인인 경우 당해 외국인은 국내 체류자격 비자(사증) 종류가 F-2(거주), F-5(영주), F-6(결혼이민)인 경우에 한한다. 서비스 비용은 보건복지부가 정한 상한선 범위 내에서 개별 제공기관이 자율적으로 책정한다. 정부지원금은 소득 수준 및 신생아 유형에 따라 차등 지원하며, 본인은 서비스 가격에서 정부지원금을 뺀 차액을 부담한다. 〈표 3-6〉은 산모·신생아건강관리지원사업의 표준서비스를 보여 준다.

〈표 3-6〉 산모·신생아건강관리지원사업의 표준서비스

분류	서비스 내용
산모건강관리	• 산모 신체 상태 조사 • 유방관리 • 산후 부종관리 • 산모 영양관리 • 좌욕 지원 • 산모 위생관리 • 산후 체조지원

신생아건강관리	• 신생아 건강상태확인 • 신생아 청결관리 • 신생아 수유지원 • 신생아 위생관리 • 예방접종 지원
산모정보제공	• 응급상황 발견 및 대응 • 감염예방 및 관리 • 수유 산후회복 신생아케어 관련 산모교육
가사활동지원	• 산모 식사 준비 • 산모 · 신생아 주생활 공간 청소 • 산모 · 신생아 의류 등 세탁
정서지원	• 정서 상태 이해 • 정서적 지지
기타	• 제공기록 작성 • 특이사항 보고

3) 가사 · 간병방문지원사업

가사 · 간병방문지원사업은 장애인, 소년 · 소녀가정, 한부모가정 및 중증질환자에게 제공하는 가사 · 간병 지원서비스로, 일상생활과 사회활동이 어려운 저소득층을 위한 간병 · 가사 서비스를 지원함으로써 취약계층의 생활 안정을 도모하고 가사 · 간병방문 제공인력의 사회적 일자리를 창출하는 데 목적이 있다. 지원 대상은 만 65세 미만의 국민기초생활수급자, 차상위계층 중 가사 · 간병 서비스가 필요한 자다. 여기에는 1~3급 장애인, 6개월 이상 치료를 요하는 중증질환자, 희귀난치성 질환자, 소년 · 소녀가정, 조손가정, 한부모가정, 기타 위에 준하는 경우로 시 · 군 · 구청장이 가사 · 간병 서비스가 필요하다고 별도로 인정한 자가 포함된다. 한 달에 일정 시간 동안 가사 또는 간병 서비스를 이용할 수 있는 이용권(바우처)이 지급된다. 가사 · 간병방문지원사업의 서비스 내용은 신체수발 지원(목욕, 대소변, 옷 입기, 세면, 식사 등 보조), 신변활동 지원(체위 변경, 간단한 재활운동 보조 등), 가사 지원(청소, 식사 준비, 양육 보조 등) 및 일상생활 지원(외출 동행, 말벗, 생활상담 등)이 있다. 〈표 3-7〉은 가사ㆍ간병방문지원사업의 서비스 내용을 보여 준다.

〈표 3-7〉 가사ㆍ간병방문지원사업의 서비스 내용

분류	서비스 내용
신체수발 지원	목욕, 대소변, 옷 입기, 세면, 식사 등 보조
신변활동 지원	체위변경, 간단한 재활운동 보조 등
가사 지원	청소, 식사준비, 양육보조 등
일상생활 지원	외출 동행, 말벗, 생활상담 등

제**4**장

프로그램 성과측정모형 비교분석[1]

1) 이 장은 지은구(2012), 『비영리조직 성과관리』의 제10장을 수정·보완하였음.

프로그램성과측정모형 비교분석

1 로직모형

1) 로직모형이란

일반적으로 로직모형은 어떻게 하나의 사업 또는 프로그램이 참석자들에게 혜택을 가져다주는가? 어떻게 참석자들이 사업이나 프로그램에서 혜택을 성취하는가? 또는 어떻게 사업이나 프로그램이 실제적으로 운영되는가를 이해할 수 있도록 설명해 준다. McLaughlin과 Jordan(1999)은 로직모형이 프로그램의 기대된 성과에 관한 설득력 있는 이야기를 위한 하나의 도구이자 토대라고 강조하였다. 로직모형은 프로그램의 성과를 설명하기 위해 프로그램의 요소(elements), 즉 투입, 행동, 산출 그리고 결과 등의 요소와 요소들 사이의 관계를 분석한다(Weinbach, 2004). 결국 로직모형은 프로그램의 요소들을 활용하여 사업이나 프로그램이 어떻게 작동하는가에 대한 논리를 제공하는 것이라고 정의할 수 있다. 로직모형은 단순히 프로그램의 결과만을 측정하는 모형이 아니기 때문에 프로그램이 어떻게 작동하고, 어떻게 그리고 왜 이런 결과를 창출하는 가에 대한 전체 프로그램의 성과를 측정하는 데 도움을 준다. 결국 프로그램의 성과를 측정하는 데 있어 프로그램이론과 이론에 기초한 로직모형의 적용은 프로그램을 보다 효과적으로 관리하기 위한 기본적 틀을 제공해 준다고 할 수 있다. 특히, 프로그램이론에 기초한 로직모형은 프로그램의 내용과 본질이 무엇이며, 프로그램을 통해서 성취하려고 하는 것이 무엇이고, 프로그램의 목적을 성취하기 위해서 실제적으로 어떤 행동들을 수행하게 되는지 등 프로그램의 성과관리 전반에 관한 기본적인 설명을 가능하게 해 준다는 점에서 매우 효과적인 프로그램관리를 위한 도구가 될 수 있다(지은구, 2008).

로직모형은 개방-체계이론의 영향을 받아 투입, 행동, 산출 그리고 결과 간의 원인과 효과에 대한 분석을 기본 중심축으로 하며 산출이 프로그램 참여자들에게 미치는 영향력으로서 결과를 초기결과, 중간 결과 그리고 궁극적 결과로 구분하여 세분화한다는 특징이 있다. 특히, 확대된 로직모형은 프로그램의 영향력을 보다 강조하는 프로그램이론을 적용하여 결과에 영향을 미치는 모든 프로그램요소를 설정하여 측정하며 구성요소들 간의 인과적 관계를 강조한다. Weinbach(2004)는 로직모형이 프로그램의 성과(performance)를 설명하기 위해 프로그램의 요소, 즉 투입, 행동, 산출 그리고 결과 요소와 요소들 사이의 관계를 분석한다고 강조하였다. Bickman(1987)은 로직모형에 대해 프로그램이 확인된 문제를 해결하기 위해 특정 조건하에서 어떻게 작동할 것인가를 나타내 주는 모형이라고 강조하며 프로그램이 해결하려는 문제분석이 로직모형을 이용한 측정에서 중요한 특징임을 주장하였다. 〈표 4-1〉은 로직모형의 기본모형을 나타낸다.

🖥 〈표 4-1〉 로직모형의 기본 모형

투입	행동	산출	결과		
			초기 결과 또는 즉각적 결과	중간 결과	궁극적 결과 또는 장기결과
프로그램을 위해 소비되는 자원	프로그램 안에서 무슨 일이 일어나는가? 투입물이 어떻	프로그램행동의 산출: 무엇이 프로그램에 의해서 생산 또	어떻게 문제가 프로그램에 의해서 감소하였는가?	프로그램에 의한 계속적인 성장이나 변화	참석자 또는 다른 사람들에 대한 프로그램의 궁극적인 효과

게 결과를 만들 어 내기 위해 작동하는가?	는 제공되는가?	참석자들이 어 떤 혜택을 받 았는가?		

출처: 지은구(2008), p. 165 〈표 6-3〉에서 재수정.

〈표 4-1〉에서 투입요소는 조직이 서비스를 생산하는 데 필요한 자원을 의미하며 인적자원과 물적자원이 모두 포함되고, 행동요소는 서비스 생산을 위해 필요한 운영 과정을 나타낸다. 산출요소는 투입과 산출을 통해 만들어진 또는 제공된 서비스의 양이나 생산의 양을 나타내며, 결과요소는 산출된 서비스가 이용자에게 영향을 주는 관계로서 영향력이나 변화를 나타내고 이용자의 상태, 지위, 조건 등의 변화(특히, 생활상의 변화)를 중심으로 측정이 이루어진다. 성과측정이 투입부터 결과까지 단계별로 이루어지므로 로직모형은 단계별 성과측정모형이라고도 불린다(지은구, 2010).

2) 확대된 로직모형

로직모형이 단위사업이나 프로그램의 성과관리를 위해 개발된 모형이라고 한다면, 확대된 로직모형은 조직 단위의 성과를 관리하고 측정하기 위해 Callow-Heusser, Chapman과 Torres(2005), Frechtling(2007), 그리고 지은구(2008) 등이 제시한 모형이다. 앞에서 지적한 바와 같이, 성과를 측정하는 데 있어 기본적인 로직모형은 프로그램 이론에 영향을 받아 인과관계 분석 및 프로그램이나 서비스의 영향력에 대한 분석을 강조한다는 특징이 있다. 하지만 확대된 로직모형은 해결하려고 하는 사회문제의 분석을 중심으로 투입, 행동, 산출 그리고 결과 사이의 인과관계를 분석한다. 따라서 확대된 로직모형은 조직 전반의 성과를 체계적으로 분석할 수 있다는 장점을 가지고 있다고 볼 수 있다.

앞에서 설명한 바와 같이, 로직모형은 프로그램을 구성하는 요소들에 대한 분석을 통해 프로그램이 어떻게 작동하는가에 대한 논리를 구성하여 프로그램의 영향력을 측정하는 것이 중심이라고 할 수 있다(지은구, 2008). 하지만 확대된 로직모형은 조직의 변화 환경과 결과를 보다 강조하므로 지역주민이나 이용자들에 대한 변화의 정도나 변화 요인 등을 보다 구체적으로 강조한다는 측면이 있다(Frenchtling, 2007; Stupak & Leitner, 2001).

조직의 성과측정체계로 주로 활용되는 로직모형은 기본적인 로직모형에서 발전된 **확대된 로직모형**이다. 기본적 로직모형은 프로그램이론에 기초하여 프로그램의 성과, 즉 프로그램의 전체 과정에 대한 수행 능력을 손쉽게 파악할 수 있게 도와주지만 프로그램이나 프로젝트, 나아가 조직이 해결하려는 문제에 대한 분석이나 프로그램과 이용자들에게 영향을 줄 수 있는 제반 조건이나 상황에 대한 분석을 하지 않음으로써 성과의 여러 측면과 변화 내용의 인과관계를 완전하게 이해하는 데 어려움이 있었다.

확대된 로직모형은 프로그램이 성취할 것이라고 기대하는 사회적 혜택과 프로그램이 관련되는 방식에 대한 가정, 그리고 프로그램이 목적과 목표를 달성하기 위해 채택한 전략 및 전술을 고려한다(Callow-Heusser, Chapman, & Torres, 2005). Frechtling (2007)은 로직모형에 두 요소를 첨가한 확대된 로직모형을 강조하였다. 그녀에 따르면, 두 요소는 상황(context)과 영향력(impact)이다. 상황은 프로그램 혹은 개입이 일어나는 환경의 중요한 특징을 설명하며, 결과물이 일반화되리라 기대되는 상황을 정의 내리거나 범위를 정하는 데 도움이 된다. 또한 상황은 환경의 사회적 · 문화적 · 정치적 측면을 제기하기도 하며, 인종, 성별, 사회 · 경제적 지위와 같은 인구통계적 요인은 상황하에서 고려되는 변수들 중의 하나다. 인종적 · 민족적 · 종교적 · 경제적 구성과 같은 지역사회 요인이나 정치적 요인 또한 상황에 포함된다. 영향력은 개입이나 프로그램을 통해 체계, 지역사회 혹은 조직 안에서 발생하는 의도된 혹은 의도되지 않은 변화라고 할 수 있다(Kellogg Foundation, 2000). 따라서 확대된 로직모형은 프로그램이 실행되는 특정한 조건인 상황과 프로그램이 더 큰 체계에 미치는 효과인 영향력에 대한 설명을 포함하므로 해결하려는 문제와 이용자들의 상황에 대한 분석이 중요하다고 할 수 있다.

확대된 로직모형은 단순히 결과(outcome)만을 측정하는 모형이 아니기 때문에 조직이 어떻게 작동하고, 어떻게 그리고 왜 이런 결과를 창출하는가에 대한 전체 조직활동의 흐름을 이해하고 성과를 측정하는 데 도움을 준다. McLaughlin과 Jordan(1999)은 로직모형을 적용하여 프로그램을 측정하는 단계를 제시함으로써 로직모형이 단순한 결과물을 측정하는 측정도구가 아닌 성과측정체계임을 강조하였다. 그들에 따르면, 로직모형을 통한 성과측정은 다음과 같은 과정을 거친다.

1단계: 관련된 정보의 수집
2단계: 해결하려고 하는 문제와 정황의 확인
3단계: 로직모형의 요소 확인(투입, 행동, 산출, 결과 요소 확인)
4단계: 로직모형의 모형 작성: 흐름도나 일람표(diagram)의 작성
5단계: 이해관련 당사자들과 로직모형 검증

앞의 측정단계에서 무엇보다도 중요한 단계는 투입, 행동, 산출 그리고 결과를 구성하고 있는 각각의 요소들을 확인하는 것이다. 만약 구성요소들을 확인하지 못한다면 기본적으로 측정은 이루어질 수 없게 된다. 하지만 앞의 단계에서 제시된 바와 같이 프로그램에 참여하는 참여자들에게 영향을 미치는 사회·경제적 그리고 인구통계적 상황을 확인하여 측정에 반영하며, 특히 참여자들에게 영향을 미치는 사회문제 분석을 통하여 원인과 결과에 대한 연관성을 찾는 것은 기본적 로직모형에서 보다 발달된 유형의 성과측정체계로 발전하였음을 나타내 주는 것이라고 할 수 있다.

특히 확대된 로직모형은 조직구성원과 프로그램이용자가 함께 협력하여 성과를 측정할 수 있는 모형이다. 즉, 조직구성원들은 이용자가 필요로 하는 것을 확인하고(사회문제 분석과 욕구사정을 통해서) 프로그램을 위해 필요한 투입, 행동, 산출, 결과를 설정하여 측정한다. 로직모형은 이용자가 욕구하는 것, 필요한 투입, 행동, 산출, 결과와 관련된 자료가 수집된다는 장점이 있다. 특히, 로직모형은 결과를 즉각적 결과, 중간 결과, 장기 결과로 세분화한다.

확대된 로직모형의 특징은 조직이 성취하려는 목적을 해결하려는 사회문제 분석과 연관하여 분석하며, 조직이나 프로그램의 구성요소에 대한 분석을 통해 성과를 측정한다는 것이고, 각각의 요소에 영향을 주는 외부환경을 고려하여 측정한다는 것이다. [그림 4-1]은 확대된 로직모형에 따른 성과측정을 나타낸다.

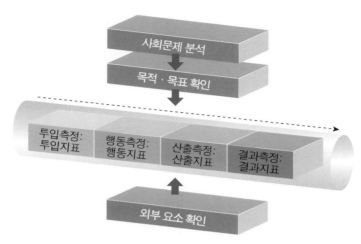

[그림 4-1] 확대된 로직모형에 따른 성과측정

3) 확대된 로직모형의 적용단계

성과를 측정하기 위해 앞과 같이 McLaughlin과 Jordan(1999)이 제시한 로직모형 적용의 5단계를 보충하여 구체적인 단계를 설명하면 확대된 로직모형 적용 과정은 7단계로 구분할 수 있다. 첫 번째 단계는 프로그램이 해결하려고 하는 사회문제를 확인하는 단계이며, 두 번째 단계는 서비스이용자 또는 클라이언트 확인, 세 번째 단계는 프로그램의 목적과 목표의 확인, 네 번째 단계는 로직모형 요소 확인, 다섯 번째 단계는 로직모형 모형 완성(순서도 그리기) 등을 하는 단계다. 여섯 번째 단계는 프로그램에 의해서 나타나는 부수효과와 프로그램에 영향을 미치는 외부 요소를 확인하는 단계 그리고 마지막 단계는 이해관련 당사자들과 로직모형 검증단계다. 로직모형의 적용 과정을 그림으로 나타내면 [그림 4-2]와 같다.

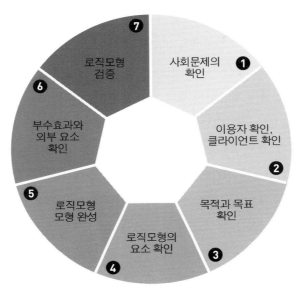

✎ [그림 4-2] 성과측정에 있어 확대된 로직모형의 적용 과정
출처: 지은구(2008), p. 160에서 재수정.

확대된 로직모형 적용의 각 단계별 내용을 구체적으로 살펴보면 다음과 같다(지은구, 2008).

첫째, 사회문제의 확인

사회서비스를 제공하는 사회프로그램 또는 사회복지프로그램은 기본적으로 사회문제를 해결하는 것을 주된 목적으로 하고 있다. 즉, 사회복지프로그램의 제공은 기본적으로 표적 집단(또는 클라이언트)이 가지고 있는 욕구의 해결, 나아가 욕구가 만들어지도록 영향을 미친 사회문제의 해결을 주된 임무로 사회문제를 의미한다. 따라서 다양한 사회서비스를 제공하는 프로그램들이 도대체 어떤 문제를 해결하려고 하는지를 확인하는 것은 수행력을 측정하는 데 있어 무엇보다도 중요하다고 할 수 있다. 결국 성과측정을 위한 기본 과제로서 욕구에 영향을 미치는 사회서비스를 제공하여 해결하려고 하는 사회문제가 무엇인가를 확인하는 작업은 성과평가 또는 측정 과정에 있어 가장 기초적인 토대가 된다.

둘째, 클라이언트 또는 서비스이용자 확인

사회프로그램의 수행력을 측정하기 위해서는 구체적인 목적 또는 목표의 확인과 함께 설정된 목적과 목표가 누구의 목적 또는 목표인가를 확인하는 것도 중요하다. 대부분의 사회복지체계하에서 제공되는 서비스나 프로그램은 서비스나 프로그램의 제공과 관련한 행동들에 관심이 있는 다양한 집단으로 구성되며, 이러한 행동들에 관심이 있는 집단을 통틀어서 이해관련당사자들이라고 할 수 있다. 따라서 성과를 측정한다고 했을 때 서비스 제공과 직접적인 연관이 있는 이해관련당사자들은 매우 중요한 고려 대상이 된다. 사회서비스 제공에 따른 가장 핵심적인 이해관련당사자는 욕구해결의 당사자이면서 변화의 당사자인 바로 **표적 집단**(target population) 또는 **클라이언트**(또는 이용자)라고 할 수 있다. 사회복지분야에서 제공되는 각종 사회서비스나 프로그램에 대한 수행력의 가장 직접적인 이해당사자가 표적집단 또는 클라이언트라는 사실은 성과측정을 위해 수집되는 증거자료가 직접적인 이해당사자인 표적집단 또는 클라이언트들로부터 와야 한다는 것을 의미한다. 이는 질적 방법이나 양적 방법의 다양한 방식을 통해 이해관련당사자들로부터 정보를 직접적으로 추출하는 방식이 가장 객관적인 측정이 될 수 있기 때문이다.

셋째, 사회프로그램의 목적과 목표 확인

성과측정은 조직이나 프로그램이 성취하려고 하는 목적 또는 목표의 달성 정도를 나타내는 효과성의 개념과 밀접한 연관이 있다. 즉, 달성된 또는 성취된 목적과 목표의 측정 없이는 사회서비스의 효과성을 평가하는 것이 불가능하다는 것을 의미한다. 따라서 성과측정은 목적과 목표와 매우 긴밀한 관계를 유지하며 **목적과 목표의 달성 정도를 평가**하는 것이 성과측정의 가장 핵심적인 부분이라고 할 수 있다. 일반적으로 목적의 달성 정도는 목표의 성취 여부를 통해 확인할 수 있다. 즉, 목적은 추상적인 진술이라서 측정하는 것이 어렵지만 목표는 구체적인 목적 성취를 위한 세부 행동들로 구성되어 있어 성취 정도를 측정하는 것이 가능하도록 설정되어 있기 때문에 목적 성취 정도는 목표의 성취 정도를 통해 측정된다. 따라서 사회서비스를 제공하는 가장 근본적인 프로그램의 목적과 이를 구현하기 위해 설정된 목표를 확인하는 것이 성과측정 과정에 있어서 매우 중요하다고 할 수 있다.

넷째, 로직모형의 요소 확인

조직이나 단위사업의 성과측정을 위해 확대된 로직모형을 적용하게 되면 사업을 구성하는 요소들에 대하여 확인하는 단계가 필요하게 된다. 로직모형에 따른 사업요소들에는 투입자원의 확인과 행동 과정 확인, 산출 확인 그리고 마지막으로 결과 확인 등이 포함된다. 로직모형의 요소 확인을 위해서는 가장 먼저 요소 확인을 위한 표를 작성하고 각각의 요소에 포함될 수 있는 내용들을 기록하는 것이 필요하다. 요소 확인에 있어 반드시 짚고 넘어가야 하는 것은 사업에 영향을 미치는 외부 영향들이 각 요소에 어떠한 영향을 미칠 것인가를 분석하는 것도 필요하다는 점이다. 프로그램의 요소를 확인하기 위해 다음과 같은 요소별 목록표를 작성하고 목록을 확인하는 것도 하나의 방법이 될 수 있다. 다음은 요소별 확인목록표(check list)의 예다.

▶ 투입: 자원
① 서비스
 – 제공되고 있는 서비스
 – 서비스가 제공되는 총 기간
 – 서비스 제공 횟수
 – 서비스가 제공되는 시간(하루, 일주일, 한 달)
② 이용자
 – 이용자의 수
 – 이용자의 부담금액
③ 제공자
 – 프로그램 관리자나 사례관리자 수 또는 자원봉사자나 도우미의 수
 – 프로그램 제공기관 자격여부
 – 총 재원
 – 프로그램 운영에 필요한 각종 장비

▶ 행동
① 이용자

- 이용자들이 정기적으로 서비스를 제공받고 있는가?
- 이용자들과 제공자 간의 의사는 잘 소통되고 있는가?
- 이용자들은 서비스를 원하는 시간에 이용할 수 있는가?
- 이용자들은 서비스를 원하는 만큼 이용할 수 있는가?
- 이용자들의 건의가 잘 받아들여지고 있는가?
- 이용자들의 불만을 표현할 수 있는 적절한 절차가 있는가?

② 제공자
- 제공자는 제공하는 서비스의 내용을 잘 숙지하고 있는가?
- 제공되는 서비스에 대해 제공자는 어떤 지식과 기술을 가지고 있는가?
- 계획된 자원 및 서비스가 전달되고 있는가?
- 프로그램의 운영이 계획한 대로 진행되고 있는가?
- 프로그램이 의도하였던 대상 집단을 대상으로 서비스가 전달되고 있는가?
- 제공되어야 하는 표준 서비스의 목록표가 존재하는가? 표준 서비스의 제공 여부
- 인테이크 점검표(상담개시일지 등) 여부
- 이용자의 인구적 특성, 문제의 심각성, 서비스를 받은 정보 등의 확인 여부
- 서비스제공 전이나 후 서비스제공일지 등의 기록 여부
- 서비스의 내용에 대해 이용자에게 필요한 적절한 정보를 제공하고 있는가?
- 서비스제공자는 이용자의 욕구를 정확히 파악하고 있는가?
- 이용자들이 손쉽게 접근할 수 있는 환경인가?

▶ 산출
- 제공된 시간
- 제공된 서비스 건수
- 종결된 사례 건수
- 서비스를 제공받은 이용자 수
- 제기된 이용자들의 불만 건수

▶ 결과
사업에 따라 기대되는 직접적인 성과: 이용자 개인의 태도 등의 변화나 삶의 변화
- 이용자들의 일상생활 기능이 개선되었는가?(어떤 부분이 어떻게 개선되었는가?)
- 이용자들의 생활만족도는 증가하였는가?
- 이용자들의 경제적 부담은 줄어들었는가?
- 이용자가족의 경제적 부양부담은 줄어들었는가?
- 이용자들의 사회 참여 빈도는 증가하였는가?

- 자립생활에 대한 의지가 증대되었는가?
사업에 따라 기대되는 부수적인 결과
- 창출된 사회적 일자리 수
- 사업(도우미사업 또는 지역서비스사업)을 위해 새로운 직원을 고용하였는가? 고용된 직원의 수

다섯째, 로직모형 모형 그리기

조직이나 프로그램의 성과를 로직모형을 적용하여 분석한다고 했을 때 앞의 요소별 확인 목록표 로직모형의 구성요소와 같은 로직모형의 가장 기본적인 모형을 생각해 볼 수 있다.

여섯째, 부수효과와 외부 요소 확인

사회복지재화와 서비스는 대부분의 경우 직접적으로 서비스제공이 기대하는 효과 이외에 기대하지 않은 긍정적인 복지외부효과를 창출한다. 외부효과(externalities) 또는 부수효과는 일반적으로 서비스제공과 함께 수반될 수도 있고, 서비스제공 이후에 수반되어 나타날 수도 있기 때문에 이에 대한 점검이 필요하다. 예를 들어, 사회복지관에서 클라이언트들이 서비스를 제공받기 위해 기다리는 시간을 대폭 줄일 수 있는 프로그램을 제공한다고 했을 때 실질적으로 프로그램의 대기시간 단축이 클라이언트들에게 가져다주는 시간 절감과 이에 따른 시간 가격의 절감효과라고 하는 직접적인 효과 이외에 기관에 대한 신뢰도 상승, 기관 관리의 효율성 상승, 클라이언트의 만족도 상승 등 수반되는 다양한 외부효과가 있을 수 있다. 따라서 제공되는 프로그램이나 서비스에 대한 직접적인 성과를 측정하는 것이 어려운 경우에는 발생되는 외부효과의 점검을 통해서 간접적인 성과를 측정할 수도 있다. 복지외부효과는 서비스나 프로그램의 제공에 의해 나타나는 부수적인 효과로서 작용하지만 외부효과의 성과를 인식하고 측정하는 것이 매우 어려울 수 있다는 문제점 또한 내포하고 있다.

일곱째, 이해관련당사자들과 로직모형 검증

성과측정의 이해관련당사자들 중에는 로직모형을 적용하여 사업의 성과를 관찰하

려는 사업 수행의 주체 세력이 가장 중심이라고 할 수 있다. 따라서 로직모형을 적용하였을 경우 사업 수행의 주체 세력은 결국 사업을 제공하는 제공당사자들이거나 사업의 성과측정을 담당하는 외부 측정담당자들이라고 할 수 있다. 성과측정의 이해관련당사자들과 마지막 검증 과정에 활용될 수 있는 질문들의 예는 다음과 같다(McLaughlin & Jordan, 1999).

첫째, 내용의 수준이 프로그램 각각의 요소와 요소들 사이의 관계에 대해 이해할 수 있을 정도로 충분한가?

둘째, 프로그램로직이 완전한가? 즉, 모든 핵심적 요소가 설명되었는가?

셋째, 모든 요소가 논리적으로 연관이 있는가? 프로그램의 성과를 성취할 수 있는 다른 가능한 방법은 없는가?

넷째, 모든 외부 요소가 확인되었는가? 그리고 외부 요소에 의해 영향을 받는 잠재적인 가능성이 설명되었는가?

로직모형을 검증하는 가장 좋은 방법은 '만약'과 '그러면'의 서술 그리고 프로그램 가정과 같은 프로그램로직을 점검하는 것이라고 할 수 있다(The United Way of America, 1996). 프로그램이 제공되었을 때 어떤 일이 벌어질 것이라는 프로그램에 대한 대략적인 가정 진술은 프로그램이 나아가야 할 방향과 성취할 수 있는 성과를 보여 준다. 이러한 가정 진술을 보다 구체적으로 실현시키기 위한 로직은 바로 '만약'과 '그러면'의 진술이라고 할 수 있기 때문에 '만약'과 '그러면'의 관계를 요소별로 검증하면 결국 로직모형에 대한 검증은 종결된다고 보면 된다. 즉, 만약 자원이 제공된다면 행동이 수행될 것이고 만약 행동이 수행되면 산출이 있을 것이며, 만약 산출이 있으면 산출이 이용자들의 변화를 가져다줄 것이고, 이러한 변화는 초기 성과, 중간 성과 그리고 장기 성과로 구분하여 나타나며, 결국 이러한 성과는 이용자들의 문제해결 또는 욕구해결을 이끌게 된다.

4) 로직모형의 적용과 성과측정

앞과 같은 로직모형 과정을 거치게 되면 프로그램이론에 기초하여 사회서비스프로그램의 성과, 즉 프로그램의 전체 과정에 대한 성과를 쉽게 파악할 수 있게 된다. 로직모형은 단순히 결과만을 측정하는 모형이 아니기 때문에 프로그램이 어떻게 작동하고, 어떻게 그리고 왜 이런 결과를 창출하는가에 대한 전체 프로그램의 성과를 측정하는 데 도움을 준다. 로직모형은 일반적으로 프로그램의 성과를 측정하는 측정도구로 활용되고 있으므로 조직의 성과를 관리하기 위한 측정모형으로의 적용은 BSC모형에 비해 활발하지 않다고 할 수 있다. 프로그램의 성과를 측정하는 데 있어 로직모형은 프로그램이 해결하려고 하는 사회문제의 분석을 중심으로 프로그램의 구성요소인 투입, 행동, 산출 그리고 결과 사이의 관계를 분석한다. 즉, 로직모형은 주어진 환경이나 조건 또는 상황에 대한 분석과 프로그램을 구성하는 요소들에 대한 인과관계 분석을 중심으로 프로그램이 어떻게 작동하는가에 대한 논리를 제공하는 것이 중심축이라고 할수 있다(지은구, 2008). 프로그램이나 사업의 성과측정은 로직모형에 있어 다음과 같은 질문을 통해 가능하다.

- 로직모형에서 확인된 각각의 프로그램 요소는 정확하게 자기 위치에 놓여 있는 가? 기대된 산출과 결과는 정확히 관찰되었는가? 수행될 행동요소는 정확히 설계 되었는가? 계획된 단계에서 활용할 모든 자원이 확인되었는가?
- 로직모형에서 확인된 인과관계는 계획된 대로 발생하였는가? 성과는 합리적인 과정을 통해서 도달하였는가? 의도하지 않은 혜택이나 비용은 무엇인가?
- 결과를 설명할 수 있는 다른 전제(또는 가정)들은 존재하지 않았는가?
- 프로그램은 기대했던 이용자(클라이언트)에게 제공되었는가? 그리고 이용자들은 프로그램이 제공한 서비스나 상품에 만족하였는가?

5) 로직모형의 장점 및 단점

(1) 로직모형의 장점

로직모형은 단순히 프로그램의 결과만을 측정하는 도구가 아니고 전체 프로그램의 성과를 측정하는 데 사용할 수 있는 성과측정모형으로서 실제적으로 프로그램의 요소를 모두 살피며 분석한다는 입장에서 관리를 위한 하나의 체계(system), 즉 성과관리를 지원하는 성과측정체계가 될 수 있다는 장점을 가진다. McLaughlin과 Jordan(1999)은 로직모형의 긍정적 측면을 다음과 같이 정리하였다.

첫째, 프로그램과 이용자가 얻을 수 있는 결과 그리고 예상되는 자원에 대한 이해를 도움으로써 직원들 간의 그리고 직원과 이용자들 간의 의사소통과 팀 구성, 사고의 공유, 가정(전제)의 확인 등에 긍정적인 영향을 미친다.
둘째, 목적 성취에 필요한 것과 요소와 요소 사이의 불일치나 불필요한 요소 등을 확인함으로써 프로그램 설계와 개선에 도움을 준다.
셋째, 프로그램을 수행하는 조직이나 프로그램이 가지고 있는 문제들과의 의사소통을 원활히 하도록 돕는다.
넷째, 프로그램평가나 성과측정을 위한 강조점을 확인하는 것을 도와서 필요한 자료수집이 용이하도록 한다.

결국 조직의 성과를 측정하는 데 있어 확대된 로직모형의 장점은 다음과 같이 정리될 수 있다.

첫째, 로직모형을 통하여 조직개선의 영역과 문제점들을 조직활동 전 과정을 구성하는 요인들을 중심으로 파악할 수 있으므로 보다 개선된 조직성과를 성취하는 것이 용이하다.
둘째, 프로그램이론의 관계에 근거하여 전체프로그램, 나아가 조직성과를 측정함으로써 성과측정이 계획적이고 체계적으로 수행될 수 있다.
셋째, 전체 직원들이 성과측정에 참여할 수 있으므로 성과개선을 위한 의사소통 활성화에 도움이 된다.
넷째, 조직서비스 전달 과정 참여 이후 이용자들에게 나타나는 결과와 영향력이 강조됨으로써 이용자들의 조직에 대한 이해 그리고 직원들의 이용자들에 대한 이해가 보다 용이하게 이루어질 수 있다.

(2) 로직모형의 단점

앞과 같은 장점에도 불구하고 로직모형은 적용에 있어 한계를 내포하고 있다. 특히, 로직모형은 프로그램의 성과측정을 위해 개발되어 적용되었으므로 조직의 성과관리에 적용하는 확대된 로직모형 역시 조직성과관리에 적용되는 모형으로 적용을 하는 것에는 무리가 따른다.

로직모형의 단점으로 지적될 수 있는 것들은 다음과 같다.

첫째, 로직모형은 결과 또는 변화를 강조하는 측정모형으로서 다른 요소들보다도 결과변수를 측정하는 것이 더욱 중요하다. 하지만 모든 프로그램의 결과를 측정한다는 것이 현실적으로 제한적이라고 할 수 있다. 즉, 결과를 측정하는 것에 용이한 프로그램이 있고 현실적으로 매우 어려운 프로그램이 있어 로직모형의 적용이 프로그램에 따라 달라질 수 있다는 한계가 있다. 이는 로직모형에서 성과를 측정하는 것이 주로 결과를 측정하는 것으로 한정된다는 것을 의미하며, 결과를 측정하는 측정도구는 수량화된 측정도구로 제한된다는 것을 의미한다.

둘째, 프로그램제공에 따른 직접적인 결과 이외에 프로그램에 의해서 영향을 받는 간접적인 변화로서의 결과를 측정하기가 현실적으로 어려울 수 있다.

셋째, 결과물 중심의 성과측정이 강조됨으로써 단기, 중기, 장기 결과에 대한 수량화된 자료를 중심으로 하는 양적 측정이 강조되어 프로그램의 실질적인 운영 과정(행동)에 대한 측정이 등한시될 수 있다.

넷째, 로직모형을 발전시키기 위해 프로그램 구성요소를 분석하고 프로그램에 영향을 미치는 조건이나 상황을 고려하여야 하므로 시간과 노력이 필요하다.

다섯째, 로직모형을 적용하는 경우 프로그램(또는 조직)의 목적과 목표를 정확하게 이해하고 프로그램의 구성요소를 정확하게 분류할 줄 아는 숙련된 지식을 갖춘 프로그램관리자가 필요하다.

여섯째, 이용자들에게 나타나는 결과가 보다 강조되므로 조직의 성과보다는 프로그램 성과를 측정하기에 보다 적합하다.

결국 로직모형은 제공된 서비스나 프로그램에 의해서 나타나는 영향력이나 이용자들의 변화를 강조하므로 조직의 성과측정보다는 단위프로그램의 성과를 측정하기에 보다 적합하게 구성된 모형이며, 모든 프로그램의 성과를 측정하는 데에는 한계를 가지고 있는 성과측정모형이라고 결론 지을 수 있다. 하지만 로직모형은 해결하려는 문제에 대한 분석과 프로그램이 성취하려는 목적과 목표를 확인하고, 성취하려는 성과와 실제 성취한 성과 사이의 차이를 줄이는 성과 개선 노력을 수행함으로써 단순히 성과의 정도를 측정하는 도구에서 성과측정을 체계적이고 보다 손쉽게 인도하는 측정모형이라고 할 수 있다.

2 Poister의 모형

1) Poister의 성과측정모형

Poister(2003)가 제시한 공공조직과 비영리조직의 성과를 측정하는 성과측정모형으로서 성과를 산출, 효율성, 생산성, 서비스품질, 효과성, 비용효과성, 그리고 이용자만족 등의 영역에서 측정한다. 즉, 성과를 구성하는 요소로 앞의 7개 영역을 제시하였다. 이는 성과관리의 요소별 측정의 강조를 의미하는 것으로, Poister의 성과측정모형은 요소별 성과측정모형이라고 할 수 있다.

산출은 일반적으로 생산된 양이나 제공된 서비스 등을 의미하고 생산성은 1인당 또는 단위시간당 생산된 양, 제공된 서비스 또는 담당하는 사례의 수 등을 나타낸다. Poister의 모형은 로직모형에서 발달된 모형이지만 로직모형에서는 활용되지 않은 품질과 생산성 등을 측정영역으로 포함하였다는 특징이 있다. 보다 구체적으로 측정될 수 있는 성과측정의 분야는 첫째, 자원측정(투입측정), 둘째, 행동(활동)측정, 셋째, 산출측정(서비스 양), 넷째, 효율성측정, 다섯째, 효과성측정(비용효과성 포함), 여섯째, 서비스 질(품질)측정, 일곱째, 이용자만족도측정 등의 분야로 구분할 수 있다(Poister, 2003). [그림 4-3]은 성과측정을 위한 지표의 예를 나타낸 것이다.

- 산출
  - 제공되는 태아교육프로그램의 수
  - 교육시간
  - 태아교육프로그램을 끝까지 마친 참여자의 수
  - 산모들에게 제공된 상담시간
- 효율성
  - 교육 한 시간 또는 한 강좌당 비용
  - 프로그램에 끝까지 참석한 산모 1인당 들어간 비용
  - 상담 한 시간당 비용
- 생산성(양)
  - 프로그램에 끝까지 참석한 산모들의 수 대비 직원이 투자한 시간
- 서비스품질
  - 참석자들이 작성한 평가등급
- 효과성
  - 육아 관련 테스트 점수
  - 담배를 피지 않는 참여자의 퍼센트
  - 태아를 위해 매일 비타민을 복용하는 참여자의 퍼센트
  - 적당한 태아 몸무게를 유지하고 있는 참여자의 퍼센트
  - Apgar 척도 7점 이상 그리고 신생아 몸무게 5.5파운드 이상 퍼센트
    - 태아를 위해 적당한 음식과 상호행동과 돌봄을 제공하는 것으로 관찰된 참여자의 퍼센트
- 비용효과성
  - 건강하게 출산한 아이당 들어간 비용
- 이용자만족
  - 출산까지 프로그램에 끝까지 참여한 산모들 중에 프로그램에 만족을 표시한 산모들의 퍼센트

[그림 4-3] 십대 부모들을 위한 육아교육프로그램의 성과 지표

출처: 지은구(2008), p. 168에서 재인용.

Poister가 제시한 7개의 측정영역은 측정이 단계적으로 이루어지는 로직모형과는 달리 요소별 인과관계를 적용하여 성과를 구성하는 요소와 요소 사이를 측정한다. 즉, 산출과 결과 사이의 관계는 효과성을 통해 그리고 투입과 산출 사이의 관계는 생산성을 통해 측정된다. 따라서 Poister의 성과측정모형은 투입과 산출 그리고 결과 등의 관계를 고려하지만 로직모형과 같은 단계적 성과측정모형이 아니고 성과를 구성하는 7개 정도의 요소별 조직성과의 정도나 내용을 측정하므로 요소별 성과측정모형이라고 구분할 수 있다. Poister의 모형은 [그림 4-4]처럼 나타낼 수 있다.

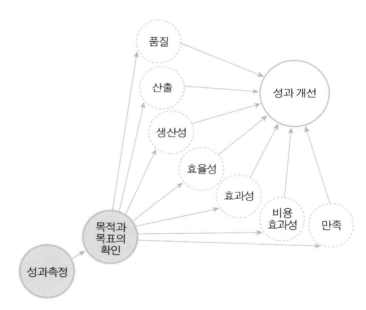

[그림 4-4] Poister의 성과측정모형

2) Poister의 모형의 특성

Poister의 모형은 단위사업이나 프로그램의 성과를 측정하는 모형으로도 활용할 수 있다. 사실, Poister는 조직의 성과측정모형으로 활용 가능한 모형을 제시하였지만 모형의 구체적인 내용을 살펴보면 조직 전체의 성과측정을 위한 모형보다는 단위사업이나 프로그램의 성과측정을 위한 모형으로 적용하는 것이 효과적인 측면(즉, 사업의 요소별 측정을 제시하였다는 점에서)이 있다.

Poister(2003)에 따르면, 사업의 요소별 성과를 측정하기 위해서는 산출, 효과성, 효율성, 생산성, 서비스품질, 이용자만족 그리고 비용효과성과 같은 성과의 분야를 측정하여야 하기 때문에 성과측정은 결국 이러한 성과영역에서 측정지표를 활용하고 관찰하고 정의하는 과정이라고 하였다. 특히, [그림 4-4]에서 나타난 바와 같이 Poister의 모형은 로직모형과는 달리 측정대상인 프로그램의 목적과 목표를 확인한 후 각각의 성과요소를 측정할 수 있는 측정지표를 설정하여 측정을 실행한다. 따라서 Poister의 모형은 이미 지적한 바와 같이 성과요소를 단계적으로 측정하는 단계별 성과측정모형이라기보다는 성과를 구성하는 프로그램관리 요소와 요소 사이의 관계를 측정하는 요소별 성과측정모형이라고 할 수 있다. 특히, 프로그램의 목적과 목표를 성과측정에서 고려한다는 점은 확대된 로직모형과 같이 목적과 목표를 구체적인 성과측정의 요소로 책정하지는 않았지만 단순히 관리요소만을 강조하지 않는다는 점에서 장점으로 지적될 수 있다.

요소별 성과를 측정하는 분야는 효과성이나 효율성 그리고 품질과 같이 프로그램관리의 구성요소로 보았을 때 투입이나 행동의 측정보다는 투입과 행동에 따라 나타나는 산출과 결과를 측정한다. 따라서 투입과 행동에 따라 나타나는 산출과 결과와의 관계, 즉 원인과 효과의 인과관계의 분석에 초점을 맞춘다. 결국 사업의 요소를 투입과 행동, 산출 그리고 결과로 구분하고 측정하는 것과 달리 투입(주로 비용)과 산출이나 결과 등의 요소별 관계를 통해 효과성, 효율성, 만족도, 품질, 비용효과성 그리고 서비스 양 등의 성과를 측정하는 것은 사업의 수행 목적과 결과를 함께 고려하여 사업의 과정을 인과적으로 해석하려는 시도였음을 의미한다고도 할 수 있다(지은구, 2010).

3) Poister의 모형의 한계

Poister의 모형은 확대된 로직모형에서 영향을 받았지만 단위사업이나 프로그램의 목적과 성취하려는 목표를 확인하고 성과를 구성하는 요소와 요소 사이의 관계를 측정하는 요소별 성과측정모형이라는 특징을 가지고 있다. 특히, 성과를 구성하는 요소를 매우 다양하게 바라봄으로써 성과의 개념에 대한 다면성의 문제를 어느 정도 해결할 수 있는 가능성을 제시해 주었다. 특히, 생산성과 효율성 그리고 서비스품질 및 이용자 만족 등 생산물 중심의 성과측정에 있어 측정할 수 있는 대부분의 측정영역을 포괄한다는 점은 Poister의 모형이 갖는 장점이라고 할 수 있다. 특히, 성과측정의 목적과 목표를 설정하여 성과를 측정한다는 점 역시 단순히 요소별 성과를 측정하는 것에서 일보 전진한 모형이라고 할 수 있다.

하지만 Poister의 모형은 목적과 목표를 성과측정에서 어떻게 활용하는가에 대한 구체적인 지침이나 성과측정지표들을 제시한 것이 아니라 목적과 목표를 고려하여야 한다는 당위론적인 주장을 되풀이하여 목적과 목표의 측정에 대한 구체성이 결여되어 있다는 한계를 갖는다. 또한 Poister는 자신의 모형이 비영리조직이나 공공조직의 전체 성과를 관리하는 모형임을 주장하였지만, 투입이나 과정보다는 주로 산출과 결과에 초점을 두어 과정보다는 생산물 중심의 성과측정 논리를 강조한다는 점에서 결과 중심 성과측정모형이라고도 생각할 수 있다. 비영리조직 또는 비영리조직이 제공하는 사업들은 대부분 생산성을 측정하는 것이 어려운 것이 현실이므로 결과의 영역에서 생산성이나 효율성을 강조하게 되면 성과측정은 결과, 특히 산출 중심의 성과측정이 강조될 수밖에 없게 된다. 만약 프로그램의 성과측정을 재정적 효율성이나 조직 책임성 강화라는 목적만을 성취하기 위해 수행하는 것이라면 Poister의 모형은 매우 큰 장점을 가진다. 하지만 산출의 효율성을 측정할 수 있는 수량화된 측정지표를 확보하는 것이 제한적인 비영리 부분에서 Poister의 모형의 적용은 수정되어야 할 필요가 있다.

③ Martin과 Kettner의 성과측정모형

1) Martin과 Kettner의 모형

Martin과 Kettner(2010)는 사회복지프로그램에 있어 성과측정은 효율성, 서비스품

질, 효과성을 사정하는 것이라고 정의하였다. 따라서 이러한 정의에 따르면, 성과측정
은 단순히 얼마만큼의 비용이나 인력이 투입되었으며 얼마만큼의 작업이 수행되었고
얼마나 많은 서비스가 제공되었는지를 나타내는 것이 아니라 얼마나 효율적으로 서비
스가 제공되었는지, 서비스를 제공받은 사람에게 서비스의 영향력(효과성)은 어떠했으
며 서비스의 품질은 어떠했는지 등을 밝히는 것이라고 할 수 있다(지은구, 2010).

Martin과 Kettner(2010)의 성과측정모형은 사회문제해결을 강조하는 사회문제해결
접근방식의 로직모형의 영향을 받아 투입과 처리 그리고 산출과 결과의 여러 요소들
사이의 관계를 중심으로 하는 측정을 강조함과 동시에 개방-체계이론의 환류체계를
통해 투입과 산출, 투입과 결과, 투입과 품질 사이의 환류를 강조한다. 또한 질-중심
관리(total quality management)의 영향을 받아 산출과 결과 사이의 서비스품질 요소에
대한 측정을 보다 강조하여 품질측정을 성과측정의 중요 요소로 설정하였다는 것이 특
징이다. Martin과 Kettner의 성과측정모형을 그림으로 나타내면 [그림 4-5]와 같다.

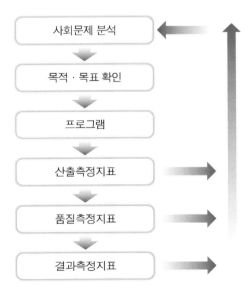

[그림 4-5] Martin과 Kettner의 성과측정모형

출처: Martin & Kettner(2010), p. 130 〈표 11-3〉에서 수정.

[그림 4-5]에서 나타나는 바와 같이, Martin과 Kettner는 프로그램의 성과를 측정함에 있어 프로그램이 해결하려는 사회문제의 분석과 프로그램의 목적 및 목표 확인(및 가설 검증)과 함께 성과영역을 측정하도록 하여 확대된 로직모형의 영향을 받았음을 알 수 있다. 그들이 제시한 성과측정영역으로 지적된 효율성과 효과성 그리고 품질을 비교하면 다음의 〈표 4-2〉와 같다.

💻 〈표 4-2〉 성과영역의 조작적 정의

성과영역	정의	예
효율성	투입대비 산출의 비율	돌봄서비스가 제공된 일수로 나눈 돌봄서비스 총 비용
품질	서비스표준을 충족시키는 산출의 비율	따뜻한 상태로 전달된 무료배달식사의 수나 퍼센트
효과성	투입대비 결과의 비율	비만예방프로그램에서 최종적으로 체중감량에 성공한 참가자들의 수로 나눈 프로그램 총 경비

출처: Martin & Kettner(2010), p. 6 〈표 1-1〉에서 재인용.

2) Martin과 Kettner의 모형과 성과측정

Martin과 Kettner의 모형은 비영리조직에서 제공하는 프로그램의 성과를 측정하는 모형으로 제시되었다. 특히, 개방-체계이론 그리고 로직모형에 영향을 받아 요소별 성과를 단계적으로 측정하므로 단계별 측정모형이라고 할 수 있다. 하지만 Poister와는 달리 성과를 효율성, 서비스품질, 효과성으로만 국한하여 살펴봄으로써 과정보다는 결과를 강조하며, 투입(특히, 비용)-산출-품질-결과를 중심으로 성과를 측정함으로써 과정을 등한시하여 성과를 상대적으로 좁게 바라보는 경향을 갖고 있다.

로직모형은 투입과 행동, 산출과 결과 사이가 어떻게 연관이 있는지를 밝히는, 즉 단계별 관계를 중심으로 성과를 측정하는 것을 의미하지만 이에 덧붙여 Martin과 Kettner (1996)는 사회문제 접근방법을 로직모형에 적용하여 사회문제 분석을 성과측정의 시작단계로 설정하였다는 특징이 있다. 로직모형은 사회문제 접근방법, 지역사회 욕구

접근방법 그리고 기관의 전략적 계획 접근방법으로 구분될 수 있다. 사회문제 접근방법은 프로그램이 해결하려는 사회문제의 확인을 로직모형의 시작점으로 보며, 지역사회 욕구 접근방법은 위기아동 등과 같이 지역사회가 해결하려는 욕구를 로직모형의 시작점으로 보고, 기관의 전략적 계획 접근방법은 프로그램이 기관의 전략적 계획을 어떻게 지지하고 전략적 계획에 프로그램이 어떻게 녹아 들어가 있는지를 확인하는 것을 로직모형의 시작점으로 본다는 특징이 있다(Martin, 2009). 이들 접근방법을 그림으로 나타내면 [그림 4-6]과 같다.

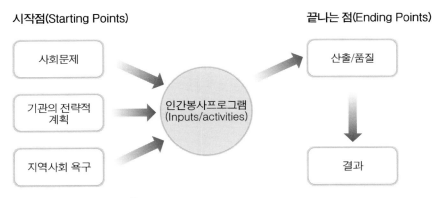

[그림 4-6] 로직모형의 상이한 유형

출처: Martin(2009), p. 346 [그림 16-3]에서 재인용.

또한 이들의 모형은 체계모형에서 품질을 추가한 확대된 체계모형을 통해 성과를 측정한다는 측면에서 체계모형의 발전된 형태라고 할 수 있다. 투입단계에서 측정할 수 있는 요소로는 직원의 수, 시설 및 장비, 클라이언트의 수, 해결하고자 하는 문제 등이 있으며, 행동단계에서 측정 가능한 요소로는 프로그램이 운영되기 위해 필요한 모든 행동을 그리고 산출단계에서는 제공된 서비스단위의 수, 제공된 서비스의 양이나 수 등을 제시하였다. Martin(2009)은 특히 서비스의 품질을 내구성(durability), 보장성, 공감성, 접근성, 확신성, 응답성으로 구성된 개념으로 보았다. 마지막으로 결과단계에서는 서비스의 영향력 정도와 성취한 성취물 그리고 클라이언트의 변화를 측정요소로 제시하였다. 각각의 단계별 측정요소를 확인하면 [그림 4-7]과 같다.

[그림 4-7] Martin과 Kettner의 성과측정 과정

Martin과 Kettner이 제시한 단위사업(프로그램)의 성과측정에 적용한 실례를 그림으로 보면 [그림 4-8]과 같다.

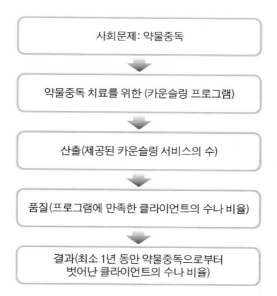

[그림 4-8] Martin과 Kettner의 모형을 적용한 성과측정의 실례

[그림 4-8]은 약물중독 치료 프로그램에 대해 사회문제 접근방법의 확대된 로직모형을 적용하여 성과를 측정하는 과정을 나타낸다. 먼저, 투입단계에서 약물중독이라는 사회문제에 영향을 받은 대상자들을 확인하는 과정을 거쳐 활동단계에서는 약물치료를 위한 카운슬링프로그램을 제공하게 되므로 산출은 제공된 카운슬링 서비스의 수 또는 양이 된다. 그리고 품질은 카운슬링 서비스에 만족한 대상자들의 수나 비율로 측정되며, 결과는 최소 1년간 약물중독으로부터 벗어난 대상자들의 수 또는 전체 대상자들 중 약물중독 문제로부터 벗어난 대상자의 비율 등을 통해 결과가 측정된다. 결국 Martin과 Kettner의 성과측정모형은 프로그램의 영향력을 산출과 품질 그리고 결과를 중심으로 측정하는 측정모형을 제안하고 있음을 알 수 있다.

3) Martin과 Kettner의 모형 특성

Martin과 Kettner의 성과측정모형은 1980년대의 품질관리운동의 영향을 받아 서비스의 질을 중심으로 프로그램의 성과를 측정하는 것이라고 할 수 있다. 특히, 개방–체계이론과 사회문제해결을 시작으로 하는 로직모형의 영향을 받아 프로그램이 해결하려는 사회문제 분석과 목적과 목표에 대한 분석을 중심으로 과정보다는 프로그램이나 서비스가 이용자들에게 어떠한 영향을 줄 것인지를 중심으로 성과를 측정하므로 결과 중심, 즉 투입–산출–품질–결과 중심의 측정모형이라고 할 수 있다. 성과를 측정함에 있어 프로그램이 해결하려는 사회문제 분석과 목적과 목표를 고려하므로, 성과를 프로그램이 가져다주는 영향력을 중심으로 측정할 수 있다는 장점 역시 Martin과 Kettner의 모형의 특징이라고 할 수 있다.

하지만 이와 같은 장점에도 불구하고 Martin과 Kettner의 모형은 성과의 측정 기준을 효율성, 품질, 효과성으로만 바라보므로 성과를 매우 좁게 해석한다고 볼 수 있으며, 과정에 대한 측정보다는 결과에 대한 측정을 강조하여 성과측정에 있어 과정 중심 측정에서 강조하는 의사소통의 강화나 조직학습의 효과는 기대하기가 어렵다는 단점을 지니고 있다는 측면에서 Poister의 모형과 비슷한 한계를 갖는 모형이라고 할 수 있다.

4 SERVQUAL모형과 SERVPERF모형[2]

1980년대 이후의 품질중심관리 및 소비자주권 시대와 결부하여 영리조직을 중심으로 품질만으로 성과를 측정하는 모형이 등장하였다. 서비스의 품질은 서비스이용자들의 욕구를 충족시킬 수 있는 능력으로 정의될 수 있다. 앞에서 지적한 바와 같이, Poister(2003)는 품질을 소요시간, 정확도, 철저성, 접근성, 편리성, 안전성 그리고 공손함으로 제시하였지만 학자들에 따라 질을 구성하는 개념이 상이하여 질을 측정하는 것은 매우 어려운 과업이 아닐 수 없다.

질을 조직의 성과 또는 성과의 한 부분으로 인정하고 질을 개선하여 이용자의 만족을 향상시키는 것이 프로그램의 성과를 개선시키는 방안이라고 강조하는 성과측정모형들이 가지고 있는 가장 큰 문제점은 질이 무엇으로 구성되어 있는가, 즉 질 영역(또는 차원성, dimensionality)에 대한 합의된 논의가 존재하지 않는다는 것이며, 두 번째 문제점은 질을 측정하는 측정도구, 즉 측정지표에 대한 문제라고 할 수 있다. Martin과 Kettner는 질을 중심으로 하는 성과측정모형에서 질을 서비스 표준이나 기준으로 이해할 수 있음을 제시하였지만 질의 측정은 질영역의 다양성만큼이나 어려운 문제라고 할 수 있다. 서비스의 질, 나아가 이용자만족을 강조하는 대표적인 성과측정모형으로는 SERVQUAL모형과 SERVPERF모형이 있다. 이 모형의 특성을 비교 분석하면 다음과 같다.

1) SERVQUAL모형

(1) SERVQUAL모형이란

Parasuraman, Zeithaml, 그리고 Berry(1988a, 1988b)는 민간부문 영역에서 품질의 차이모형을 강조하였다. 그들에 따르면, 기대하는 서비스와 경험한 또는 지각한 서비스

---

2) 이하의 제4절 내용은 지은구(2012), 『비영리조직 성과관리』의 내용을 참고하였음.

의 차이가 질을 나타낸다고 한다. 서비스의 차이는 크게 세 영역에서 이루어지는데, 그것들은 다음과 같다.

첫째, 서비스가 어떤 것일까에 대한 소비자의 기대 대비 관리적 측면에서의 지각
둘째, 실제 제공된 서비스 대비 서비스에 대한 정보
셋째, 기대한 서비스 대비 지각한 서비스

그들에 따르면, 서비스 질에 영향을 미치는 것은 앞의 기대한 서비스와 지각한 서비스 사이의 서비스차이(service gap)라고 한다. 서비스차이를 중심으로 서비스의 품질을 측정한다는 측면에서 SERVQUAL모형은 Gap모형이라고도 불린다. 그들은 서비스품질 측정모형에서 대중의 기대를 측정하기 위해 처음에는 7개 영역의 97개 항목을 제시하였지만(Parasuraman, Zeithaml, & Berry, 1985) 후에 그들은 총 22개 항목의 다섯 가지 영역으로 정리하여 품질을 측정하였으며 이를 SERVQUAL(service quality의 약자)모형이라고 불렀다. 즉, SERVQUAL모형에서는 품질을 서비스의 신뢰성(reliability), 응답성(responsiveness), 공감성(empathy), 확신성(assurance), 유형성(tangible)의 다섯 차원으로 보았다. 신뢰성은 품질의 기술적 부분을 포함하여 서비스 약속의 엄수나 정확성과 관련되며, 응답성은 서비스의 적시성과 즉각적 반응과 관련된다. 공감성은 품질의 비기술적 부분을 의미하는 것으로 서비스이용자에 대한 개별적 관심과 원활한 의사소통, 이용자에 대한 이해도 등이 관련된다. 확신성은 서비스 제공자의 능력과 태도, 안전성 등과 관련되며, 유형성은 기관 환경과 같은 의미로 서비스가 제공되는 기관의 시설이나 장비, 분위기 등이 가장 밀접하게 관련된다. 품질의 다섯 영역을 표로 나타내면 〈표 4-3〉과 같다.

🖥 〈표 4-3〉 서비스 품질 영역

유형성	물리적 시설, 장비, 직원들의 외양	4개 문항
신뢰성	약속된 서비스를 독자적으로 정확하게 수행하는 능력	5개 문항
응답성	신속한 서비스를 제공하고 이용자를 도우려는 의지	4개 문항
확신성	신뢰와 확신을 불러일으키는 직원들의 능력과 그들의 지식과 예의	4개 문항
공감성	서비스조직이 이용자 등에게 제공하는 개인적 관심과 돌봄(caring)	5개 문항

출처: Parasuraman, Zeithaml, & Berry(1988b), p. 23에서 재인용.

(2) SERVQUAL모형의 적용과 해석

5개의 영역에서 품질을 측정하기 위한 구체적인 측정지표(질문)로 Parasuraman, Zeithaml 과 Berry(1988b)는 22개의 질문을 제시하였으며, 점수는 1점에서 7점으로 매우 동의하면 7점, 전적으로 동의하지 않으면 1점, 그리고 확실하지 않으면 중간 점수를 부여하도록 되어 있다. 그 질문의 내용은 〈표 4-4〉와 같다.

💻 〈표 4-4〉 품질 측정영역별 질문

품질 측정 영역	항목별 측정 질문	
	기대한 서비스(customers' expectations)	지각한 서비스(customers' perceptions)
유형성	E1. 조직은 최신 장비를 구비하고 있어야 한다. E2. 시설은 시각적으로 호감이 가야 한다. E3. 직원들은 용모가 단정하여야 한다. E4. 시설의 외관이 서비스를 제공하는 유형과 일치하여야 한다.	P1. 조직은 최신 장비를 가지고 있다. P2. 시설이 시각적으로 호감이 간다. P3. 직원들의 용모가 단정하다. P4. 시설의 외관이 서비스를 제공하는 유형과 일치한다.
신뢰성	E5. 정해진 시간에 무엇인가를 하기로 약속을 했을 때 조직은 그것을 수행하여야 한다. E6. 이용자에게 문제가 발생하였을 때 조직은 공감을 해 주어야 하며 위안을 주어야 한다. E7. 조직은 믿을 만하여야 한다. E8. 조직은 서비스를 제공하기로 약속한 시간에 서비스를 제공하여야 한다. E9. 조직은 기록들을 정확하게 보관하고 있어야 한다.	P5. 정해진 시간에 무엇인가를 하기로 약속을 했을 때 조직은 그것을 수행한다. P6. 당신에게 문제가 발생하였을 때 조직은 공감을 해 주며 위안을 준다. P7. 조직은 믿을 만하다. P8. 조직은 서비스를 제공하기로 약속한 시간에 서비스를 제공한다. P9. 조직은 기록들을 정확하게 보관하고 있다.
응답성	E10. 서비스가 제공될 시간을 이용자에게 정확하게 알려 주는 것을 기대하기가 어렵다.(−) E11. 조직의 직원들로부터 이용자가 정확한 서비스를 기대하는 것은 비현	P10. 조직은 서비스가 제공될 시간을 당신에게 정확하게 알려 주지 않았다.(−) P11. 조직의 직원들로부터 정확한 서비스를 제공받지 못했다.(−)

	실적이다.(-) E12. 조직의 직원들은 이용자들을 항상 도울 의지가 있는 것 같지 않다.(-) E13. 이용자들의 요구에 즉각적으로 응답할 수 없을 정도로 바쁜 것은 괜찮은 것이다.(-)	P12. 조직의 직원들은 당신을 항상 도울 의지가 없다.(-) P13. 직원들은 당신의 요구에 즉각적으로 응답할 수 없을 정도로 바쁘다.(-)
확신성	E14. 이용자들은 이 조직의 직원들을 신뢰할 수 있어야 한다. E15. 이용자들은 조직의 직원들과 거래하면서 안전함을 느낄 수 있어야 한다. E16. 직원들은 예의가 있어야 한다. E17. 직원들은 그들의 직무를 수행함에 있어 조직으로부터 적합한 지원을 받아야 한다.	P14. 조직의 직원들을 신뢰할 수 있다. P15. 조직의 직원들과 거래하면서 안전함을 느낀다. P16. 직원들의 예의가 있다. P17. 직원들은 그들의 직무를 수행함에 있어 조직으로부터 적합한 지원을 받는다.
공감성	E18. 조직이 이용자들에게 개인적인 관심을 기울이는 것을 기대할 수 없다.(-) E19. 직원들이 이용자들에게 개인적인 관심을 기울이는 것을 기대할 수 없다.(-) E20. 직원들이 이용자들의 욕구를 아는 것을 기대하는 것은 비현실적이다.(-) E21. 조직이 이용자들의 마음에 있는 최고의 관심을 가지고 있음을 기대하는 것은 비현실적이다.(-) E22. 조직이 모든 이용자가 편리한 시간에 운영하는 것을 기대하는 것은 어렵다.(-)	P18. 조직은 당신에게 개인적인 관심을 주지 않는다.(-) P19. 직원들이 당신에게 개인적인 관심을 기울이지 않는다.(-) P20. 직원들은 당신의 욕구를 알지 못한다.(-) P21. 조직은 당신의 마음에 있는 최고의 관심을 가지고 있지 않다.(-) P22. 조직은 모든 이용자가 편리한 시간에 운영하지 않는다.(-)

출처: Parasuraman, Zeithaml, & Berry(1988b), p. 38에서 재인용.

〈표 4-4〉의 측정항목에서 알 수 있는 바와 같이, 공감성과 응답성 질문항목은 모두 부정적인 질문으로 구성되어 있음을 알 수 있으며 질문에 대한 답은 '전적으로 동의한

다'와 '전적으로 동의하지 않는다' 사이의 총 6점 간격이 있다. 질문항목은 긍정적 질문과 부정적 질문으로 구성되어 있으며, E1의 값이 7점이고 P1의 값이 1점이면 P-E의 값은 6점이 된다. 기대한 서비스에 대한 질문이 22개이고 지각한 서비스에 대한 질문항목이 22개이므로 총 44개의 질문으로 구성되어 있으며, 척도의 수준은 Likert 7점 척도다.

SERVQUAL모형을 이용하여 서비스 질을 측정하면, 지각 서비스가 기대한 서비스에 비추어 어느 정도 만족하고 있는지를 측정하여 +관계에서는 P-E 값의 차이가 클수록 그리고 -관계에서는 음의 값이 클수록 만족이 크다는 것을 의미한다. 서비스 질을 구성하는 5개영역의 22개 항목에서 (지각한 서비스) - (기대한 서비스)의 차이(gap)의 합이 서비스품질의 크기이며 이 값이 적을수록 서비스 질의 수준이 높다고 할 수 있다. 즉, 제공된 서비스에 대한 이용자들의 경험 또는 지각이 서비스에 대한 기대와 일치하든가 또는 그 이상이면 서비스 질은 높다고 할 수 있지만, 반대로 지각하는 서비스보다 기대하는 서비스가 높으면 서비스 질은 낮다고 할 수 있다. 서비스 질의 공식은 다음과 같다.

$$\text{서비스 질}(SQ_i) = \sum_{j=1}^{k} (P_{ij} - E_{ij})$$

SQ_i = 개인 i가 지각한 서비스의 질
k = 서비스 질 질문항목의 수
j = 서비스 질 질문항목
P_{ij} = j 질문항목에 대한 개인 i의 지각
E_{ij} = j 질문항목에 대한 개인 i의 기대

일반적으로 SERVQUAL모형은 민간영역뿐만 아니라 공공영역 서비스의 품질을 측정하는 요소로도 현재 사용되고 있다.

(3) SERVQUAL모형의 단점

SERVQUAL모형은 이 모형 등장 전까지 어려움을 겪었던 품질의 구성개념화를 시도하고, 나아가 품질을 측정할 수 있는 질문항목을 구체적으로 제시하였다는 점에서 서

비스품질의 측정에 일대 전환을 가져다주었으므로 매우 중요한 모형임에는 틀림없다. 즉, 서비스품질을 지각하는 서비스와 기대하는 서비스 사이의 차이로 정의하고, 품질의 영역을 5개 영역으로 구분한 후 각 영역에 맞는 질문항목들을 총 22개 항목으로 정리하여 서비스품질을 측정함으로써 조직이 제공하는 서비스품질을 수량화된 값으로 측정할 수 있도록 하여 서비스품질을 측정 및 관리할 수 있는 기술을 제공하였다는 점에 의의가 있다. SERVQUAL모형은 일반 상품을 생산하는 조직이나 은행, 나아가 병원 그리고 우체국과 같은 민간 및 공기업의 서비스품질을 측정하고 관리하는 기술로 적용되었지만 여러 문제점이 지적된 이후 현재는 활용이 제한적이라고 할 수 있다.

서비스품질을 표준화하여 측정하려는 SERVQUAL모형에는 수많은 논리적 그리고 실행적 한계 또는 약점들이 포함되어 그 적용에는 한계가 있다고 할 수 있는데, 문제점을 논리적 측면과 실행적 측면으로 분류하여 살펴보면 다음과 같다.

① 논리적 측면의 한계
SERVQUAL모형의 논리적 측면의 한계로 지적되는 것은 크게 네 가지다(Buttle, 1996).

● 패러다임에 대한 거부
SERVQUAL모형의 패러다임에 대한 거부는 첫째, SERVQUAL모형은 기본적으로 태도패러다임(attitudinal paradigm)보다는 불일치패러다임(disconfirmation paradigm)에 기초한다는 점과 둘째, SERVQUAL모형은 경제학, 통계학 그리고 심리학 등의 확대된 지식을 포함하지 못하고 있다는 점이다.

SERVQUAL모형은 이용자만족도영역에서 광범위하게 적용하고 있는 불일치패러다임에 근거한다. 이용자만족도는 기대한 것과 결과한 것 사이의 관계 측면에서 측정된다. 만약 결과가 기대와 일치하면 이용자만족은 예측될 수 있는 것이며 기대가 결과를 초과하면 이용자불만족이 나타나게 된다. Cronin과 Taylor(1992)에 따르면, 이 불일치패러다임의 적용이 SERVQUAL모형의 가장 큰 결점이다. 그들은 인지된 질이 개인적 의견이나 태도로 가장 잘 개념화되어 있다고 주장하였다. 즉, 이용자만족과 달리 서비스품질은 기대와 결과의 불일치가 아니라 이용자의 태도(즉, 개인적 의견이나 경험 또는 인지)로 측정되어야 함을 강조한다. 이는 곧 서비스품질이 불일치가 아니라 태도에 의해서 개념화되고 측정되어야 함을 의미한다.

Andersson(1992)은 SERVQUAL모형이 사회과학 조사방법이나 통계학, 경제이론, 그리고 심리이론을 반영하지 못하고 있다고 비판하였다. 그의 비판은 다음과 같다.

첫째, SERVQUAL모형은 서비스품질을 개선하기 위한 비용을 설명하지 않는다. 서비스품질 개선에 따른 혜택이 항상 추가적 비용을 뛰어넘는 것은 아니다.

둘째, SERVQUAL모형은 명목척도(Likert 7점 척도)를 이용하여 서비스품질에 대한 자료를 수집하지만, 자료분석(특히, 요인분석)은 등간척도 수준에 맞는 방법을 사용하고 있다.

셋째, 명목척도로는 서비스의 질 영역의 상호의존성을 설명하는 것이 현실적으로 어렵다. 따라서 SERVQUAL모형은 질을 구성하는 영역들 사이의 탄력성을 설명하는 것이 어려우며, 또한 질 개선에 대한 이용자들의 가치가 선형적 기능인지 비선형적 기능인지를 확인할 수 없다.

넷째, SERVQUAL모형은 경험이나 지각에 대한 심리학적 문헌들을 적절히 참고하지 못하였다.

● 차이모형의 한계

차이모형의 한계는 이용자들이 E−P의 차이로 서비스 질을 사정한다는 증거가 부족하다는 점이다. SERVQUAL척도의 기본적 논리는 차이모형에 근거한다. Parasuraman, Zeithaml, 그리고 Berry(1985, 1988a, 1988b)에 따르면, 서비스에 대한 이용자만족이나 서비스 질에 대한 지각은 제공되는 서비스의 기대에 대한 일치(confirmation)나 불일치(disconfirmation)로 나타날 수 있다. 불일치패러다임에 기초하면 차이모형은 서비스에 대한 만족이 사람들이 갖는 처음의 기대와 지각한 것 또는 경험한 것 사이의 불일치의 크기(size) 그리고 경향(direction)과 연관이 있다. 하지만 이용자들이 기대한 것과 지각한 것 사이의 차이로 서비스 질을 사정하는 것이 과연 합당한 것인가에 대해 많은 비판들이 존재한다.

　　Babakus와 Boller(1992)는 차이모형에 기초한 서비스 질에 대한 E-P 간의 차이점수가 SERVQUAL척도의 지각 구성요소에 이미 포함되어 있는 것 이상의 추가적인 정보를 제공하지는 않음을 주장하였다. 그들은 차이점수에 영향을 주는 결정적인 기여자는 지각점수인데, 이는 이용자들이 기대하는 것(기대점수)이 항상 높기 때문이라고 주장하였다. 그들의 주장은 결국 지각점수나 P-E의 차이점수가 비슷하므로 굳이 차이점수를 활용하는 것이 의미가 없다는 것이다. Iacobucci와 동료들(1994)은 기대가 서비스 경험의 평가기준으로 충분하지 않으며, Kahneman과 Miller(1986)는 이용자들에게 있어 서비스를 이용한 후의 경험이 이용하기 전의 기대보다 중요함을 강조하였다. Teas(1993a, 1993b, 1994)는 점수차이를 근거로 같은 차이점수가 같은 지각을 의미하지 않음을 강조하였다. 즉, P-E 값이 -1인 경우는 P=1과 E=2, P=2와 E=3, P=3과 E=4, P=4와 E=5, P=5와 E=6 그리고 P=6과 E=7인 경우인데 이 여섯 경우의 차이점수가 모두 -1이라고 해서 서비스 질에 대해 이용자들이 경험 또는 지각한 것이 모두 같지는 않음을 의미한다.

　　차이모형의 한계에 대한 또 다른 비판은 SERVQUAL모형이 이용자가 기대하는 기대변화의 역동성을 충분히 반영하지 못한다는 점이다. Parasuraman, Zeithaml, 그리고 Berry는 이용자들의 서비스 질에 대한 기대가 지속적으로 상승할 것이라고 생각하였지만 기대는 수년을 거치면서 떨어지기도 한다. Wutruba와 Tyagi(1991)는 기대가 수년에 걸쳐서 어떻게 형성되고 변화하는지에 대한 더 많은 연구가 필요함을 주장하였다. Cronin과 Taylor(1992)는 패스트푸드, 세탁소, 은행 그리고 해충관리 영역의 서비스 질에 있어 성과가 중심이 되는 측정을 주장하였는데, 그들은 이 방식이 SERVQUAL모형보다도 서비스 질의 측정에 있어 보다 나은 변화(variance)를 설명한다고 하였다. 이 방식은 서비스 성과(service performance)를 강조한다는 측면에서 SERVPERF모형이라고 불린다. SERVPERF모형은 SERVQUAL모형이 사용하였던 기대항목은 제외하고 22개의 지각항목들을 사용하여 서비스 질을 측정한다. 이러한 비판에 직면하여 SERVQUAL모형의 창시자 중 한 명인 Zeithaml은 차이모형에 근거하는 기대항목을 버리고 서비스 질이 지각에 의해서 영향을 받는다는 점을 인정하였다(Boulding et al., 1993).

● 과정 분석 중심의 한계

SERVQUAL모형은 서비스가 이용자들에게 어떠한 변화를 가져다주는지, 즉 이용자의 입장에서 나타나는 서비스의 결과를 측정하는 것이 아니라 서비스 전달 과정을 중요시한다는 점이 한계점으로 지적된다. Poister(2003)는 품질이 서비스 전달 과정과 산출을 통해 직접적으로 측정될 수 있음을 강조하였으며, 품질측정요소로 소요시간, 정확도, 철저성, 접근성, 편리성, 안전성 그리고 공손함을 제시하였다. 품질을 구성하는 측정요소는 투입부터 산출에 이르기까지 요소별로 측정될 수 있다. 이는 품질이 결과를 통해서 측정되기보다는 서비스의 과정인 투입과 활동을 통해서 집중적으로 측정될 수 있으며 덧붙여 제공된 작업이나 총 서비스의 양 등 산출을 통해서도 어렵지만 제공된 작업이 정당한 것인지 또는 제공된 서비스의 양이 이용자들의 욕구를 해결하기에 적당한 양인지 등을 어느 정도 확인하는 것이 가능하다는 것에 근거한다. 하지만 결과는 변화를 의미하고 변화는 서비스 과정보다는 제공된 이후를 의미하며 변화가 반드시 최상의 품질을 의미하는 것이 아닐 수 있기 때문에 결과는 일반적으로 품질측정 이외에 성과측정이라는 다른 영역에서 측정된다. Martin과 Kettner(2010) 역시 질을 결과와 구분하여 질이 결과에 영향을 주는 측정요인이라고 설명하고 있다.

하지만 품질의 구성개념에 결과가 포함된다는 견해도 있다. Grönroos(1982)는 서비스 질의 구성요인으로 기술적 질, 기능적 질 그리고 평판적 질(reputational qaulity)을 제시하였다. 기술적 질은 서비스의 결과를 의미하는 것으로, 예를 들어 옷에 묻은 기름이 제거되었는지 등을 나타낸다. 기능적 질은 서비스 전달 과정을 의미하는 것으로, 예를 들어 세탁소 주인이 손님들에게 친절하였는지 등을 나타낸다. 평판적 질은 서비스를 제공하는 조직의 이미지를 나타낸다. 이러한 분류에 따르면 SERVQUAL모형은 기술적 질, 즉 결과의 질을 입증하지 못한다(Cronin & Taylor, 1992; Mangold & Babakus, 1991; Richard & Allaway, 1993).

Richard와 Allaway(1993)는 서비스 질에 과정과 결과를 모두 포함시키는 것이 중요함을 강조하면서 과정과 결과가 이용자들의 선택에 커다란 영향을 미침을 경험적으로 증명하였다. 그들은 Parasuraman, Zeithaml, 그리고 Berry가 제시하였던 품질 측정항목에 결과를 측정하는 6개의 항목을 추가하여 서비스 질을 측정하였는데, 연구결과에 따르면 기존의 22개 항목은 소비자의 선택에 단지 45%의 변화에 영향을 주었지만 6개 결과항목을 추가하여 측정한 결과 71.5%의 변화를 주었으므로 과정과 결과가 모두 이용자의 선택에 영향을 주는 서비스품질 요인이라고 강조하였다.

서비스를 제공받는 이용자들의 문제해결을 위해 제공되어야 하는 기본적인 서비스의 내용이 포함되어 있는가? 표준서비스나 내용이 적절한 방식으로 적절한 양만큼 제공되고 있는가? 또는 질을 보증하는 방식을 분석하는 것 등이 과정 분석에서 매우 중요한 부분이므로 과정 분석에서 사업의 내용을 평가하기 위해서는 서비스의 표준(standard)이나 품질에 대한 보증(quality assurance)이 매우 중요하다. 결국 SERVQUAL모형이 서비스품질을 측정하는 과정분석모형이라는 점이 SERVQUAL모형이 가지고 있는 측정의 한계를 오직 서비스 질로만 한정함을 설명해 준다. SERVQUAL모형을 성과측정의 한 모형으로 간주하는 것은 성과를 서비스 질로만 생각하는 매우 좁은 시각이라고 할 수 있으며, SERVQUAL모형은 성과를 구성하는 한 요소인 질만을 측정하는 측정모형이라는 점이 다시 한 번 강조되어야 하겠다.

- 질 영역의 한계: 질의 다양성 한계
- **질의 영역(dimension)**

SERVQUAL모형은 서비스 질이 오직 5개 영역으로만 구성되어 있다고 간주함으로써 질 영역의 다양한 측면을 거부한다. 질 영역에 대한 문제는 결국 질의 구성개념에 대한 문제로 구성타당도를 결정짓는 매우 중요한 측면이라고 할 수 있다. 이미 앞에서 지적한 바와 같이, Poister는 질을 소요시간, 정확도, 철저성, 접근성, 편리성, 안전성 그리고 공손함으로, Grönroos는 질을 기술적 질, 기능적 질 그리고 평판적 질로, Lehtinen과 Lehtinen(1982)는 질을 상호행동적 질, 물리적 질 그리고 조직의 질로, Hedvall과 Paltschik(1989)은 질을 봉사하려는 의지와 능력 그리고 육체적 접근과 심리적 접근으로 구분하였으며, Leblanc과 Nguyen(1988)은 질을 조직 이미지, 내부 조직, 서비스 생산 시스템의 물리적 지원, 직원과 이용자의 상호행동 그리고 이용자만족의 수준으로 구성된다고 주장하였다. 또한 Martin과 Kettner(2010)는 질을 경쟁력, 확실성, 의사소통, 보증, 예절, 내구성, 유형성, 공감성, 보장성, 응답성, 신뢰, 성과 등으로 구성되는 개념이라고 매우 포괄적으로 생각하였다. 결국 질을 구성하는 요인은 Parasuraman, Zeithaml, 그리고 Berry가 강조하는 바와 같이 5개 영역으로 분류된다고 할 수 없으며 학자들에 따라 매우 다르게 구분됨을 알 수 있어 질의 개념이 복잡성을 가진 개념이라고 할 수 있다. 한편, 산업영역에 따라서는 질을 매우 단순하게 보는 경향도 존재하여 서비스 질은 기업으로부터 제공되는 서비스가 무엇인가에 따라 영향을 받을 수 있다고 할 수 있다(Buttle, 1996). Babakus와 Boller(1992)는 서비스 질 영역이 어떤 산업영역에서는 매우 단순하지만 어떤 산업영역에서는 매우 복잡하다고 주장하였다.

- 질 구성개념의 안정성

Parasuraman, Zeithaml, 그리고 Berry(1988b)는 4개의 사업영역에서 5개의 질 영역의 중요성을 분석한 결과(회귀분석 결과)를 제시하였는데, 그들의 조사에 따르면 은행은 전반적인 질의 설명력이 .28(수정된 R^2)로서 5개 영역의 질 개념이 은행의 경우에는 질을 28% 정도만 설명하였으며(질을 설명하는 다른 영역이 72% 존재함을 의미), 신용회사의 경우에는 전반적인 질의 설명력이 .27, 수선 및 유지 관리회사는 .52 그리고 전화회사의 경우에는 .37로 매우 다르게 나타났다. 또한 5개의 질 영역의 중요성도 4개의 사업영역에서 신뢰성이 가장 중요한 질을 설명하는 개념으로 나타났고, 유형성은 은행이 다른 세 영역보다 중요한 질의 영역으로 보았으며, 응답성은 은행을 제외한 세 영역에서 은행보다 더 중요하게 질을 설명하는 것으로 나타났다. 이는 질의 영역이 매우 다양함을 나타내기도 하지만 사업별로 이용자들이 질을 구성하는 개념을 달리 본다는 것을 나타낸다.

Carman(1990)은 치과, 타이어 회사, 기업안정센터 등 3개의 사업영역을 대상으로 Parasuraman, Zeithaml, 그리고 Berry가 1985년에 처음 제시하였던 10개의 질 영역을 이용하여 요인분석을 시도하였는데, 그들의 조사결과에 따르면 세 영역별로 질 영역이 5개에서 7개 사이로 재조정되었으며, 특히 세 영역에서 유형성, 신뢰성 그리고 안정성은 매우 중요한 질 구성영역으로 나타났지만 신뢰성의 경우 치과에서는 상대적으로 매우 낮은 요인인 것으로 나타났다. 이러한 연구결과를 바탕으로 Carman은 질 구성개념을 Parasuraman, Zeithaml, 그리고 Berry가 처음 제시한 10개로 적용하는 것이 더욱 바람직하다고 주장하였다. 또한 Ford와 동료들(1993)[3]은 나라별로 질을 구성하는 개념의 중요성이 다르게 나타남을 지적하였다. 이러한 연구결과는 결국 질을 구성하는 개념의 중요성이 산업별로 다를 뿐만 아니라 나라별로도 다를 수 있음을 나타낸다.

- 질을 측정하는 질문항목의 상호연관성

질과 같이 직접 측정할 수 없어 개념을 구상하여 측정하여야 하는 경우 구성개념의 요소들 간(예를 들어, 질이라는 구성개념을 설명하는 요인들 간 또는 질문항목들 간) 수렴타당도와 판별타당도가 중요하다. 수렴타당도가 높다는 것은 질을 측정하는 질문 간의 항목들이 상호관련성이 높다는 것을 나타내며, 판별타당도는 하나의 구성개념을 설명하는 질문들은 독립적으로 하나의 구성개념만을 설명한다는 것을 나타낸다. Babakus와 Boller(1992)는 SERVQUAL모형의 5개 구성요소로 측정하는 질이 구성요소 간 수렴타당도와 판별타당도에 있어 문제점이 있음을 주장하였다.[4] 즉, SERVQUAL모형은 22개의 질문항목을 가진 측정도구를 기대하는 것과 지각하는 것으로 나누어 조사한 후 P(기대)와 E(지각) 사이의 차이를 통해 서비스 질을 측정하므로 지각하는 것을 한번 측정하여 서비스 질을 측정하는 SERVPERF모형에 비해서 질이라는 구성개념의 측정에 있어 구성타당도, 즉 수렴타당도와 판별타당도가 낮을 수밖에 없음을 의미한다. 기대하는 것과 지각한 것 사이의 차이를 가지고 질을 측정하는 것과 지각한 것만 가지고

---

3) 그들은 미국과 뉴질랜드를 비교하였다.
4) 수렴타당도와 판별타당도는 구성타당도를 측정하는 가장 좋은 방법이라고 할 수 있다. 즉, 질이라는 개념이 5개의 요소로 구성되어 있다는 것이 타당한가를 살피는 것이 구성타당도인데, 5개의 영역으로 구성되어 있는 질이라는 개념의 타당도를 보다 정확하게 확인하기 위해 수렴타당도와 판별타당도를 확인하는 것은 단순히 구성타당도만을 확인하는 것보다 좋은 방법이라고 할 수 있다. 질이라는 구성개념의 판별타당도라는 것은 질의 구성영역 중 신뢰성이라는 변수 또는 요소가 5개의 질문항목으로 구성되어 있는데, 이 5개의 신뢰성 질문항목이 오직 신뢰성만을 측정하는 항목이어야지 유형성이나 응답성 등 다른 요소를 설명하는 질문항목이면 안 된다는 것을 나타낸다. 판별타당도는 변수 또는 요소들 사이의 상관관계를 통해서 알 수 있는데, 일반적으로 상관관계 값이 .85보다 낮으면 판별타당도가 존재하는 것으로 판단한다. 질이라는 구성개념의 수렴타당도라는 것은 서로 다른 측정방법을 사용하더라도 동일한 구성개념을 측정한다면 측정값은 하나의 차원으로 수렴한다는 것을 의미하므로 질이라는 개념을 구성하는 5개 요소들 간의 상관관계가 높게 나타나면 수렴타당도가 높다고 볼 수 있다.

질을 측정하는 것의 차이가 구성타당도의 차이를 가져다준다고 할 수 있다.

② 실행적 측면의 한계

SERVQUAL모형의 실행적 측면의 한계로 지적되는 것은 크게 여섯 가지로 정리할 수 있다.

● 기대

Teas(1993a, 1993b)는 이용자들이 일반적으로 서비스에 대한 기대보다는 서비스 표준이나 기준으로 서비스 질을 평가함으로써 기대라는 용어가 실질적으로 질을 담보하지 않는다고 비판하였다. Parasuraman, Zeithaml, 그리고 Berry(1988b)는 기대를 제공자가 제공하는 것보다는 제공하여야 하는 것에 대한 이용자들의 원함이나 갈망으로 조작적 정의를 내리고 이를 이용자들의 규범적 기대(normative expectation)라고 정의하였지만, Teas는 이들의 기대에 대한 정의가 매우 애매하며 기대의 구성요소는 판별타당도가 부족함을 지적하였다. Parasuraman, Zeithaml, 그리고 Berry(1991b, 1994)는 이러한 비판을 수용하여 서비스제공자의 규범적 기대로부터 훌륭한 조직까지 이용자들이 기대하는 것으로 기대의 조작적 정의를 수정하였다. 특히, Iacobucci와 동료들(1994)은 서비스 질로부터 기대를 제거하고 표준이라는 용어로 대치하였다.

● 항목구성

항목구성에 대한 비판은 질을 구성하는 5개 영역을 측정하기 위한 4개 또는 5개의 질문항목만 가지고 질의 구성요소를 측정하는 것이 부적절하다는 것을 의미한다. 질을 측정하는 질문항목들이 질을 구성하는 5개 영역의 특성을 제대로 파악하는 데 한계가 있다는 지적은 학자들로 하여금 질문항목에 대한 수정을 통해 매우 다양한 질문항목을 활용하여 서비스 질을 측정하도록 허락하였다. 예를 들어, Carman(1990)은 병원서비스의 질을 측정하는 데 있어 40개의 질문항목을 활용하였으며, Bouman과 van der Wiele(1992)은 자동차서비스의 질을 측정하는 데 있어 48개의 질문항목을 활용하였다.

• 순간의 진실

순간의 진실은 이용자들이 질을 평가하는 데 있어 평가할 때마다 그리고 순간마다 다르게 평가할 수 있다는 것을 의미한다. 예를 들어, 호텔 또는 병원과 같은 경우 이용자들은 직원들을 한 번만 만나는 것이 아니라 여러 번 만나고 나서 서비스 질을 평가하는 경향이 있기 때문에 한 번 만나서 질을 평가하는 것과 여러 번 만나고 나서 질을 평가하는 것은 다른 결과를 가져올 수 있다.

• 양극성

양극성은 긍정적 대답과 부정적 대답이 응답 실수를 가져다줄 수 있다는 문제점을 가리킨다. SERVQUAL모형은 5개 영역의 22개의 질문항목 중에서 13개 항목은 긍정적으로 진술되어 있지만 응답성과 공감성을 측정하는 9개의 항목은 모두 부정적으로 진술되어 있다. 부정과 긍정으로 진술되어 있는 질문항목은 이용자들의 시간을 더 많이 뺏도록 하고 대답을 하는 데 있어 실수를 유발할 수 있다(Wason & Johnson-Laird, 1972). 이는 결국 질문을 서술하는 방식이 수집된 자료의 질과 도구의 타당도 등에 부정적인 영향을 줄 수 있다는 것을 의미한다. 이러한 비판에 직면하여 Parasuraman, Zeithaml, 그리고 Berry(1991b)는 부정적 질문을 모두 긍정적 질문으로 수정하였고, Babakus와 Mangold(1992)는 그들의 병원서비스 질에 대한 연구에서 모두 긍정적으로 수정된 질문항목을 이용하여 서비스 질을 측정하였다.

• Likert 7점 척도

Parasuraman, Zeithaml, 그리고 Berry가 활용한 척도는 명목척도로서 Likert 7점 척도다. Likert 7점 척도의 사용이 문제점으로 지적되는 이유는 첫째, 전적으로 동의한다와 전적으로 동의하지 않는다를 포함하여 7개의 대답항목을 분명한 차이가 있는 용어를 사용하여 구분하고 진술하는 것이 쉽지 않을 뿐만 아니라 이는 응답자들로 하여금 양 끝의 대답에 체크하도록 유도한다는 것에 있다(Lewis, 1993).

또 다른 문제는 중간 정도의 대답을 하였을 때 나타난다. Lewis(1993)는 응답에 차이가 존재하지만 차이가 존재하지 않는 것처럼 나타날 수 있다는 것을 지적하였다. 즉,

한 응답자의 기대값이 5.4이고 지각한 값이 4.6이라고 생각한다면 차이는 0.8로 이 응답자의 경우 서비스 질이 기대한 것보다 낮다고 생각하였지만 실제 대답은 5.4도 5로 대답하게 되고 4.6도 5로 대답하게 됨으로써 차이가 있음에도 불구하고, 관측된 값에서 차이가 나지 않아 귀무가설을 지각하지 못하는 경우가 발생하게 된다(Type II Error의 발생). 이러한 문제를 극복하기 위하여 Babakus와 Mangold(1992)는 그들의 연구에서 5점 척도를 사용하였다.

● 2개의 질문 유형

SERVQUAL모형의 질 측정은 기대하는 것과 지각하는 것을 측정하므로 응답자는 2개의 질문 유형에 대답을 해야 한다. 즉, 질문지는 E유형과 P유형으로 나누어져 있다. 이렇게 2개의 유형으로 나누어진 질문은 응답자들에게 혼란을 가져다줄 수 있으며 응답자들을 귀찮게 할 수 있다(Bouman & van der Wiele, 1992). 이러한 혼란과 귀찮음은 자료의 질에 영향을 줄 수 있다(Buttle, 1996). 또한 Parasuraman, Zeithaml, 그리고 Berry(1988b)는 기대하는 질문과 지각하는 질문을 같은 시간대에 작성하도록 하고 있는데, 이 또한 문제점으로 지적되고 있다. Carman(1990)은 이러한 문제를 극복하기 위해서 하나의 질문 유형을 가지고 기대하는 것은 서비스를 받기 이전에 그리고 지각하는 것은 서비스를 제공받은 이후에 측정하는 것이 올바른 측정임을 주장하였다.

(4) SERVQUAL모형과 성과측정

이상에서 알아본 바와 같이 넓게 보면 SERVQUAL모형은 여러 성과요인 중에서 서비스 질을 측정하여 조직의 성과를 측정하는 측정모형이라고 할 수 있지만 기본적으로는 서비스 질과 조직성과를 동일시하여 너무 좁게 바라본다는 한계를 가지고 있다. 조직의 성과는 서비스 질을 포함하여 여러 부분으로 구성되어 있으므로 서비스 질을 측정하여 조직개선을 강조하는 SERVQUAL모형은 성과측정모형이라기보다는 조직성과를 구성하는 조직이 제공하는 서비스 질에 대한 평가를 위해 수행하는 성과관리의 서비스 질에 대한 정보를 제공하는 성과측정을 보충하고 보완하는 측정모형이라고 할 수 있겠다. 결국 SERVQUAL모형은 조직관리에 있어 품질을 중심으로 조직을 관리하는

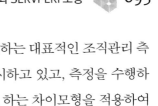

품질관리시대에 조직의 서비스 질을 측정하여 조직을 관리하는 대표적인 조직관리 측정모형이지만 서비스 질에 대한 구성개념의 다양성을 무시하고 있고, 측정을 수행하는 데 있어 기대하는 것과 지각하는 것의 차이를 중심으로 하는 차이모형을 적용하여 측정한다는 문제점 등 이론적 측면과 실행적 측면에서 여러 문제점을 가지고 있는 모형이라고 할 수 있다. 일반적으로 SERVQUAL모형은 영리조직 중 서비스제공을 강조하는 조직의 질을 측정하는 모형으로 활용되어 왔다.

2) SERVPERF모형

(1) SERVPERF모형

Cronin과 Taylor(1992)는 서비스 질에 있어 성과가 중심이 되는 측정을 주장하였는데, 이 방식은 서비스 성과를 강조한다는 측면에서 SERVPERF모형이라고 불린다. 특히, 그들은 태도를 하나의 척도로 사용하여 서비스 질을 측정하는 데 있어 기대항목을 모두 제거함으로써 기대와 지각의 44개 항목은 지각의 22개 항목으로 줄어들게 되어 SERVQUAL모형이 가지고 있는 한계들을 어느 정도 극복하였다는 평가를 받게 되었다. SERVPERF모형은 서비스 질을 측정하는 데 있어 차이모형에 근거한 비난을 수용하여 이용자들의 경험 또는 지각을 통해서만 질을 측정하였다. Cronin과 Taylor(1992)는 SERVPERF모형이 성과를 중심으로 하는 척도임을 주장하였는데, 여기서 성과란 이용자들의 서비스 질에 대한 지각(또는 만족)을 의미하므로 성과를 매우 좁게 해석하고 있음을 알 수 있다. 즉, 그들은 5개 영역의 22개 질문이 곧 성과를 나타낸다고 봄으로써 서비스 질을 성과로 해석하였다.

Cronin과 Taylor(1992)는 특히 22개의 질문항목을 가지고 서비스 질, 이용자만족 그리고 구매의사의 관계를 분석하는 데 활용하였다. 그들은 4개의 사업영역(패스트푸드, 세탁소, 은행 그리고 해충관리)에서의 연구결과를 바탕으로 첫째, 서비스 질은 태도로 측정되어야 하며, 둘째, 서비스 질은 이용자만족의 전신이고, 셋째, 이용자만족이 서비스 질보다 구매의사에 더 강력한 영향을 주므로 경영자나 관리자들은 서비스 질만 중요시할 것이 아니라 이용자만족을 위한 프로그램을 필요로 할 것이라고 결론 지었다.

SERVPERF모형의 서비스 질의 공식은 다음과 같다.

$$서비스 질(SQ_i) = \sum_{j=1}^{k} P_{ij}$$

SQ_i = 개인 i가 지각한 서비스 질
k = 서비스 질 질문항목의 수
j = 서비스 질 질문항목
P_{ij} = j 질문항목에 대한 개인 i의 지각

(2) SERVPERF모형과 SERVQUAL모형

SERVPERF모형과 SERVQUAL모형은 모두 경영학, 외식, 호텔, 관광, 여가, 스포츠 등의 영역에서 서비스 질을 측정하는 도구로 많이 사용되고 있으며, 최근에는 사회복지서비스 분야에서도 이 두 모형을 사용하여 조직성과나 서비스 질을 측정한 논문들이 간혹 등장하고 있다. SERVPERF모형과 SERVQUAL모형 중 어떤 모형이 더 좋은 모형인지에 대해서는 적용하는 분야에 따라 또는 학자들에 따라 매우 다르게 나타나기 때문에 우열을 가늠하기는 어렵다는 것이 정설이다(Jain & Gupta, 2004). 이 두 모형의 가장 큰 차이점은 SERVPERF모형이 P와 E 사이의 불일치에 기초하지 않고 기대를 질문항목에서 제거하여 이용자만족만으로 질을 측정한다는 점이다. 특히, SERVPERF모형은 지각이라는 용어 대신 서비스 질에 대한 이용자만족이라는 용어를 성과라는 용어와 동일시한다.

Jain과 Gupta(2004)는 두 모형의 차이점을 다음과 같이 지적하였다.

첫째, SERVPERF모형이 SERVQUAL모형에 비해 단일항목척도를 통하여 서비스 질을 측정하므로 서비스 질 구성개념을 설명하는 데 있어 수렴타당도와 판별타당도가 더 높다. 또한 SERVPERF모형이 SERVQUAL모형과 달리 전반적인 서비스 질 점수의 분산(variation)을 설명하는 데 더 유익하다고 할 수 있다. 또한 무엇보다도 SERVPERF모형은 질문항목이 50% 줄어들어 간편하게 자료를 수

집할 수 있다.

둘째, SERVQUAL모형이 SERVPERF모형에 비해 이용자들의 서비스 질에 대한 진단 능력(diagnostic ability)이 더 높다. 이는 지각한 점수만 가지고 측정하는 것보 다 기대하는 점수와 지각한 점수를 모두 이용하여 이용자들의 인식을 측정하 는 것이 더 풍부한 정보를 제공하므로 SERVQUAL모형이 서비스 질 척도로서 의 진단능력이 더 뛰어나다는 것을 나타낸다. 질을 측정하는 데 있어 진단능력 이 더 뛰어나다는 것은 조직관리 측면에서 조직이 제공하는 서비스의 질을 개 선하기 위해 더욱 풍부한 정보를 제공받을 수 있음을 의미하는 것이므로 조직 성과 개선을 위해서는 SERVQUAL모형이 SERVPERF모형보다 활용도가 더 높 다는 것을 나타낸다. 결국 SERVQUAL모형을 통해서 관리자들은 서비스 질을 나타내는 5개 영역에서 어떤 영역의 질이 기대하는 것과 지각하는 것 사이에 차이가 큰지를 영역별로 확인할 수 있으므로 조직이 어떤 부분에 더 많은 노력 을 기울여야 하는지에 대한 풍부한 자료가 확보된다.

이와 같은 차이점을 근거로 Jain과 Gupta(2004)는 만약 조직의 전반적인 서비스 질을 단순히 평가하는 것에 관심이 있고, 다른 조직과 질을 비교하는 것을 원한다면 SERVPERF모형을 사용하는 것이 효과적인 반면, 조직의 서비스 질이 어떤 영역에서 부 족한지를 찾아 개선하는 관리적 개입을 목적으로 한다면 SERVQUAL모형이 효과적이 라고 주장하였다.

(3) SERVPERF모형과 성과측정

SERVPERF모형은 SERVQUAL모형에서 드러난 여러 문제점 중 차이모형과 관련된 한계를 극복하였다는 점과 보다 손쉽게 서비스 질을 측정할 수 있다는 점 이외에, SERVQUAL모형과 같은 질에 대한 영역과 측정항목을 가지고 질을 측정한다. 따라서 여러 성과요인 중에서 서비스 질만을 측정하여 조직의 성과를 측정하는 측정모형이라 고 할 수 있으며, 기본적으로 SERVQUAL모형과 같이 서비스 질과 조직성과를 동일시 하여 너무 좁게 성과를 바라본다는 한계를 가지고 있다. 특히, Cronin과 Taylor(1992)

는 성과를 중심으로 하는 측정이라고 강조하였지만, 여기서 성과란 결국 이용자만족을 의미한다는 측면에서 조직성과 개선을 위한 측정모형으로의 한계는 극복하지 못하였다. 특히, SERVPERF모형을 활용한다면 조직들 사이의 서비스 질을 비교하고 조직의 전반적인 서비스 질을 평가하는 데에는 유용할지 모르지만 5개 영역 중에서 보다 구체적으로 어떤 영역에서 개선이 필요한지를 찾아 조직서비스 개선을 추구하는 데에는 한계를 내포하므로 단일 조직의 조직개선을 위한 측정모형으로는 SERVQUAL모형보다 활용도가 떨어진다고 볼 수 있다.

결국 SERVQUAL모형과 SERVPERF모형은 모두 질을 중요시하는 1990년대에 강조되었던 품질관리를 위한 측정도구이자 측정모형이라고 할 수는 있으나, 성과측정을 통한 성과관리모형이라고는 할 수 없다.

5 지은구 모형

지은구 모형(2012)의 특징은 성과측정을, 첫째, 형평성, 효율성, 효과성, 만족, 품질 등과 같은 요소별로 측정함과 동시에, 둘째, 논리모형을 적용하여 성과 진행 과정의 체계적 단계를 거치는 투입, 행동, 산출 그리고 결과 등 성과를 단계별로 측정하는 것으로서 성과의 요소별 및 단계별 혼합측정모형이라고 할 수 있다. 다음의 [그림 4-9]는 지은구가 제시한 단계별·요소별 성과측정모형을 나타낸다.

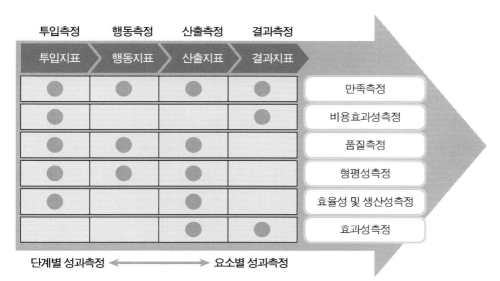

　　　[그림 4-9] 지은구의 단계별 · 요소별 성과측정모형

출처: 지은구(2012), p. 214 [그림 8-13]을 토대로 재작성.

1) 단계별 성과측정

　단계별 성과측정을 위해서 투입단계에는 투입요소, 행동단계에는 과정요소, 산출단계에는 산출요소, 결과단계에는 결과요소가 측정을 위해 분석된다. 단계별 성과측정요소들을 살펴보면 다음과 같다.

(1) 투입요소

　투입요소는 크게 인적 자원, 물적 자원, 사회적 자원으로 구분될 수 있다. 일반적으로 투입자원을 설명하는 경우 물적 자원(예를 들어, 자금)이나 인적 자원(예를 들어, 직원)을 중심으로 설명하는 경우가 많으며 비영리조직의 성과관리의 여러 요소를 분석하는 데 있어 사회적 자원을 투입자원으로 포함시키지 않는 경우가 많다. 사회적 자원을 구성하는 요소로는 관계와 신뢰 그리고 믿음과 네트워크 등을 포함시킬 수 있다.[5] 조직 성과를 성취하는 데 있어 조직원들 간의 신뢰, 직원과 이용자 간의 신뢰, 이용자들의 조직에 대한 신뢰, 조직원 간의 협력 등은 조직성과에 영향을 미치는 매우 중요한 요소 임에 틀림없다.

Marr(2009)는 투입요소를 유형자원과 무형자원으로 구분하고, 유형자원에는 물적 자원과 재정자원이 포함되며 무형자원에는 인간자원, 관계자원 그리고 구조자원이 포 함되는 것으로 보았다. 그에 따르면, 인간자원은 기술이나 지식 그리고 직원의 개입 등 을 포함하는 것이며 관계자원은 파트너십, 이미지, 조직의 평판으로 구성되고 구조자 원은 정보, 조직문화, 그리고 실천행동으로 구성된다. 또한 물적 자원은 빌딩, 정보기 술이나 장비 등 조직이 소유한 자원을 의미하며, 재정자원은 기금, 유용한 재원 등으로 구성된다. 그가 구분한 투입요소를 표로 구분하면 〈표 4-5〉와 같다.

〈표 4-5〉 Marr의 투입자원 구성요소

물적 자원	재정자원	인간자원	관계자원	구조자원
기금, 자금, 배정된 예산, 기부금	빌딩, 정보기술, 의사소통기술, 장비, 토지 등과 같은 조직이 소유한 자원	지식, 기술, 교육, 자격, 직무경험, 경쟁력, 전문성, 유연성, 변화가능성, 충성심, 직원만족	공식적 관계, 비공식적 관계, 사회적 네트워크, 동맹, 상품이미지, 신뢰, 조직평판, 이용자 충성심, 이용자 개입 정도, 서비스전달 동의서, 협력기관	조직문화; 조직 가치, 사회적 자본, 관리철학, 지적소유권이나 상품소유권; 브랜드네임, 자료와 정보, 과정 및 일상업무; 공식적인 과정이나 일상적인 비공식적 업무, 관리과정

출처: Marr(2009), p. 49 〈표 3-1〉에서 재인용.

---

5) 사회적 자원은 사회적 자본을 포함하는 의미로 이해할 수 있다.

Marr가 구분한 투입자원은 사회적 자본을 구조자원으로 포함시키고 있으면서 관계나 신뢰 등은 또한 관계자원에 포함시키는 등 자원 구별의 기준이 명확하지 않고 직원에 대한 고려는 투입자원에 포함되어 있지 않다. 따라서 본 연구에서는 투입자원을 앞에서 언급한 바와 같이 인적 자원, 물적 자원 그리고 사회적 자원으로 구분하여 설명하기로 한다.

① 인적 자원: 직원, 직원의 수준, 교육 정도, 직원의 나이나 전문성 등

인적 자원은 조직의 직원과 직원들이 가지고 있는 기술, 지식, 경험, 그리고 교육수준과 전문성 정도 등을 포함한다. 따라서 인적 자원에는 직원의 수로 나타나는 유형자원과 직원들이 가지고 있는 지식이나 기술, 경험의 정도나 교육수준과 전문성 등의 무형자원이 모두 포함된다.

② 물적 자원: 빌딩, 사무실 집기, 예산 등

물적 자원은 투입요소 중에서 대표적인 유형자원으로 구성된다. 조직이 위치하는 건물, 집기나 비품, 직원들이 사용하는 모든 필수용품, 조직성과를 성취하기 위해 사용되어야 하는 기금이나 기부금 등의 조직재원 등은 모두 물적 자원에 포함된다. 비영리조직은 특히 정부와의 계약관계에 의해서 정부재원에 많은 영향을 받으며, 특히 외부자원으로서 기부금에도 많은 영향을 받으므로 투입요소로서 조직이 운용할 수 있는 예산이 어느 정도이고 기부금의 수준은 어느 정도인가를 확인하는 것은 매우 중요한 과정이라고 할 수 있다.

③ 사회적 자원: 관계와 신뢰 그리고 협력과 네트워크

비영리조직이나 공공조직이 가지고 있는 투입요소 중 가장 큰 특징은 투입요소로서 사람과 사람 사이의 관계나 신뢰 그리고 협력 등이 필요하다는 점이다. 사회적 자원은 인간을 대상으로 서비스를 제공하는 비영리조직이나 공공조직이 성과를 개선하기 위하여 반드시 고려하여야 하는 관계와 신뢰 그리고 협력과 네트워크 등의 사회적 자본으로 구성되는 무형자원과 유형자원으로 구성된다. 직원들 사이의 신뢰와 협력은 조

직구성원들의 능력을 고취시키고 조직원들에게 동기를 부여하는 중요한 요소이므로 성과 개선에 영향을 미치는 중요한 투입요소이며 직원과 이용자 간의 믿음과 신뢰 그리고 이용자들이 가지고 있는 조직이나 직원들에 대한 평판 등은 조직의 성과를 향상시키는 데 있어 중요한 투입요소로서 작동한다고 할 수 있다.

특히, 사회서비스를 제공하는 비영리조직의 경우 직원들 사이의 협력과 조정뿐만 아니라 조직 사이의 협력과 조정, 협력과 조정을 구체화시키는 실천행동으로서의 네트워크 운영, 그리고 이용자들의 상태나 조건을 수시로 확인하고 점검할 수 있는 연계체계나 사례관리체계의 구축은 직원과 이용자 사이의 믿음과 신뢰가 구축되어 있어야 운용이 가능하고 매우 중요한 서비스전달체계로서 작동하므로 믿음과 신뢰 그리고 협력과 조정을 위한 체계 등은 모두 중요한 투입요소라고 할 수 있다.

또한 조직구성원들 사이의 관계에서 중요한 것은 관리자와 조직구성원들 사이의 관계로서 일반적으로 노사관계로도 표현된다. 비영리조직이든 공공조직이든 조직구성원들은 대부분 고용관계에 영향을 받는다. 따라서 관리자들과 조직관리자로부터 관리를 받는 조직구성원들의 이해는 상이할 수 있으며, 갈등주의이론에 따르면 두 집단 간의 협력이 불가능할 수도 있지만 조직성과 개선을 위해서는 두 집단 간의 대립보다는 조직 가치를 실현하기 위한 협력과 조정이 더욱 중요하다. 특히, 조직 가치를 실현하고 조직성과를 개선하기 위해서는 관리자와 조직구성원들 사이의 갈등보다는 조직구성원들 사이에 공유되어 있는 공동의 가치를 기본으로 하는 협력과 조정이 보다 중요하다고 할 수 있다.

다음 [그림 4-10]은 성과관리단계에서 반드시 확인하여야 하는 투입요소의 내용들을 나타낸다.

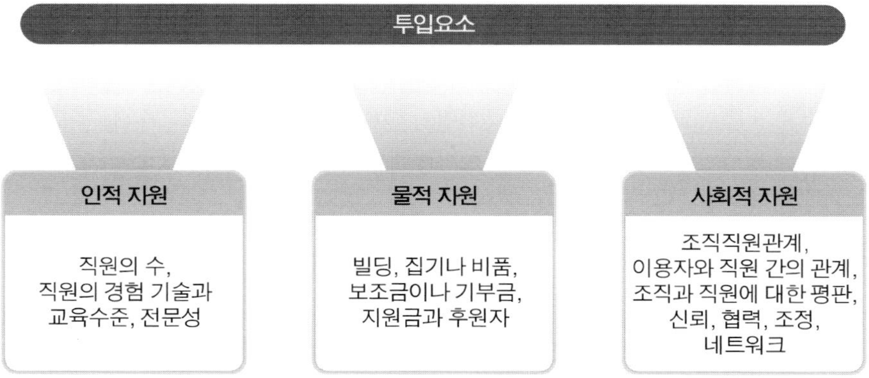

투입요소

인적 자원	물적 자원	사회적 자원
직원의 수, 직원의 경험 기술과 교육수준, 전문성	빌딩, 집기나 비품, 보조금이나 기부금, 지원금과 후원자	조직직원관계, 이용자와 직원 간의 관계, 조직과 직원에 대한 평판, 신뢰, 협력, 조정, 네트워크

[그림 4-10] 투입요소

(2) 행동 또는 과정요소

행동(또는 과정, process)요소는 목적을 성취하기 위해서 조직이 수행하는 행동이나 활동을 의미한다. 조직의 목적을 성취하기 위해서 조직이 수행하는 것으로 치료나 상담 또는 전문적 기술 등이 포함된다. 예를 들어, 직업훈련프로그램을 제공하는 조직의 경우에 훈련생들에게 직업기술이나 교육을 제공하는 것들이 모두 조직행동요소에 포함된다고 할 수 있다. 활동 또는 행동은 과정을 평가하는 주요 중심주제다(지은구, 2006).

행동요소는 책임성을 입증하기보다는 조직의 목적을 성취하기 위한 관리의 흐름을 추적하는 데 도움을 준다. 결국 투입을 가지고 행동은 산출과 결과를 만들어 내는 일련의 과정을 확인하는 것을 의미하기 때문에 투입이나 산출 등과 같이 측정할 수 있는 명확한 지표를 통한 확인보다는 사업이 목적을 성취하기 위해서 진행한 또는 진행하고 있는 운영 과정의 확인에 더욱 초점이 맞추어져 있다고 할 수 있다. 행동요소의 확인은 조직이 보관하고 있는 각종 자료들을 통해서 〈표 4-6〉과 같은 행동요소에 대한 확인으로 가능하다고 할 수 있다.

💻 〈표 4-6〉 행동요소 주요 지표

	주요 지표 내용
행동요소	• 자원 배치 및 시설 운영의 적절성 여부 • 서비스담당자의 구체적인 서비스작업의 내용과 실제 수행하는 작업내용 확인 • 직원 인력배치의 적절성 여부 • 사업계획서 운영의 적절성 여부

자원 배치 및 시설 운영의 적절성 확인은 조직예산과 시설의 배치와 이용의 적절한 사용을 확인하는 것을 나타내며, 지난 일 년간 사용한 예산의 집행결과를 나타내는 각종 예산 서식을 활용할 수 있고 공간의 활용도 여부는 조직 공간이나 각종 시설과 부품의 이용에 대한 공간 분석이나 각종 서식을 통해서 확인이 가능하다.

서비스담당자의 구체적인 서비스작업의 확인은 직원들의 작업 경험이나 교육 정도 그리고 직원들이 담당하고 있는 작업의 진행 여부에 대한 월별(또는 분기별) 사업진행 보고서나 결과보고서 등을 통해 확인할 수 있다. 직원이 실제 수행하는 작업과 계획된 작업의 비교는 계획서상의 직원업무와 실제 업무에 대한 비교를 통해 가능하다. 직원 인력 배치의 적절성은 직원들의 교육과 기술 그리고 경험 정도와 담당업무를 나타내는 각종 서식을 통해 확인할 수 있으며 사업계획서 운영의 적절성은 계획서상에 나타나는 계획의 진행과 달성 정도를 나타내는 각종 보고서를 통해 확인할 수 있다.

(3) 산출요소

산출은 행동에 의해서 직접적으로 나타나는 산물로서 제공된 서비스나 마지막 재화를 나타내며 수행된 작업의 양에 의해서 측정된다. 따라서 성취된 작업의 양, 서비스에 참석한 사람의 숫자, 제공된 상담 횟수 등과 같은 것들이 산출에 포함된다. 예를 들어, 직업훈련프로그램에서 제공된 직업훈련의 수나 취업상담 건수 등이 산출영역이라고 할 수 있다. 하지만 모든 산출이 성과를 만들어 내는 것은 아니다. 예를 들어, 알코올중독자치료 상담프로그램에 모든 참가자가 참여했다고 해서 모두 알코올중독의 문제에서 벗어나는 것은 아니며 프로그램이 종결된 후 다시 알코올중독자로 돌아가는 사람들도 존재한다. 하지만 산출이 있어야 성과가 일어날 수 있고 원하거나 갈망하는 혜택 또는 참가자들의 변화를 인도하기 때문에 매우 중요하다고 할 수 있다(지은구, 2006, 2010). 산출요소의 확인은 조직이 보관하고 있는 각종 자료들을 통해서 〈표 4-7〉과 같은 요소에 대한 확인을 통해서 가능하다고 할 수 있다.

💻 〈표 4-7〉 산출요소 주요 지표

	주요 지표 내용
산출요소	• 제공된 서비스의 양이나 제공 횟수 • 조직의 활동에 참여한 참가자들의 수 • 제공된 총 교육 또는 서비스 시간

(4) 결과요소

결과요소는 산출의 결과물로서 조직이 제공하는 서비스를 통해 나타나는 개개인이나 집단에 대한 혜택이나 변화를 의미한다. 간략히 말하면 조직이 서비스제공을 통해 이루려 했던 또는 갈망했던 결과라고 할 수 있으며 산출에 의해 영향을 받는다. 결과는 서비스를 제공받은 이용자들이 성취하려는 또는 바꾸려는 행동, 지식, 기술, 태도, 조건, 지위 등의 변화와 연관이 있다. 조직은 그들이 제공하는 서비스와 서비스전달과정을 통해서 클라이언트들이나 지역주민이 특정한 방식으로 변화되는 것을 추구한다(지은구, 2006, 2010). 결과요소의 확인은 조직이 보관하고 있는 각종 사업결과자료에 나타나 있는 〈표 4-8〉과 같은 요소에 대한 확인을 통해서 가능하다고 할 수 있다.

💻 〈표 4-8〉 결과요소 주요 지표

	주요 지표 내용
결과요소	• 이용자들의 생활태도, 사회적응, 사회참여, 일상생활 기능개선, 지위 향상 등 각종 변화를 나타내는 지표

2) 요소별 성과측정

요소별 성과측정은 성과를 구성하는 요소를 측정의 단위로 삼는 측정을 의미한다. Ammons(2003)에 따르면, 성과측정(performance measurement)이란 사업에 의해서 제공된 재화와 서비스의 효과성, 효율성, 서비스 양, 서비스품질 등의 요소를 체계적으로 평가하는 것을 의미한다. Poister(2003)는 성과측정이 산출, 효율성, 생산성, 서비스품질, 효과성, 비용효과성 그리고 이용자만족의 요소별 지표를 포함하는 것이라고 하였으며, Martin과 Kettner(2010)는 사회복지프로그램에 있어 성과측정은 효율성, 서비스품질, 효과성을 사정하는 것이라고 정의하였다. 따라서 이러한 정의에 따르면, 성과측정은 단순히 얼마만큼의 비용이나 인력이 투입되었고 얼마만큼의 작업이 수행되었으며 얼마나 많은 서비스가 제공되었는지를 나타내는 것이 아니라 얼마나 효율적으로 서비스가 제공되었는지, 서비스를 제공받은 사람에게 서비스의 영향력은 어떠했으며 서비스의 품질은 어떠했는지, 주어진 시간에 얼마만큼의 서비스가 제공되었는지, 서비스는 공평하게 제공되었는지, 그리고 조직이나 서비스에 대한 이해집단의 평가는 어떠한지 등의 효과성, 형평성, 품질, 만족 등의 요소별 내용을 밝히는 것이라고 할 수 있다. 따라서 요소별 성과측정 요소는 단계별 성과측정 요소와는 달리 조직(또는 서비스)의 영향력을 나타내므로 성과 개선의 정도를 직접적으로 측정할 수 있는 직접적 성과측정 요소라고 할 수 있다(지은구, 2010).

구체적으로 측정되어야 하는 요소별 성과측정 요소로는 생산성, 효율성, 효과성(비용효과성 포함), 형평성, 품질 그리고 만족 등으로 구분될 수 있다. 형평성은 비영리조직의 사회적 가치실현을 통한 성과 개선의 정도를 밝히는 지표이며, 효율성은 비용 대비혜택의 정도를 나타낸다. 효과성은 목적 성취의 정도를 나타내며, 만족은 조직이나 서비스에 대한 이용자들의 반응 정도를 나타낸다. 품질은 조직의 서비스전달체계의 수준 정도와 조직의 사회나 이용자의 욕구에 대한 대응 정도를 파악할 수 있도록 한다.

조직이 제공하는 서비스가 지역사회와 이용자를 포함하는 이해관련당사자들에게 어떠한 영향력(impact)을 발휘하였는가에 대한 요소를 측정하는 성과측정은 투입요소, 행동요소, 산출요소, 결과요소 등의 단계적 요소들을 측정하는 단계적 측정요소와 달리 성과를 구성하는 요소를 측정한다는 측면에서 요소별 성과측정 요소라고 할 수 있다. 조직성과의 요소를 측정하기 위해서는 효과성, 효율성, 생산성(서비스 양, 즉 산출을 의미), 서비스품질, 이용자만족 그리고 비용효과성 등과 같은 성과영역을 측정하여야 하기 때문에 성과측정은 결국 이러한 성과영역에서 측정지표를 활용하고 관찰하고 정의하는 과정이다(Poister, 2003).

특히, 결과와 요소별 성과측정은 매우 밀접한 연관을 맺고 있는데, 이는 성과가 개선되었는지를 알기 위해서는 결과를 측정하여야 가능하기 때문이다. 이러한 측면에서 요소별 성과측정은 성과 개선을 위한 하나의 도구로서 작동하게 된다. 따라서 성과를 강조하는 관리적 측면에서 성과의 개선 내지는 향상을 객관적으로 알 수 있는 요소별 성과측정이 곧 성과에 있어 핵심적인 내용이 된다. 이는 하나의 관리모형으로서 요소별 성과측정이 성과관리체계의 구성요인이라는 것을 의미하기도 한다(지은구, 2010).

(1) 품질요소

품질이라는 개념은 서비스가 전달되는 과정과 산출에 가장 직접적으로 연관이 있다고 할 수 있다. 일반적으로 산출을 측정하는 데 있어 가장 많이 고려하는 것이 제공된 서비스의 양(quantity)이라고 할 수 있지만 사업의 성과를 측정하는 데 있어 산출의 질, 즉 제공된 서비스의 품질을 고려하는 것도 매우 중요하다고 할 수 있다. 비영리조직이 제공하는 서비스의 품질은 서비스이용자들의 욕구를 충족시킬 수 있는 능력으로 정의될 수 있으며 이용자만족이나 서비스표준으로 품질을 인식하기도 한다. Poister(2003)에 따르면, 품질이란 일반적으로 소요시간, 정확도, 철저성, 접근성, 편리성, 안전성 그리고 공손함으로 측정될 수 있고 다음과 같은 질문을 통해서 확인될 수 있다.

- 서비스를 제공받기 위해 대기하여야 하는 시간이 있었는가? 서비스를 제공받기 위해 기다린 시간은 어느 정도였는가?
- 서비스를 제공받는 데 소비되는 총 시간은 어느 정도인가?
- 제공되는 서비스는 표준적인 서비스인가?(또는 최소 수준의 서비스인가?)

- 서비스를 제공하는 기관의 직원들은 이용자들을 다루는 데 있어 공손하였는가?
- 서비스를 위해 작성하는 기록내용은 정확하였는가?(기록내용의 충실성 및 중복 여부 등)
- 공지된 서비스와 실제 제공된 서비스가 일치하였는가?

일반적으로 품질에 대한 합의된 정의는 존재하지 않는다고 할 수 있는데, 이는 질에 대한 정의를 내리는 것이 매우 어렵기 때문이다. 품질은 민간영역과 공공서비스영역에서 다르게 정의될 수도 있다. 이는 민간영역에서 질은 소비자가 필요한 것을 만나는 것으로 그리고 소비자의 만족을 최대화시키는 것으로 간단하게 정의될 수 있지만, 공공영역에서 품질은 일반 민간영역과는 다르게 지역주민들 또는 이용자들로부터 표현되지 않는 것을 고려하여야 하고 우선순위와 자원의 할당을 고려하면서 무엇이 이루어졌는지를 설명하고 공개적 정당성을 확보하여야 하는 등의 내용을 포함하여야 하기 때문이라고 한다(Oakland, 1989; Gaster, 1995).

특히, Gaster(1995)는 공공서비스품질의 본질을 첫째, 가치-중심적이며, 둘째, 관리적 고려만을 의미하지 않으며, 셋째, 민간서비스와는 다르게 이용자들의 특별한 욕구와 관계가 있어야 하고, 넷째, 상이성을 가지며 매우 복잡하게 정의되고, 다섯째, 질 기준(최소 수준의 질, 성취할 수 있을 정도의 질 그리고 이상적인 질 등 질의 수준)이라는 것은 객관적이라기보다는 과학적 사실에 근거하여야 하며, 여섯째, 질 정책과 질의 실천은 구분하기가 매우 어렵고, 일곱째, 질의 측정은 공공서비스를 개선하기 위한 프로그램이어야 하며, 여덟째, 주요 이해관련당사자들의 질에 대한 평가, 기획 과정 그리고 내재적 검토 등은 질을 다시 정의하는 데 많은 도움을 줄 수 있고, 마지막으로 질 측정프로그램은 단기간이라기보다는 3년이나 5년 이상의 장기적 프로그램이라고 강조하였다.

Gaster(1995)는 Donabedian(1980, 1982, 1985)의 영향을 받아 공공서비스영역에서 품질은 기술적 부분과 비기술적 부분 그리고 환경적 부분으로 구성된다고 강조하였다. 그녀에 따르면, 기술적 부분은 서비스의 내용이나 기술 등 제공되는 서비스 자체를 의미하며 비기술적 부분은 직원과의 의사소통이나 직원의 기술 정도, 제공되는 시간이나 불만처리 등으로 구성된다고 하였고 환경적 부분은 기관의 환경, 즉 서비스가 이루어지는 사무실의 환경 등을 의미한다.

한편, Parasuraman, Zeithaml, 그리고 Berry(1988a, 1988b)는 민간부문 영역에서 품질의 차이모형을 강조하였다. 그들의 모형은 질을 강조한다는 의미에서 서비스 질(service quality) 모형, 즉 SERVQUAL모형이라고 불린다. SERVQUAL모형에서는 품질을 서비스의 신뢰성(reliability), 응답성(responsiveness), 공감성(empathy), 확신성(assurance), 유형성(tangible)의 다섯 차원으로 보았다[6].

비영리조직이 제공하는 서비스의 경우 대부분 대상자가 사회소외계층(저소득층이나 장애인 등)이고 사회적 목적을 실현하기 위해 국가가 제공하는 공공적 성격을 내포하고 있으므로 앞에서 지적된 소요시간, 정확도, 접근성, 편리성, 안전성, 공손함이나 신뢰성, 응답성, 공감성, 확신성, 유형성 등의 평가요소들과 함께 이용자들의 권리보호나 필요한 정보제공과 같은 사회적 차원의 품질이 고려될 필요가 있다. 이는 서비스이용자들이 취약할 경우 적절한 정보가 주어지지 않은 상태에서 이용자에게 재정을 지원해주는 것은 오히려 이용자들로 하여금 더 낮은 품질의 서비스를 선택할 가능성을 증가시킬 수 있기 때문이다. 따라서 이용자의 권리가 지켜지고 있는가와 정보공개 여부도 품질을 측정하는 중요 요소로 포함된다. 이러한 권리보호나 정보공개에 대한 측정요소는 사회서비스품질 측정에서 사회성 내지는 권리성 차원으로 분류될 수 있다(김은정, 정소연, 2009; 지은구, 2012).

이러한 품질을 구성하는 요소는 투입부터 산출에 이르기까지 요소별로 측정될 수 있다. 이는 품질이 결과를 통해서 측정되기보다는 서비스의 과정인 투입과 활동을 통해서 집중적으로 측정될 수 있으며, 덧붙여 제공된 작업이나 총 서비스의 양 등은 측정하기가 어렵지만 제공된 작업이 정당한 것인지 또는 제공된 서비스 양이 이용자들의 욕구를 해결하기에 적당한 양인지 등 어느 정도 품질을 확인하는 것이 가능하다는 것에 근거한다. 하지만 결과는 변화를 의미하고, 변화는 서비스 과정보다는 제공된 이후

---

6) SERVQUAL모형에 대해서는 제10장 성과측정모형에서 더욱 자세히 살펴볼 것이다.

를 의미하며, 변화가 반드시 최상의 품질을 의미하는 것이 아닐 수 있기 때문에 결과는 일반적으로 품질영역이 아닌 결과측정이라는 다른 영역에서 측정된다. Martin과 Kettner(2010)는 질이 산출과 결과 사이에 위치한다고 보았는데, 이는 질이 결과에 영향을 주는 영향요소임을 강조한다는 측면에서 올바른 위치 선정이라고 볼 수 있다. 품질요소의 확인은 조직이 보관하고 있는 각종 사업운영이나 결과자료에 나타나 있는 다음과 같은 요소에 대한 확인을 통해서 가능하다.

첫째, 조직과 서비스 내용 등 이용자에게 필요한 정보접근성 보장 여부

둘째, 비밀보장이나 사생활보장 여부

셋째, 공지된 서비스와 실제 서비스의 차이 여부

넷째, 이용자 및 가족의 욕구 반영 여부

다섯째, 이용자의 개별적 상황 고려 및 이용자 중심 서비스 제공 여부

여섯째, 직원들의 업무 자격 및 태도 여부

일곱째, 조직시설의 청결 상태 유지 여부

〈표 4-9〉는 품질영역별로 품질을 확인할 수 있는 질문들의 예를 나타낸다.

🖵 〈표 4-9〉 품질요소의 영역별 질문의 예

품질영역	주요 질문 내용
사회성 (권리성)	1. 이용 가능한 서비스의 주요 내용에 대한 정보가 적절히 공개되고 있는가? 2. 서비스이용 자격과 불만처리 과정에 대한 정보가 적절히 공개되고 있는가? 3. 다른 제공기관에서 제공하는 서비스에 대한 정보가 적절히 공개되고 있는가? 4. 이용자의 사생활이 존중되고 있는가? 5. 이용자에 대한 비밀은 보장되고 있는가?
신뢰성	1. 공지된 서비스와 실제 제공된 서비스는 차이가 있는가? 2. 정해진 시간에 서비스를 제공해 주는가? 3. 서비스를 제공받기 위하여 기다린 시간이 있는가? 4. 서비스를 위해 작성하는 기록내용은 정확한가?

응답성	1. 요구에 맞는 서비스가 제공되고 있는가?
	2. 도움을 요청하면 신속하게 대응해 주는가?
	3. 이용자나 가족이 원하는 것을 반영하는가?
확신성	1. 공인된 기관과 직원들이 서비스를 제공하는가?
	2. 직원들은 이용자들을 다루는 데 있어 공손한가?
	3. 질문을 하면 충분한 업무지식을 가지고 설명해 주는가?
공감성	1. 이용자의 상황에 대해서 관심을 기울여 주는가?
	2. 이용자의 이익과 편의를 최우선으로 고려하는가?
	3. 이용자의 감정을 이해하려고 노력하는가?
유형성	1. 서비스 제공기관은 외관상 청결하고 좋은 환경을 갖추고 있는가?
	2. 서비스 제공자의 옷차림과 용모는 단정하였는가?
	3. 주어진 서비스에 적합한 설비와 분위기를 갖추고 있는가?

(2) 만족요소

만족은 이용자들의 서비스품질에 대한 만족과 자원의 투입에 대한 만족, 처리 과정
에 대한 만족과 생산물이나 서비스 양에 대한 만족, 그리고 나아가 서비스 결과에 대한
만족까지를 다 포함할 수 있는 매우 광범위한 영역이므로 만족은 투입과 결과까지의
전 요소를 포함할 수 있다.

만족요소는 제공되는 서비스의 품질을 나타내는 품질영역과 연관을 가지고 있어 만
족요소를 품질영역에 포함하기도 하지만 품질영역과 구별하여 성과를 측정하기도 한
다. 즉, 서비스에 만족한다고 해서 제공받은 서비스의 품질이 전적으로 우수하다는 것
을 의미하지는 않기 때문이다. 때때로 서비스의 품질은 평이하지만 이용자들의 만족
은 높을 수 있다. 또한 만족요소는 성과를 측정하는 데 있어 서비스의 효과성을 나타내
기는 하지만 서비스의 전반적인 효과성을 나타내기보다는 산출 중심만으로 서비스 효
과성을 나타낸다. 예를 들어, 직업훈련프로그램을 제공하는 조직의 만족도는 직업훈련
프로그램에 참여한 참가자들에게 그들이 참여했던 프로그램이나 제공받은 서비스 그
리고 직업을 찾도록 해 주는 지원서비스 등에 대한 만족을 질문하는 이용자설문지 등
을 통해서 구할 수 있으며, 이 질문들은 대체적으로 제공되는 서비스나 교육 등에 대한

참가자들의 만족을 나타내지 참가자들의 직업훈련프로그램 이후의 변화를 나타내지는 않으므로 서비스 효과성보다는 서비스 산출에 보다 더 가까운 성과가 측정된다고 할 수 있다. Poister(2003)는 만족측정영역을 효과성이나 품질측정영역과 같이 성과측정의 한 영역으로 인정하고 있다. 결국 만족요소는 품질과도 다르고, 서비스 효과성과도 상이한 영역을 측정하는 영역이라고 할 수 있다.

만족요소의 확인은 조직이 보관하고 있는 각종 사업운영이나 결과자료 그리고 가장 대표적으로 활용되는 만족도조사 결과보고서 등에 나타나 있는 다음과 같은 요소에 대한 확인을 통해서 가능하다.

첫째, 서비스 불만 건수 및 불만처리 과정
둘째, 서비스 재이용 의사 및 추천 의사
셋째, 전체적인 서비스의 만족도

단순한 서비스에 대한 만족을 묻는 질문 이외에 이용자들이 서비스를 지속적으로 이용하고자 하는지와 다른 사람에게 추천할 의사가 있는지 등은 이용자의 서비스이용에 대한 적극적 행동의 측면을 포함하므로 만족성과영역에 포함될 수 있다. 이 외에 서비스만족을 나타내는 데 활용할 수 있는 지표는 서비스 불만 건수 또는 보다 직접적으로 사업에 참여하면서 또는 서비스를 제공받으면서 느끼는 경험을 묻는 질문 등이 있을 수 있다. 서비스만족을 나타내는 성과질문의 예는 〈표 4-10〉과 같다.

〈표 4-10〉 만족요소 질문의 예

	주요 질문 내용
만족요소	• 서비스제공 과정 중이나 후에 제기된 불만이 있는가? • 서비스 재이용 의사는 있는가? • 서비스 내용 등 조직서비스에 대한 전체적인 만족도는 어떠한가? • (타인에게) 서비스를 추천할 의사가 있는가?

(3) 생산성요소

생산성은 산출요소를 나타내는 측정 기준이다. 일반적으로 생산성은 유형의 상품을 생산하는 일반기업의 성과를 측정하는 대표적인 요소 중의 하나라고 할 수 있다. 이런 경우 생산성은 직원 1인이 수행하는 업무의 양이나 생산의 양으로 나타난다. 즉, 직원 1인이 생산하는 생산량으로 또는 업무의 양으로 나타난다. 일반적으로 비영리조직에서 생산성은 직원 1인에 의해서 제공되는 서비스의 양을 의미한다. 즉, 일정 기간 동안(한 시간, 하루, 일주일 또는 한 달) 얼마만큼의 서비스가 제공되었는지를 나타낸다. 따라서 생산성은 산출요소에 포함된다고 볼 수 있다. 생산성을 확인하는 대표적인 지표로는 직원 1인당 담당하는 클라이언트의 수를 나타내는 직원/클라이언트 비율 등이 있다.

💻 〈표 4-11〉 생산성요소 질문의 예

	주요 질문 내용
생산성요소	• 일정 기간 동안 직원 1인이 담당하는 클라이언트의 수는? • 일정 기간 동안 직원 1인이 수행하는 생산의 양은?

하지만 영리를 추구하며 유형의 재화를 생산하는 조직과는 달리 비영리조직이 제공하는 서비스의 양은 단순하게 직원 1인이 제공하는 서비스의 양으로 표현되는 데 있어 문제점이 존재한다. 즉, 단순하게 제공되는 서비스의 양이 중요한 것이 아니고 이용자들의 상태나 환경에 대한 개별적 상황을 고려하여 이용자들이 원하는 서비스가 제공되었는지가 더욱 중요하다고 할 수 있다. 즉, 서비스의 양보다는 서비스의 질이 더욱 중요시된다고 할 수 있다. 예를 들어, 일정 기간 동안 직원 1인이 담당하는 클라이언트의 수가 많은 것이 조직성과 개선 또는 향상을 의미하는 것이 아니라 직원 1인이 관리하고 감당하기 적당한 클라이언트의 수가 성과 개선에 더욱 중요하다고 할 수 있으므로 비영리조직에서 생산성지표의 활용은 부적합한 경우가 있음을 이해하는 것이 중요하다.

물론 비영리조직이지만 시장 진입을 강조하는 사회적 기업의 경우에는 일반기업과 같이 직원 1인당 생산되는 상품의 양이 중요한 성과측정요소가 될 수 있다. 결론적으로 생산성요소의 측정 여부는 조직이 제공하는 서비스나 재화의 특성이나 유형에 따라 달리 적용하는 것이 적당하다.

(4) 효율성요소

신 공공관리에 기초한 성과관리의 특징 중 하나가 성과를 평가하는 데 있어 효율성과 효과성을 강조한다는 점이다. 서비스를 제공하는 입장에서 같은 비용(자원)으로 더 많은 산출을 얻었을 경우 효율성이 증가하였다고 할 수 있기 때문에 효율성측정이란 주어진 노력이나 자원에 비해 얼마의 산출을 얻었는가를 확인한다는 것을 의미한다. 효율성은 투입의 유형과 투입의 양, 산출의 유형과 산출의 양을 수량적으로 측정할 수 있다는 것을 전제하며 수량적으로 측정 가능한 경우 효율성을 측정하는 지표로는 산출 대비 투입비율 등이 있을 수 있다. 예를 들어, 직업훈련과 한 강좌당 들어간 비용이나 제공된 서비스당 들어간 비용 그리고 1인의 노인에게 하루 동안 돌봄서비스를 위해 들어간 비용 등이 대표적인 효율성측정의 예다. 측정 가능한 효율성측정 지표의 예는 〈표 4-12〉와 같다.

💻 〈표 4-12〉 효율성요소 질문의 예

효율성요소	주요 질문 내용
	• 산출 대비 투입비율은 어떠한가?

하지만 생산성요소와 마찬가지로 영리를 추구하며 유형의 재화를 생산하는 조직과는 달리 비영리조직이 제공하는 서비스는 단순히 투입비용 대비 산출비용으로 측정될 수 없는 사업의 성과가 존재한다. 비영리조직의 특성상 서비스가 제공되므로 투입비용은 측정 가능하지만 상대적으로 이용자들에게 나타나는 변화나 서비스의 영향력은 화폐 가치로 측정될 수 없는 경우가 많고, 이용자가족이나 지역주민, 나아가 지역사회 등에 긍정적으로 영향을 미치는 복지외부효과 또한 창출하므로 단순히 산출을 수량화하는 것은 비현실적이다. 따라서 비영리조직에서 효율성지표의 활용은 부적합한 경우가 있음을 이해하는 것이 중요하다.

(5) 효과성요소

효과성측정은 조직의 성과측정에 있어 가장 중요한 측정영역이라고 할 수 있는데, 이는 효과성측정이 조직이나 사업이 기대했던 또는 성취하려고 했던 목적과 목표가 어느 정도 이루어졌는지를 살피는 것이기 때문이다. 성과측정을 통해서 사업이 성취하려고 하였던 목적을 측정한다는 것은 로직모형을 적용하게 되면 사업의 단기 결과(초기 결과), 중간 결과 그리고 궁극적 결과와 연관이 있다. 결국 효과성측정은 사업이 성취하려고 하는 기본적인 사업의 목적을 확인하는 것에서부터 출발한다고 할 수 있다.

효과성측정은 사회복지서비스사업의 효과를 양적 기준으로 측정한다는 측면에서 효율성측정과 같은 의미를 가지고 있지만 단순히 사회복지서비스사업을 위해 사용한 투입과 사업이 결과한 산출을 비용으로 환산해서 사업을 평가하는 효율성측정과는 달리, 사업이 성취하려고 하는 목표들이 얼마만큼 사업을 통해서 이루어졌는지에 대한 사업의 효과를 측정한다는 측면에서 다르다고 볼 수 있다. 즉, 사업이나 프로그램을 통해서 제공된 산출이 지역주민들이나 이용자들에게 어떠한 영향을 미쳐서 사업이 의도하였던 이용자들의 태도나 지위나 지식 등에 변화가 있었는가를 확인하는 것이라고 할 수 있다. 예를 들어, 노인일자리사업을 통해서 얼마나 많은 노인들이 취업을 하였는가? 또는 알코올중독자 상담프로그램을 통해서 얼마나 많은 상담자들이 알코올중독으로부터 벗어날 수 있었는가 등 프로그램이 성취한 것들에 대한 측정을 기준으로 평가하는 것을 말한다. 그리고 **비용효과성**(cost effectiveness)측정은 비용을 기준으로 프로그램이 문제의 해결에 얼마나 효과적이었는지를 비교하는 것이다. 산출당 들어간 비용을 측정하는 효율성측정과는 달리 비용효과성측정은 결과측정과 밀접한 연관이 있다. 즉, 사회서비스사업에 들어간 비용에 대해서 사업이 문제의 해결에 얼마나 효과적이었는지를 비교하는 기준으로 사용하는 분석모형이 비용효과성분석이다. 다시 말해, 사업의 비용에 관련해서 사업이 기대하였던 결과를 성취하였는지를 가지고 사업의 성과(수행능력)를 분석하는 방법이라고 할 수 있다. 예를 들어, 노인일자리사업을 통해 취업된 노인 1인에게 들어간 비용이 대표적인 비용효과성측정이라고 할 수 있다.

일반적으로 효과성측정은 양적 측면에서 설정된 사업목표에 대해서만 효과를 측정할 수 있기 때문에 양적으로 측정되지 못하는 사업의 목표, 즉 상대적 욕구와 기대의 상이성에 기초한 개별적 욕구의 차이를 기준으로 하는 목적의 측정이 불가능하다는 결정적 결점을 가지고 있다. 즉, 노인일자리사업에 참여한 노인들의 목표가 일자리를 갖는 것이기도 하지만 훈련프로그램을 통해서 갖게 되는 개인의 능력에 대한 자신감의 증가, 자존감의 향상, 사회에 대한 책임감 인식의 확대, 가족생활의 안정감 증진 등의 개인적 의식구조의 개선 내지는 변화 등을 나타내는 사업목표 등은 효과성 기준으로 측정하는 데 매우 제한적이라고 할 수 있다.

결론적으로 효과성측정은 일반적으로 사회복지서비스사업을 설계할 때나 또는 평가할 때 많이 사용하는 기준이라고 말할 수 있다. 다시 말해, 사업 설계 시 사업이 얼마의 효과를 기대하는지를 수치를 이용하여 나타내는 데 많이 사용되고 사업 실행 후에 사업이 제공한 서비스를 통해 얼마나 많은 변화가 있었는지를 숫자로 나타내 준다는 특징을 가지고 있다. 하지만 효과성 기준도 이용자들이 가지는 서비스에 대한 만족을 수치로 표현하는 효율성 기준과 마찬가지로, 효과에 대한 일면적인 부분만을 나타내고, 이용자들이 가지는 사회적 효과 또는 상대적 효과를 반영하지 못하고, 이용자들이 가지는 내면적인 생활의 변화나 삶의 질에 대한 내면적인 효과를 측정하기가 어렵다는 점이 지적되어야 하겠다. 측정 가능한 효과성지표의 예는 〈표 4-13〉과 같다.

〈표 4-13〉 효과성요소 질문의 예

효과성요소	주요 질문 내용
효과성영역	• 산출 대비 결과성취 정도는 어떠한가?
비용효과성영역	• 투입 대비 결과비율은?(비용효과성: 예를 들어, 노인을 위한 무료독감예방접종 서비스의 경우 제공된 비용을 감소한 독감발생 건수로 나누는 경우)

(6) 형평성요소

비영리조직 부분에서 형평성은 사회적 차별이나 배제가 조직의 서비스제공을 통해서 발생하고 있는가를 확인하는 질문들로 구성될 수 있다. 사회적 배제 여부를 확인할 수 있는 질문영역은, 첫째, 서비스내용형평성, 둘째, 서비스혜택형평성, 셋째, 서비스대상형평성 등으로 구분할 수 있다. 서비스내용형평성 질문은 조직에서 이용자들에게 제공되는 서비스의 내용이 모두 동일한 내용으로 구성되어 있는가를 확인하는 질문이며, 서비스혜택형평성 질문은 서비스를 필요로 하는 사람들이 모두 차별 없이 서비스의 혜택을 받을 수 있는가를 확인하는 질문이고, 마지막으로 서비스대상형평성 질문은 소득이나 지역, 나이, 성별, 장애 정도 등이 서비스를 제공받는 대상자들에게 차별적인 서비스가 제공되도록 영향을 미치고 있는가를 확인하는 질문이다. 〈표 4-14〉의 질문들은 성과측정 지표로서 형평성을 확인할 수 있는 질문들이다.

🖥 〈표 4-14〉 형평성요소 질문의 예

	주요 질문 내용
형평성요소	• 서비스내용형평성: 같은 조건이나 욕구가 있는 사람은 모두 동일한 서비스와 혜택을 받았는가? • 서비스혜택형평성: 원하는 사람은 누구나 혜택을 받을 수 있는가? • 서비스대상형평성: 연령, 소득, 인종, 성, 지역, 장애 정도 등의 차이가 서비스 수여 자격이나 혜택에 영향을 미치는가?

(7) 조직환경요소

지은구(2012)가 제시한 조직내부요소 중 조직환경요소도 요소별 성과측정을 위한 하나의 요소로 설정할 수 있다. 지은구는 조직성과에 영향을 미치는 조직환경요소로 정치, 경제, 사회, 기술, 기후환경 및 법 등의 변화 등을 설정하였다. 각각의 조직환경요소는 조직운영 및 조직결과물에도 영향을 미친다고 할 수 있다. Marr(2009)는 각각의 조직환경요소의 영어 명칭의 머리글자를 따서 PESTEL분석이라고 하였다. 각각의 조직환경요소에 대해서 살펴보면 다음과 같다.

① 정치적 변화(P)

정치적(political) 변화는 비영리조직에 자금을 제공하는 정부 조직이나 재단의 입장 변화에 따른 규제나 정책의 변화, 정부가 제공하고 싶은 서비스의 우선권 변화, 세금의 변화나 투표에 의한 정당의 변화 등을 의미한다. 이러한 정치적 변화는 조직의 서비스 제공에 영향을 미친다고 할 수 있다.

② 경제적 변화(E)

경제적(economic) 변화는 이용자에게 영향을 미칠 수 있는 경제적 불황, 실업률과 이자율 등의 변화, 인플레이션 등 조직이 서비스제공을 위해 필요한 자원 구입에 영향을 미치거나 이용자들의 서비스이용에 영향을 미칠 수 있는 경제적 변화 등을 의미한다.

③ 사회적 변화(S)

사회적(social) 변화는 조직이 대응하여야 하는 사회문제의 변화나 지역사회의 인구통계적 변화 등을 포함한다. 예를 들어, 노인인구의 증가나 비만청소년의 증가 그리고 한부모가정의 증가 등은 모두 조직이 대응하여야 하는 사회적 변화요인이며, 이러한 사회적 변화는 조직 서비스 개발과 성과 개선에 영향을 미친다고 할 수 있다.

④ 기술적 변화(T)

과학 기술의 발전은 조직 서비스 개발에 영향을 미치는 외부요소다. 인터넷의 보급과 컴퓨터를 활용하는 이용자 관리기법 등은 모두 기술적(technological) 변화가 조직 관리적 측면에 미친 영향이라고 할 수 있다. 또한 상담심리 기법의 발전과 새로운 서비스 방법 등의 개발 역시 이용자들이 해결하려는 욕구에 영향을 주며 조직성과에도 지대한 영향을 미친다고 할 수 있다.

⑤ 기후환경 변화(E)

갑작스런 기후환경(environmental) 변화 역시 서비스이용자들에게 영향을 미친다고 할 수 있으므로 조직이 숙고하여야 하는 요소임에 틀림없다. 예를 들어, 갑작스런 폭설로 교통이 두절된다거나 예상치 못한 한파나 홍수 등은 모두 이용자의 삶에 영향을 미치고 조직의 서비스에도 영향을 줄 수 있다.

⑥ 법적 변화(L)

새로운 법안이 통과되어 발효된다든지 새로운 규제가 등장하는 것 역시 비영리조직의 서비스전달에 영향을 미치는 중요 요소다. 예를 들어, 최저임금액의 수정이나 최저생계비의 수정 또는 국민기초생활보장제도의 내용 수정 등은 모두 이용자의 삶에 영향을 주고 관련된 조직의 서비스전달을 변화 또는 수정하도록 하는 중요 요소라고 할 수 있다.

제**5**장

사회서비스와 성과측정

1. 성과와 성과측정

2. 사회서비스 성과측정

사회서비스와 성과측정 제5장

1 성과와 성과측정

1) 성과의 개념

성과(performance)를 정의하고, 성과를 구성하는 요소들을 찾아내어 측정하기 위한 측정개념으로 구체화하는 것은 매우 어려운 작업이다. 결론적으로 성과는 매우 다면적인 개념으로 어떤 한 측면만을 나타내지 않는 복합개념이다. 따라서 성과를 측정한다는 것은 매우 어려운 작업이라고 할 수 있다. 성과를 좁게 해석하면 결과(outcome) 또는 산출(output)과 결과의 합으로 해석될 수 있지만, 성과를 단순히 산출과 결과를 포함하는 개념으로 보는 것은 성과를 매우 좁게 해석하는 것이라고 할 수 있다. 이러한 결과를 성과로 보는 견해는 Harbour(2009)와 Berman(2006)이 대표적이다. Harbour(2009)는 성과가 실제적인 성취물이나 결과 또는 남겨진 것을 의미한다고 정의하였으며, Berman(2006)은 성과가 결과를 성취하기 위한 자원의 효율적이고 효과적인 사용을 의미한다고 정의하면서 성과는 곧 결과의 성취라는 점을 강조하였다. 따라서 성과에는 결과가 포함된다고 할 수 있으며 결과가 증가하면 증가할수록 사업의 성과는 개선된다고 할 수 있다. 이렇듯 성과에서 결과만을 강조하게 되면 성과는 생산 과정의 결과라고 해석될 수 있다(지은구, 2012).

하지만 지은구(2012)에 따르면, 성과는 행동의 결과나 노력의 결과이기도 하면서 동시에 어떻게 성취하였는가를 중요시한다. 즉, 성과는 성취한 것일 뿐만 아니라 어떻게 성취할 것인가라는 의미를 포함한다. 행동이나 노력이 없으면 결과는 없을 것이므로 성과는 성취하기 위해 적절하게 행동하는 것을 당연히 포함한다.

결과물을 만들어 내는 과정이나 행동을 포함하는 의미로 성과를 이해한다면 성과는 일반적으로 프로그램이나 사업의 전체 과정에 대한 수행능력을 의미한다. 따라서 성과는 체계주의 관점에서 보면 투입과 결과까지의 프로그램이나 사업의 전 과정을 운영 또는 수행해 나가는 능력으로 해석될 수 있다. 보다 구체적으로 성과는 자원(투입)을 행동과 산출로 연계하고, 나아가 성과와 조직이나 사업의 기대된 목적을 연계시키는 것을 의미한다. 따라서 성과란 기대된 결과 대비 실제 성취한 결과와의 비교를 통해서 그 능력이 입증된다고 할 수 있기 때문에 결과보다 사업의 전 과정을 이해하고, 사업의 전 과정이 계획된 목적이나 또는 기대하는 결과를 얼마만큼 어떻게 성취하였는지를 보여 준다고 할 수 있다. 결국 성과란 수행하는 프로그램이나 사업의 전체에 대한 이야기, 즉 과정을 의미한다고 할 수 있다(지은구, 2012).

성과는 또한 가치가 실현되었는지를 확인할 수 있으므로 가치의 실현이라는 측면도 성과에 포함된다. 일반기업에서 성과가 개선되었다는 것은 기업가치적 측면에서 기업의 이윤이 증가하였음을 의미하며, 이는 곧 이윤추구라는 화폐적 가치의 실현이 성취되었음을 나타낸다. 하지만 공공조직이나 비영리조직의 가치적 측면에서 본다면 성과에는 일반조직이 가지고 있지 않은 공공가치나 사회적 가치의 실현을 포함한다. 예를들어, Van Dooren, Bouckaert, 그리고 Halligan(2010)에 따르면 성과는 생산물을 만드는 과정의 결과이고 공공가치의 실현이라고 강조하였다. 즉, 성과의 영역에 가치의 실현이라는 점도 분명히 포함되어 있다는 것을 의미한다. 비영리조직, 나아가 사회복지조직은 지역사회의 개선이나 사회구성원들의 삶의 질 개선 등과 같은 사회적 가치의 실현을 궁극적 목적으로 하므로 사회적 가치의 실현은 곧 사회복지조직이 제공하는 프로그램이나 사업의 성과로 나타난다. 사회서비스제공이나 공공서비스제공의 영역에서 성과가 공공의 가치나 사회적 가치의 실현이라 해석되는 것은 공공조직이든 비영리사회조직이든 성취하려고 설정한 사업이나 프로그램의 목적을 실현하기 위하여 결과물을 생산 또는 제공한다. 사업이 제공하는 생산물이나 서비스는 결국 사업이나 프로그램이 설정한 목적의 실현을 위한 도구로 활용된다는 것을 의미하는데, 왜냐하면 목적의 실현은 사업이 설정한 가치가 구현되는 것임을 의미하기 때문이다. 여기에서 성과를 구성하는 세 구성요소는 결과, 과정 그리고 가치라고 할 수 있다. 이를 그림으로 나타내면 [그림 5-1]과 같다.

[그림 5-1] 성과의 세 구성요소

2) 성과의 영역

성과의 개념에는 다음과 같은 영역들이 포함되어 있음을 알 수 있다(지은구, 2012).

첫째, 성과는 자원을 활동과 산출로 연계하고 나아가 조직이나 사업의 기대된 목적으로 연계시키는 것을 의미한다. 따라서 성과란 기대된 결과 대비 실제 성취한 결과와의 비교를 통해서 그 능력이 입증된다. 이를 성과의 결과영역이라고 부를 수 있다.

둘째, 성과는 단순한 결과만을 의미하지 않으며 결과물을 만들어 내는 과정이나 행동을 포함한다. 이를 성과의 과정영역이라고 부를 수 있다.

셋째, 성과는 가치를 실현하는 것을 포함한다. 특히, 사회서비스의 제공 이유는 바로 사회적 가치의 실현이라고 할 수 있으므로 이를 가치영역이라고 부를 수 있다.

성과는 단지 영리기법에서 강조하는 산출된 서비스나 상품의 양 또는 산출량을 만들어 내는 데 들어간 투입비용과 대비하여 조직에 가져다준 이익 또는 혜택만을 고려하는 화폐적 가치의 효율적 측면만을 그 고유영역으로 하지 않음은 주지의 사실이다. 특히, 사회서비스의 성격상 효과성 내지 성과는 사회서비스제공에 따른 이용자 자신의 변화를 포함하여 주변 사람들의 변화, 나아가 지역사회의 변화와 같은 복지외부효과도 생산하므로 사회서비스 성과영역은 변화를 위한 모든 행동이 포함되는 매우 광범위한 영역이라고 할 수 있다. 사회서비스를 국가가 기획하고 제공하는 가장 궁극적인 목적은 사회서비스를 통하여 국민 개개인 및 전체 사회의 복지를 증진시키고 국민들의 삶의 질을 향상시키는 것에 있으므로 모든 사회서비스사업은 이러한 사회적 가치를 실현하기 위하여 노력하여야 한다.

3) 성과측정

(1) 측정

측정은 일반적으로 무언가의 크기나 양, 정도(degree) 등을 확인(또는 조사)하기 위해 개입하는 행동이라고 할 수 있다(Harbour, 2009). Miller(2009)는 측정이란 하나의 규칙에 따라 현상에 숫자를 할당하는 과정이나 행동을 의미한다고 정의하였다. 앞의 정의들에 따르면, 측정이란 결국 무엇인가를 가늠할 수 있도록 또는 확인할 수 있도록 하는 행동을 의미한다고 할 수 있으며 수량화된 방식으로 표현되는 것으로 이해할 수 있다.

하지만 측정이 반드시 수량화된 방식으로만 표현되는 것은 아니다. 수량화된 측정을 구분하기 위하여 Marr(2009)는 측정이란 용어 대신 사정(assessment)이라는 용어를 사용하였다. 그에 따르면, 측정은 수량화된 가치를 의미하여 성과에 대한 객관적이고 포괄적인 전체 측면을 이해하는 데 어려우므로 측정보다는 사정이라는 표현이 더 적합하다는 것이다. 하지만 측정과 사정을 구분하는 것보다는 측정의 의미를 단순히 어떤 것을 수량화하여 나타나도록 하는 것만으로 해석하지 말고 무엇인가를 확인하기 위해 개입하는 행동으로 해석한다면 측정은 수량화된 가치 이상의 것을 나타내게 된다. 이는 측정이 기본적으로 양적인 측정방법과 질적인 측정방법으로 이루어지는 것에 의해서도 쉽게 이해될 수 있다. 즉, 양적인 방법의 측정은 주로 숫자로 표시되며 계산할 수 있다. 질적인 방법의 측정은 판단이나 견해를 반영한다. 일반적으로 양적인 방법의 측정은 사실에 기초한 정보나 자료 등을 이용하여 이루어지고, 질적인 방법의 측정은 가치가 개입되어 가치 중심적이라고 할 수 있다(Harbour, 2009).

본질적으로 측정 가능한 것이 있는 반면, 본질적으로 측정 불가능한 것이 존재한다. 하지만 성과를 측정할 수 없으면 성과측정, 나아가 성과관리는 불가능하므로 성과를 관리하기 위해서 성과는 반드시 측정되어야 한다는 것이 기본 전제다. 하지만 모든 것이 측정되는 것은 아니다. 따라서 알려고 하는 것이 측정될 수 있는가, 즉 측정 가능성이 있는가를 먼저 확인하는 것이 측정에 있어 기본 전제라고 할 수 있다.

성과는 단순히 한 가지 측면만을 가지고 있지 않으며 매우 다양한 요소(또는 영역)들을 포함하고 있으므로 성과의 여러 요소 또는 영역이 모두 측정되어야 성과에 대한 모든 것을 포괄적으로 이해할 수 있다. 하지만 성과의 모든 측면을 측정하는 것은 쉽지 않은데, 이는 측정하기 어려운 성과도 존재하기 때문이다. 어떤 성과는 쉽게 수량화할 수 있으므로 측정할 수 있지만, 어떤 성과는 쉽게 수량화할 수 없으므로 측정하는 것이 어려운 경우가 존재한다. 특히, 비영리조직과 같이 사회적 가치를 실현하기 위해 존재하는 조직의 성과는 시간이나 돈 또는 비율이나 퍼센트 등으로 표현되어 측정 가능한 성과도 있지만 그렇지 않은 성과, 즉 태도나 가치관, 인식, 상태, 지위, 관계 등의 변화는 수량화하여 측정하는 것이 어려우므로 간접적인 또는 대체적인 방식으로 측정을 하는 경우가 많이 있다. 대체지표나 간접지표를 이용한 측정은 우리가 알려고 하는 것을 정확하게 알도록 하기보다는 우리가 알려고 하는 일부분만을 우리에게 알려 주기도 한다.

(2) 성과측정

성과측정이란 측정에 대한 정의를 빌린다면, 성과를 가늠하는 또는 확인하는 행동이라고 할 수 있다. 따라서 조직성과측정이나 프로그램성과측정은 조직이나 프로그램의 성과를 측정하는 행동이나 과정이라고 할 수 있다. 성과측정은 성과에 대한 정보를 획득하는 것을 목표로 하는 행동들을 의미한다(Van Dooren, Bouckaert, & Halligan, 2010)고 할 수 있다. Stupak과 Leitner(2001)는 성과측정이 설정된 목적을 성취하기 위한 진행(progress)의 정도를 사정하는 하나의 과정을 의미한다고 정의하였으며, 성과측정은 산출을 나타내는 효율성, 결과를 나타내는 효과성 그리고 품질 측면에서 사정될 수 있음을 강조하였다. 또한 Harbour(2009)는 실제적인 결과나 성과의 궁극적인 목적을 측정하는 과정이 성과측정이라고 이해하였다. Poister(2003)는 성과측정이 책임성을 증가시키고 전반적인 성과를 개선하며 결과를 성취하고 결정 수립을 공지하며 관리를 강화시키기 위해 활용될 수 있는 프로그램이나 조직성과에 대한 객관적이고 연관 있는 정보를 제공하는 것이라고 정의하였다.

이상과 같은 정의에서 본다면 성과측정은 목적을 성취하기 위한 진행의 정도를 측정하는 것이고, 조직 결과물이나 프로그램의 결과물(산출, 결과)과 직접적인 연관이 있음을 알 수 있으며, 결과나 산출과 연관하여 목적으로 하는 것을 성취하였는가를 측정하는 것이라고 할 수 있다. 결국 성과측정은 과정과 결과를 측정하는 것이 핵심이면서 동시에 목적 실현 여부, 즉 가치 실현 여부를 측정하는 것이라고 할 수 있다.

(3) 성과측정단계

성과측정은 성과관리에서 가장 중요하고 핵심적인 활동이라고 할 수 있다. 이는 성과관리가 성과측정의 결과인 성과정보에 근거하여 수행되기 때문이다. 특히, 성과측정은 일시적으로 또는 일회적으로 수행되는 행동이 아니며 조직관리적 측면에서 지속적으로 수행되고 일련의 행동들의 조합으로 이루어진다. Van Dooren, Bouckaert, 그리고 Halligan(2010)은 성과측정을 과정으로 이해하며 다음과 같은 행동을 포함한다고 하면서 성과측정의 5단계를 제시하였다.

첫째, 표적화

둘째, 성과지표 선택

셋째, 자료수집

넷째, 자료분석

다섯째, 보고

Van Dooren, Bouckaert, 그리고 Halligan(2010)이 제시한 것과 같이 성과측정은 일련의 행동들이 연결되어 나타나는 과정으로 이해될 수 있다. 기본적으로 성과측정을 위해서 가장 필요한 것은 성과측정을 통해 무엇을 측정할 것인지 그리고 어떻게 측정할 것인지를 결정하는 것으로 간략하게 정리할 수 있지만 성과측정을 보다 체계적이고 성공적으로 이끌기 위해서는 보다 체계적이고 구체적인 단계들이 필요하다.

체계적이고 구체적으로 성공적인 성과측정을 수행하기 위한 첫 번째 단계로는 성과측정질문을 확인하고 만드는 단계를 설정할 수 있다. 즉, 어떤 질문을 통해 성과를 측정할 것인지 성과질문을 구체적으로 설정하는 단계다. 성과측정의 두 번째 단계는 성과지표 설정단계다. 이 단계에서는 성과질문에 대한 답을 구체적으로 획득하기 위하여 성과질문에 대한 대답을 얻을 수 있는 성과지표를 설정한다. 성과측정의 세 번째 단계는 성과자료 수집단계다. 성과자료 수집단계에서는 성과지표를 통해 획득한 성과정보를 수집한다. 성과측정의 네 번째 단계는 성과정보 분석단계다. 수집된 성과정보는 조직성과의 차이를 확인하기 위하여 분석된다. 성과측정의 마지막 단계는 성과측정 결과보고의 단계다. 성과측정 결과보고단계는 분석된 성과정보를 바탕으로 조직성과 개선을 유도하는 데 책임이 있는 조직의 내부집단이나 조직 성과관리를 책임지는 책임자나 부서에 보고하는 단계다. 성과측정 단계를 그림으로 나타내면 [그림 5-2]와 같다.

[그림 5-2] 성과측정 단계

각각의 단계들이 포함하는 내용들을 살펴보면 다음과 같다.

① 1단계: 성과측정 목표 및 질문 설정단계

성과측정의 첫 단계인 성과측정 목표 및 질문 설정단계에서는 성과측정을 위한 목표를 설정하고 무엇을 측정할 것인지, 보다 구체적으로는 성과측정을 위해 무엇을 질문할 것인지를 확인하는 단계를 의미한다. Van Dooren, Bouckaert, 그리고 Halligan (2010)은 이 첫 단계를 표적화단계라고 규정하였지만 표적화단계라는 의미보다는 성과측정의 목표설정 또는 성과질문 설정단계라고 이해하기 쉽다. 이 성과측정의 첫 단계는 무엇을 측정할 것인지를 결정하는 단계로서 조직성과에 대한 명확한 이해를 바탕으로 조직성과는 무엇으로 구성되는지를 확인하고 성과측정의 정도를 알기 위해서 무엇을 측정하는 것이 바람직한 것인가를 결정한다.

예를 들어, 금연프로그램의 성과를 측정한다고 했을 때 금연프로그램의 목표가 무엇인지를 확인하고 금연프로그램에서 성과라고 생각되는 요소를 파악한 후 무엇을 측정할 것인지를 결정한다. 금연프로그램의 가장 확실한 성과는 금연에 성공한 흡연자들의 수라고 했을 때 성과측정의 목표는 얼마나 많은 사람들이 프로그램 종결 이후에 담배를 끊었는가를 측정하는 것이라고 할 수 있다. 따라서 성과측정의 첫 단계에서는 성과측정의 목표, 즉 무엇을 질문할 것인가는 얼마나 많은 사람들이 담배를 끊었는가라고 할 수 있다.

성과측정의 첫 단계인 성과측정 설정을 확인하는 단계에서 가장 중요한 것은 조직이나 프로그램에 대해 철저하게 이해하고 있어야 한다는 점이다. 로직모형을 적용하여 조직성과요소를 투입과 처리 그리고 산출과 결과 등의 요소로 구분하여 이해하는 것은 조직의 성과를 이해하는 한 방법일 수 있다. 측정하려는 조직을 완전히 알지 못한다면 그 조직이 성취하려는 성과를 측정하는 것은 불가능하다고 할 수 있다.

물론 질문하는 모든 것에 대해 대답을 구할 수 없는 것과 마찬가지로, 무엇을 측정할 것인지를 결정하였다고 해서 측정하려는 것을 모두 측정할 수 있는 것은 아니다. 따라서 측정할 수 있는 것과 측정할 수 없는 것을 구분하는 것도 성과측정에서 매우 중요하다고 할 수 있다. 성과측정의 첫 단계인 성과측정 목표 및 질문 설정단계에서 성과측정 질문을 설정하기 위해서 알아야 하는 대표적인 질문들은 다음과 같다.

첫째, 성과의 어떤 부분이 측정되어야 하는가?

둘째, 투입자원은 무엇인가?

셋째, 행동이나 과정은 무엇인가?

넷째, 측정되어야 하는 목표는 무엇인가?

다섯째, 서비스를 제공받는 사람들은 어떤 집단구성원들이고 그들의 특성(예를 들어, 지리적 특성과 인구통계적 특성)은 무엇인가?

여섯째, 산출은 무엇인가?

일곱째, 결과는 무엇인가? 어떤 부차적인 효과가 있는가?

여덟째, 성과에 영향을 미치는 조직환경(내부) 또는 외부요소는 무엇인가?

② 2단계: 성과지표 설정단계

성과지표 설정단계는 성과측정 질문이 설정된 이후 질문한 것을 알 수 있도록 해 주는 성과측정지표를 선택하는 단계를 의미한다. 즉, 무엇을 측정할 것인지를 확인하는 단계가 성과측정의 첫 단계이고, 어떻게 측정할 것인가를 결정하는 단계가 바로 성과측정의 두 번째 단계라고 할 수 있다. 〈표 5-1〉은 요소별 성과측정을 위한 성과지표의 예를 나타낸다.

〈표 5-1〉 요소별 성과지표의 예

효율성	비용/산출 비율
생산성	산출/투입 비율
효과성	목적 대비 산출/결과 비율
비용효과성	투입/결과 비율
투입지표	직원들의 수, 예산의 액수
산출지표	제공된 상담서비스의 수
행동지표	시작 대비 참여 인원의 감소나 증가 또는 불만처리 건수 등
결과지표	변화의 정도를 나타낼 수 있는 지표들
만족지표	서비스만족 비율
품질지표	서비스품질의 정도 또는 표준 서비스의 제공 여부
형평성지표	• 소득, 직위, 직종, 장애 정도, 인종이나 지역 등이 서비스자격이나 혜택의 정도 등에 미치는 영향 여부 • 동일한 욕구를 가진 사람들에게 동일한 서비스 제공 여부

성과지표를 설정하는 것, 즉 성과지표를 찾아 확보하는 것과 함께 좋은 성과지표가 무엇인가를 아는 것은 매우 어려운 작업이라고 할 수 있다. 일반적으로 좋은 성과지표는 다음과 같은 기준을 포함하고 있어야 한다(Broom, 1998; Hatry, 1999; HM Treasury, 2001; The United Way of America, 1996).

첫째, 좋은 성과지표는 의도하는 바를 보다 명확하게 측정할 수 있도록 설계되는 것이 바람직하다. 예를 들어, '좋아한다'와 '싫어한다'를 물어보는 것보다는 얼마만큼 좋아하는지, 얼마만큼 싫어하는지를 물어보는 것이 더욱 바람직하다.

둘째, 좋은 성과지표는 간결하고 쉽게 표현되어야 한다. 성과지표는 애매모호하게
표현되어서는 이해가 어려우므로 간결하고 쉽게 표현되어야 한다는 것을 의
미한다.

셋째, 좋은 성과지표는 질문하려는 것과 반드시 연관이 있어야 한다. 지표의 연관성
은 성과지표의 타당성을 결정짓는 가장 중요한 문제일 수 있다. 성과지표가 우
리가 알려고 하는 성과와 연관이 없다면 성과측정 정보는 유용한 정보라고 할
수 없다.

③ 3단계: 성과자료 수집단계

성과측정으로 수집되는 자료는 크게 내부자료와 외부자료로 구분될 수 있다. 내부
자료는 조직이 자체적으로 만들어 낸 자료를 의미하며, 외부자료는 조직 밖에서 획득
한 자료를 의미한다. 일반적으로 내부자료는 조직이 가지고 있는 각종 자료들을 포함
하여 실제하는 기존 자료들로 구성된다. 일반적으로 조직 내부에서 수집된 성과측정
자료들은 가장 손쉽고 비용이 거의 들어가지 않게 활용할 수 있다. 일반적으로 조직들
은 각종 사업을 전개하면서 사업계획서를 비롯하여 사업에 관련된 자료들을 수집하여
보관하므로 조직이 수집하고 보관하고 있는 내부자료는 가장 유용한 성과자료라고 할
수 있다.

물론 주인-대리인 관계에 의한 성과측정의 경우는 대리인의 자료를 주인이 신뢰하
지 못하는 경우가 있어 외부자료에 의존하는 경우가 발생할 수도 있으며, 이러한 경우
에는 외부자료에 의존하는 경우도 발생한다. 외부자료는 조직 내부에서 자체적으로
가지고 있는 자료가 아니고 제삼자가 수집한 자료를 의미한다.

④ 4단계: 성과정보 분석단계

성과정보 분석단계는 수집된 성과자료가 성과정보로 전환되는 단계를 의미한다. 성
과정보와 성과자료의 차이는 자료만을 가지고는 무언가 결정을 할 수 없지만 분석된
성과정보를 가지고는 결정을 할 수가 있다는 점이다. 따라서 성과정보는 조직성과 개
선을 위한 결정을 하는 데 활용되는 자원이라고 할 수 있다.

수집된 모든 성과자료가 유용한 것은 아니다. 어떤 성과자료는 유용할 수 있고, 어떤 성과자료는 유용하지 않을 수도 있으므로 일단 성과자료가 수집되면 유용한 성과정보를 얻기 위하여 자료를 분석하고 분석한 성과측정 자료는 유용한 성과정보로 분류된다.

⑤ 5단계: 성과측정 결과보고단계

성과측정 결과보고단계는 분석된 성과정보를 바탕으로 프로그램이나 사업의 성과개선을 유도하는 데 책임이 있는 조직의 내부집단이나 성과관리를 책임지는 책임자나 부서에 보고하는 단계다.

4) 성과관리란

성과관리는 간략하게 정의하면 성과를 중심으로 조직이나 사업 또는 프로그램을 관리하는 방법이다. 또한 성과관리는 결정 수립을 위하여 측정된 성과정보를 이용하고 합체시키는 관리의 한 유형(Van Dooren, Bouckaert, & Halligan, 2010)이라고 정의되므로, 결정 수립을 위하여 필요한 정보를 활용하는 관리기법임을 알 수 있다. 또한 Marr(2009)는 전략적 성과관리를 강조하였는데, 그에 따르면 전략적 성과관리란 사업이나 조직의 전반적 성과, 효과성 그리고 효율성을 개선하기 위하여 무엇이 필요한가를 확인하고, 측정하고, 관리하는 것이라고 한다.

또한 Cardy(2004)에 따르면, 성과관리는 계획된 목적을 성취하기 위한 진행사항을 사정하는 과정을 의미하며, 성과관리는 미래의 성과를 개선시키기 위하여 노력하는 것이라고 정의하였다. 사업발전의 측면에서 성과란 기대된 결과 대비 실제 성취한 결과를 의미하며 기대된 결과가 성취한 결과보다 높으면 성과에 문제가 있는 것으로 볼 수 있는데, 성과 개선(performance improvement)은 이러한 차이를 줄이는 것이라고 할 수 있다. 미래의 성과 개선은 과거와 현재의 성과에 대한 정확한 사정(또는 측정)을 필요로 한다. 따라서 성과관리는 과거와 현재의 성과에 대한 정확한 사정을 바탕으로 계획된 목적을 성취할 수 있도록 노력하는, 즉 성과 개선을 만들어 내는 과정이라고 정의할 수 있다.

　성과는 형평성과 책임성을 고려하면서 효과성과 효율성의 측면에서 사업이나 조직이 성취하려는 것을 의미한다면, 성과 개선은 성과를 변화시키고 향상시키는 과정을 의미하므로 성과와 성과 개선은 동일한 개념이 아님을 알 수 있다(Berman, 2006). Berman(2006)에 따르면, 성과 개선은 성과문제에 대한 진단, 성과 개선을 위한 전략과 지식, 성과 노력을 위한 조직의 능력 분석, 결과사정 그리고 기술과 전략의 실행 등을 포함한다. 공공조직을 포함하여 비영리조직이 성과 개선을 통해서 얻을 수 있는 가능한 효과를 살펴보면 〈표 5-2〉와 같다.

💻 〈표 5-2〉 성과 개선의 효과

1. 외부와의 관계

- 외부 이해관련당사자 집단과의 신뢰 증진
- 이용자를 포함한 클라이언트들에 대한 응답성 개선
- 직원들과 지역주민들과의 의사소통 개선
- 다른 조직과의 효과적인 파트너십 능력의 향상

2. 관리

- 서비스의 효과성 증진
- 더 좋은 목적과 표적의 선택
- 행정 간접비용의 절감
- 실수나 잘못의 절감
- 책임성 향상
- 효율성 증진
- 직원들의 동기 부여와 사명감 및 사기 개선
- 문서보관 능력 및 정보분석이나 취합기술 능력 향상
- 직원들의 전문적 기술력 향상
- 팀 작업의 향상
- 조직원들 간의 신뢰 향상
- 형평성 개선
- 올바른 결정 수립

3. 기금조성 및 사회적 마케팅

- 기금조성 노력의 향상
- 잠재적 서비스집단이나 새로운 서비스집단의 발굴
- 사회적 마케팅 노력의 효과성 향상
- 보조금 확보 비율 향상

4. 자원봉사

- 자원봉사자 탈퇴 감소
- 새로운 자원봉사자 집단의 발굴
- 자원봉사자들로부터의 불만 감소
- 자원봉사자들에 대한 만족도 증대
- 효과적인 자원봉사교육의 발굴

출처: 지은구(2012), p. 29 〈표 2-2〉에서 재수정.

Cardy(2004)는 성과관리 과정을 7단계로 구분하여 설명하였는데, 그에 따르면 성과관리란 현재 성과의 확인, 진단(측정), 평가, 환류(피드백), 환류처리, 성과 개선 그리고 미래 성과로 이루어진다고 한다. 성과관리 과정을 그림으로 나타내면 [그림 5-3]과 같다.

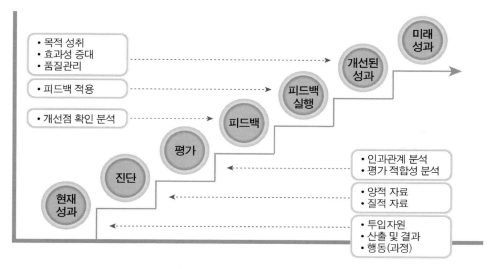

[그림 5-3] 성과관리 과정

이와 같은 성과관리에 대한 다양한 정의를 통해 알 수 있는 것은 다음과 같다.

첫째, 성과관리는 사실이나 증거에 근거하여 조직의 방향을 결정하는 결정 수립과 연관이 있다.
둘째, 성과관리는 효율성과 효과성 그리고 형평성을 포함하여 전체 조직의 성과를 개선하려는 지속적인 과정이다.
셋째, 성과관리는 성과측정을 통하여 수집된 정보를 활용하는 관리방법이다.

결국 성과관리는 측정을 통하여 수집된 정보를 활용해서 조직 전반의 성과를 개선하려는 조직관리 기법이라고 간략하게 정의할 수 있으며, 특히 성과관리는 지속적인 과정으로서 사업이나 조직의 미래 방향을 결정하는 결정 수립 도구로서 역할을 한다는 것을 알 수 있다.

성과관리	• 측정을 통하여 수집된 정보를 활용해서 사업 전반의 성과를 개선하려는 관리기법 • 성과관리는 지속적인 과정으로서 사업의 미래 방향을 결정하는 결정 수립 도구로서 역할을 수행

2 사회서비스 성과측정

1) 사회서비스 성과측정의 어려움

사회서비스 제공의 기본 목적은 국민들의 삶의 질을 향상시킨다는 사회적 가치실현의 성취다. 따라서 사회서비스의 성과는 일반기업의 성과물인 화폐와 같이 단순화된 수량으로 나타내기 어려운 경우가 존재한다. 사회서비스 이용자들의 태도나 가치관,

인식, 상태, 지위, 관계 등의 변화를 수량화하여 측정하는 것이 어렵다는 한계를 가지며 무엇보다도 삶의 질이라는 개념 자체도 추상적이고 다면적이며 복잡한 측면을 가지고 있기 때문이다. 즉, 사회서비스는 효율성 중심의 단순한 수량적 측정이 아닌 인간의 감정이나 생각, 인식, 태도 등에 대한 변화와 영향력 정도 그리고 사람과 사람 사이의 관계 개선이나 삶의 질의 개선 정도 등을 측정하는 것이 중심과제가 되므로 수량화된 단순 수치만으로는 측정하는 것이 어렵다는 한계를 갖는다.

이와 같은 사회서비스 성과측정의 어려움 이외에 일부 학자들은 사회서비스의 경우 신뢰를 바탕으로 하므로 성과를 단순히 측정하는 것이 어렵다는 점을 강조하고 있다. Blankart(1987)의 견해에 따르면 사회서비스는 대부분의 공공서비스와 마찬가지로 사람과 사람 사이의 관계와 신뢰를 중요시하는 서비스영역으로 측정이 어려운 분야임을 강조하였고, Hackman과 Oldham(1980)에 따르면 사회서비스는 집단 그리고 사람과의 관계를 중요시하는 서비스영역임을 강조하였다(지은구, 2012에서 재인용). 결국 사회서비스는 대표적으로 신뢰를 제공하는 서비스영역이다. 특히, 제공되는 서비스의 성과가 측정될 수 있으면서도 또 다른 한편으로는 성과를 측정하기가 매우 어려운 대표적인 서비스영역이기도 하다.

사회서비스 성과측정의 특성 및 한계	• 사회서비스는 효율성 중심의 단순한 수량적 측정이 아닌 인간의 감정이나 생각, 인식, 태도 등에 대한 변화의 정도를 측정하는 것이 중요함 • 사회서비스는 대부분의 공공서비스와 마찬가지로 사람과 사람 사이의 관계와 신뢰를 중요시하는 서비스영역으로 측정이 어려운 분야임 • 사회서비스는 집단 그리고 사람과의 관계를 중요시하는 서비스영역임

앞과 같은 사회서비스 성과측정의 한계에도 불구하고 사회서비스의 발전과 질적인 향상을 위해서 반드시 사회서비스의 성과는 측정되어야 한다. 사회서비스의 성과를 측정하기 위해서는 무엇보다도 사회서비스의 특성과 성격에 맞는 성과의 논리를 개발하고 이에 적합한 성과측정모형을 개발하여 적용하는 것이 중요하다.

2) 사회서비스의 성과영역

앞에서 설명한 바와 같이, 성과는 다면적인 측면을 가지고 있으며 가치와 과정 그리고 결과로 삼분하여 나타낼 수 있다. 따라서 사회서비스의 성과를 구성하는 영역도 사회서비스가 존재하는 가치와 가치실현을 위한 모든 노력 그리고 행동에 따른 변화를 의미하는 것으로 가치영역, 과정영역 그리고 결과영역으로 삼분할 수 있다. 사회서비스의 성과영역을 그림으로 나타내면 [그림 5-4]와 같다.

[그림 5-4] 사회서비스의 성과영역

3) 사회서비스 성과측정의 가치지향성

(1) 영리서비스와 사회서비스의 가치

성과측정은 가치지향적인 행동들의 총합이다. 이는 성과측정을 이해하는 데 있어 추구하는 가치를 이해하지 못하면 성과측정을 이해하는 것이 불가능하고 성과측정 원리의 적용 또한 불가능하다는 것을 의미한다. 성과측정의 역사를 살펴보면, 성과측정은 영리를 추구하는 일반기업에서 시작하였다. 일반기업들이 추구하는 가치는 사회적 가치를 추구하는 비영리조직과는 달리 경제적 가치를 추구하며 화폐 가치를 통한 이윤 추구가 바로 가치실현을 위한 모든 행동으로 집약되어 나타나는 조직이라고 할 수 있다. 즉, 영리기업들의 모든 행동은 이윤추구라는 경제적 가치를 실현하기 위한 노력이며, 이러한 노력을 관리하기 위한 관리기법으로 1990년대에 성과측정 및 성과관리 기법이 개발되고 발전되었다.

성과측정의 측면에서 본다면 성과측정을 성공적으로 수행하기 위한 가치는 바로 사업이나 프로그램이 이미 설정한 사업의 가치를 실현하기 위하여 노력하고 있는가를 확인하는 것이라고 할 수 있다. 모든 사회서비스는 사회적 가치를 실현하기 위해 설정한 목적과 목표를 성취하기 위해 노력한다. 따라서 성과측정의 측면에서 사회서비스의 가치는 사회서비스사업이 설정한 목적과 목표를 성취하기 위하여 조직구성원들이 어떻게 행동하여야 하는지를 인도하는 안내자의 역할을 수행하므로 조직구성원들의 성과에 직접적인 영향을 주는 행동지침이라고 할 수 있다.

[그림 5-5] 영리서비스와 사회서비스의 가치와 목적 비교

[그림 5-5]에서 나타난 바와 같이, 사회서비스는 일반 영리서비스와 달리 시장을 통해서 개인의 이익을 실현하는 시장 중심의 가치실현을 위한 서비스가 아니라 시장의 실패를 보완하기 위해 공공부문의 역할을 강화함으로써 집단적 이익실현 및 사회문제해결 등과 같은 사회적 가치를 실현하는 것을 목적으로 한다. 따라서 사회서비스는 서비스제공기관과의 협력과 통합적 서비스제공을 위한 서비스의 통합 그리고 동일한 욕구를 가진 사람이나 집단들에게 차별적 서비스가 아닌 보편적 서비스를 제공하는 것을 통해서 집단의 이익을 실현하는 것을 중요한 가치로 생각하는 서비스라는 것을 특징으로 한다. 따라서 사회서비스는 시장 가치가 아닌 사회적 가치의 성취를 지향하므로 사

회서비스의 성과측정 역시 사회적 가치를 성과의 중요한 영역으로 인정하고 사회적 가치실현 여부를 측정하는 다양한 성과측정 도구들의 개발과 적용이 중요하다고 할 수 있다.

(2) 사회서비스의 가치지향성과 사회서비스의 특성 및 제공의 배경

사회서비스의 가치지향성은 사회서비스의 특성에서도 확인할 수 있다. 정부는 2007년 사회서비스사업을 확대 시행하면서 사회서비스의 특성을 다음과 같이 제시하였다(보건복지부, 2015b).

첫째, 국민들의 일상생활지원과 가족과 공동체를 위한 생활서비스제공의 필요성
둘째, 국민들의 상대적 불평등을 해소할 수 있는 상대적 불평등과 관련 있는 서비스 제공의 필요성
셋째, 사회적으로 필요하나 시장에서 최적의 양이 제공되지 못해 초기에는 공공부문에서 제공기반이 마련될 필요가 있는 서비스
넷째, 이윤추구 등 경제적 동기 외에 이타주의 등 사회적 동기가 결합된 서비스
다섯째, 사회적 소비의 총량을 위해 개인적 선택 외에 집단적인 의사결정이 중요한 요소로 작용하는 서비스

앞의 특성을 자세히 살펴보면, 사회서비스는 국민들의 빈곤 및 상대적 박탈감을 조장하는 시장의 실패를 보완하기 위하여 국가적 차원에서 기획하고 제공하는 서비스임을 알 수 있으며 이러한 특성상 사회서비스는 시장 중심의 가치가 아닌 이타적이며 공동체 지향적인 가치를 지향하는 서비스임을 알 수 있다. 사회서비스의 사회적 가치지향성은 또한 사회서비스제공의 배경을 통해서도 확인할 수 있는데, 그 배경을 살펴보면 다음과 같다(보건복지부, 2015b).

첫째, 저출산, 고령화 등 신사회적 위험 등과 같은 새로운 사회환경 변화에 대한 대응, 노인인구의 증가, 가족구조의 변화 그리고 여성의 사회적 진출의 확대와 저출산 등과 같은 인구통계적 그리고 사회적 변화는 노인과 여성 등을 포함하

는 가족에 대한 새로운 사회서비스 수요의 증가를 가져왔으며 이를 위해 돌봄의 사회화가 필요하게 되었다.

둘째, 사회적 양극화의 확대 및 빈곤의 심화와 확산은 경제적 취약계층에게 사회서비스의 필요성을 증대시켰다. 즉, 사회취약계층에게 사회서비스제공을 통해 그들의 생활상태의 개선 및 삶의 질 개선 그리고 경제적 취약계층의 경제활동 참여 촉진 및 빈곤층 전략예방을 위해서도 사회서비스의 제공이 필요하였다.

셋째, 인적자본 형성을 통한 예방적 복지의 필요성 역시 사회서비스제공의 필요성을 설명한다. 즉, 사회 · 경제적 양극화의 심화로 인해 일하는 빈곤층의 양산은 빈곤의 세습방지 및 빈곤으로부터의 이동을 촉진시키기 위한 인적자본에 대한 투자의 중요성을 등장시켰다. 인적자본에 대한 투자는 곧 노동력의 증대와 생산성 향상의 결과를 가져옴으로써 인적자본 및 사회기반에 대한 사회적 투자의 일환으로 사회서비스를 확대 제공하여 경제성장을 지속화하는 방안이 필요하게 되었다.

넷째, 사회적 일자리 창출을 통한 능동적 복지를 실현하기 위하여 사회서비스의 제공이 필요하였다. 사회서비스는 취업유발계수가 서비스업 평균 및 제조업 평균을 상회한다. 사회서비스 일자리는 정보기반 사업이 아닌 고기술이나 고지식을 필요로 하는 분야라기보다는 돌봄에 대한 인식이나 소명감 등이 필요한 분야이므로 여성, 중장년 및 고용 취약계층에게 적합한 일자리를 제공할 수 있어서 서민생활 안정 및 경제활동 참여 기회를 확대하기에 좋은 분야다.

결국 국가가 사회서비스를 제공하는 결정적인 목적은 증가하는 사회서비스의 욕구에 대한 대응, 빈곤의 심화와 확대에 대한 대응, 상대적 박탈감 해소 및 인적자본에 대한 투자와 같은 사회적 가치실현임을 사회서비스제공의 배경에서도 확인할 수 있다.

사회서비스의 사회적 가치실현을 위한 노력을 사회서비스 성과의 가치지향성이라고 명명한다면 사회서비스 성과의 가치지향성은 첫째, 신사회적 위험에 대한 대응, 둘째, 사회 · 경제적 양극화에 대한 대응, 셋째, 인적자본 형성을 통한 예방적 복지의 실현, 넷째, 사회적 일자리 창출을 통한 능동적 복지실현이다. 이를 그림으로 나타내면 [그림 5-6]과 같다.

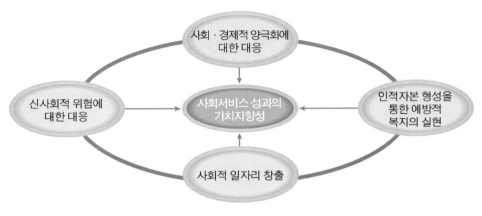

✎ [그림 5-6] 사회서비스성과의 가치지향성

사회서비스 성과의 가치지향성의 결과는 국민의 삶의 질 개선에 있다. 이는 사회서비스의 목적 및 「사회보장기본법」의 사회서비스 정의에 의해서도 입증된다. 「사회보장기본법」에 의하면 "사회서비스는 국민의 삶의 질이 향상되도록 하는 제도"로 규정되어 있으며 사회서비스의 개념은 "개인 또는 사회 전체의 복지증진 및 삶의 질 향상을 위해 사회적으로 제공되는 서비스"이다. 따라서 사회서비스 성과의 가치지향성은 곧 국민 개개인의 삶의 질 향상 및 전체 사회복지의 증진에 의해서 입증된다고 할 수 있다. 따라서 사회서비스 성과의 가치지향성을 측정하는 가장 결정적인 측정영역은 곧 삶의 질 향상 정도 및 사회복지 증진을 나타내는 각종 영역이라고 할 수 있다.

사회서비스 성과의 가치지향성 측정영역	사회서비스 성과의 가치지향성에 기반한 성과측정영역은 국민 개개인의 삶의 질 향상 정도 및 국민의 사회복지 증진의 정도를 나타내는 영역을 의미함

결국 사회서비스의 성과를 측정한다고 했을 때 가장 중요한 것은 측정하려는 사회

서비스의 성과영역을 규정하고 사회서비스가 성취하려는 사회적 가치실현을 위한 노력이 국민 개개인, 나아가 전체 사회복지의 증진에 어느 정도의 영향력을 가져다주었는지를 측정하는 것이 핵심이라고 할 수 있다. 사회서비스가 국민 개개인에게 미치는 영향력의 정도, 즉 직접적 성과는 서비스를 제공받은 국민들의 삶의 질 개선이나 생활만족의 향상, 복지체감도의 증진 등으로 직접적으로 측정된다. 또한 부수적인 서비스제공의 성과는 전체 사회복지 증진의 정도로서 사회서비스 이용자가족을 포함한 지역주민이나 전체 국민들의 생활만족이나 삶의 질의 개선 정도 그리고 나아가 사회서비스의 관계지향성을 통한 신뢰와 사회적 참여 등 사회자본의 향상 여부 등을 통해 입증될 수 있다.

(3) 사회서비스의 가치지향성과 사회자본의 형성

앞에서 지적한 바와 같이, 사회서비스는 대부분의 공공서비스와 마찬가지로 사람과 사람 사이의 관계와 신뢰를 중요시하는 서비스영역이고, 집단 그리고 사람과의 관계를 중요시하는 서비스이므로 사회서비스의 제공은 신뢰와 관계를 강조하는 사회자본의 형성에 중요한 결정요소로 작동한다. 사회서비스는 대표적으로 신뢰서비스를 제공하는 서비스영역이다. Robinson과 동료들(2002)은 사회자본에 대해 교환관계에서 기대한 것 이상을 생각할 수 있는 다른 사람이나 집단의 대접 그리고 잠재적 혜택이나 이익을 만들어 낼 수 있는 다른 사람이나 집단을 향한 개인 또는 집단의 감정으로 정의하였는데, 이는 사회자본이 곧 개인적 관계에 기초한다는 것을 나타낸다. 사회서비스 역시 서비스를 제공하는 인력(돌봄 인력 또는 사회복지사)과 서비스를 제공받는 이용자들 사이의 관계에 기초하며, 제공 인력과 이용자 사이의 관계는 서비스의 영향력이나 품질에도 많은 영향을 주고 이용자들을 포함한 지역주민들에게 사회서비스를 신뢰하도록 하는 주된 요인이 된다. 사회서비스에 대한 신뢰는 지역주민 간, 나아가 사회복지조직이나 지자체나 정부에 대한 신뢰로도 발전할 수 있다.

기본적으로 사회관계나 사회네트워크 안에 내재해 있는 사회자본(Lin, 2001)의 형성은 사회서비스제공에 따른 가장 궁극적인 부차적 성과로서 사회서비스제공을 통한 사회복지의 증진은 곧 서비스이용자를 포함한 지역주민들의 가족관계 및 사회적 관계망을 강화하는 것이고, 주민 간 및 주민과 정부 간의 사회서비스제공을 통한 신뢰의 증진과 사회적 안전망의 강화를 통해 주민 안전을 강화시키며, 지역주민들의 사회참여 활동이 활성화되고 함께 더불어 잘 살 수 있다는 집합적 행동체계를 규정하는 공유된 규범과 가치를 형성한다는 측면에서 매우 중요하다고 할 수 있다.

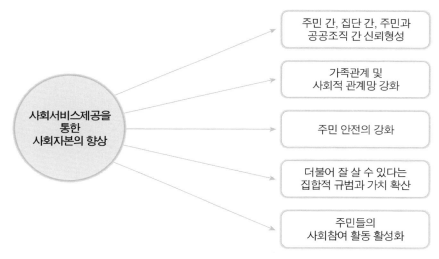

[그림 5-7] 사회서비스제공을 통한 사회자본의 형성

결국 사회서비스의 성과는 사회서비스의 제공에 따른 인구·사회환경적 변화의 전반에 걸쳐 발생하게 되며 이러한 변화는 곧 성과측정의 영역으로 작동한다. 이를 그림으로 나타내면 [그림 5-8]과 같다.

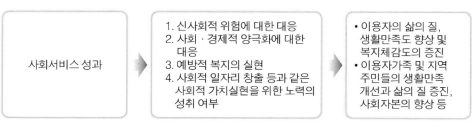

[그림 5-8] 사회서비스 성과측정의 흐름

제**6**장

지역자율형
사회서비스투자사업
성과측정모형

지역자율형 사회서비스투자사업 성과측정모형

제**6**장

① 지역자율형 사회서비스투자사업의 영향력 분석

1) 성과측정과 영향력이론: 영향력모형의 적용

성과측정은 어떻게 프로그램의 약점이 수정되고 강점이 더욱 강화되는지에 대한 정보를 제공하는 한 방법이 될 수 있다. 성과측정을 이야기할 때 효과성과 성과측정이 밀접한 연관이 있는 것과 마찬가지로, 성과측정은 프로그램이나 단위사업에 참여한 표적 집단이나 클라이언트들에게 변화를 가져다주도록 하는 영향력(impact)과 밀접한 연관이 있다고 할 수 있다. 프로그램 성과측정은 프로그램이나 서비스를 구성하는 일련의 행동들이 가져다주는 영향이나 변화 또는 행동에 대한 가치를 사정하는 과정이라고 할 수 있는데(지은구, 2008), 프로그램이 참여자들에게 변화를 가져오도록 하기 위해서는 그들에게 프로그램이 영향력을 미쳐야 가능하다. 지은구(2008)는 프로그램을 통해서 이용자들에게 영향을 미치는 요소를 원인과 효과의 인과관계를 중심으로 분석하는 성과측정모형을 영향력모형(임팩트모형)이라고 명명하였다.

사업이나 프로그램의 성과를 측정하는 데 있어 영향력모형을 사용한다는 것은 결국 제공되는 프로그램이나 서비스의 능력이나 영향력의 정도를 확인하기 위함이 가장 중요한 목적이 된다. 이는 제공되는 서비스나 프로그램이 참여자들의 생활상의 기능, 상태, 지위, 그리고 감정, 인식, 태도, 행동 등에 어떻게 영향을 미쳐서 참여자들의 행동이나 태도 등이 변화하였는지를 분석하는, 즉 참여자들의 변화를 그들에게 직접적으로 미치는 영향력을 중심으로 측정하는 방법이라고 할 수 있다. 영향력모형은 로직모형과 함께 프로그램이론에 기초하며, 특히 영향력이론이 중심적인 이론적 지침이라고 할 수 있다(지은구, 2008).

영향력모형은 Rossi, Freeman, 그리고 Lipsey(2004)가 강조하였던 프로그램영향력이론과 같은 의미이며 프로그램이론에 기초한다. 프로그램영향력이론은 프로그램이 제공하는 서비스가 어떻게 의도하는 변화를 가져다주는가에 대한 일련의 가정들로 구성되며, 특히 인과관계를 강조하기 때문에 인과관계이론(causal theory)이라고도 불린다(Rossi, Freeman., & Lipsey, 2004). 즉, 어떤 서비스가 어떠한 영향을 발휘하여 어떠한 변화를 주도하였는가에 대해 서비스와 기대된 결과 사이의 인과관계를 살피는 것이라고 할 수 있다. Chen(1990), Lipsey(1993), 그리고 Martin과 Kettner(1996)에 따르면, 프로그램영향력이론에는 프로그램의 행동과 기대된 성과를 연결시켜 주는 인과관계의 유형을 나타내는 인과관계 도형(diagram)이 포함된다고 하였다. 행동과 성과 사이의 인과관계를 관찰하는 프로그램영향력이론에 기초하여 사회문제 분석과 목적의 분석 그리고 계획했던 성과목표와 도출한 성과 사이의 관계를 확인하는 과정을 포함하는 프로그램 성과 중심의 평가가 가능하도록 하는 모형이 바로 프로그램평가에 있어 영향력모형이라고 할 수 있다.

성과를 측정하는 데 있어 영향력모형은 프로그램이 해결하려고 하는 사회문제의 인과관계에 대한 분석으로부터 시작하여 문제해결 또는 변화의 당사자인 클라이언트 또는 표적 집단의 확인, 서비스 내용 확인, 해결하려고 하는 프로그램의 목적과 목표의 확인, 특히 성과목표 달성 정도를 확인하기 위한 성과지표의 개발과 적용 그리고 성과측정의 시행과 성과에 대한 분석을 포함한다. 영향력이론의 핵심은 인과관계의 분석을 기초로 계획했던 성과목표와 도출된 성과를 측정하여 프로그램의 효과를 확인하는 것이라고 할 수 있다. 이러한 영향력이론을 성과측정을 위해 적용하여 발전시킨 것이 영향력모형이다(지은구, 2008).

영향력모형은 성과를 직접적인 성과와 간접적인 성과(또는 부수적인 성과)로 구분한다. 프로그램이론에 영향력모형을 적용하면 사회문제에 대한 인과관계가 분석되고 제공되는 서비스의 표적 집단(참여자)에 대한 영향력도 인과관계에 의하여 분석되므로 서비스가 직접적으로 표적 집단에게 영향을 미치게 되는 것뿐만 아니라 간접적으로 영향을 미치게 되는 부수효과에 대한 분석도 가능하게 된다. 사회복지조직과 같은 비영리조직의 사회프로그램 성과측정에 있어 항시 문제점으로 지적되는 것이 사회프로그램의 특성상 성과를 측정할 수 없는 경우가 존재한다는 것과 프로그램이 직접적으로 참여자에게 영향을 미쳐서 참여자의 신체적 또는 기능적 변화에도 중요한 요인으로 작동하지만 참여자 이외의 다른 사람들(가족이나 친구 또는 지역사회 주민)에게도 간접적으로 영향을 미쳐 프로그램이 의도하지 않은 복지외부효과가 나타날 수 있으며, 결국 이러한 외부효과를 직접적으로 측정한다는 것이 어렵다는 점이다. 영향력모형은 성과측정에 있어 특히 외부효과(성과)에 대한 측정을 포함할 수 있다. 따라서 프로그램 성과측정에 있어 영향력모형을 적용하게 되면 직접적으로 프로그램이 가져다주는 이용자들에 대한 효과 이외에 간접적으로 프로그램에 의해서 나타나게 되는 복지외부효과도 측정 가능하게 된다. 이를 위해서는 당연히 복지외부효과를 측정하기 위한 측정도구가 반드시 존재하여야 한다.

결국 단위사업이나 프로그램의 성과를 측정하기 위해서 영향력모형을 적용하게 되면 프로그램 참여자에 대한 분석을 뛰어넘어 전체 프로그램에 영향을 미치는 요소들을 종합적으로 측정할 수 있다는 장점을 가지게 된다. 프로그램 성과측정에 적용하는 경우에 나타나는 영향력이론의 장점을 다음에 제시하였다.

성과측정에 있어 영향력모형의 장점

1. 프로그램에 참여하는 이용자들에게 영향을 미치는 사회문제에 대한 분석과 사회문제의 인식과 개선 정도가 이용자의 입장에서 어느 정도 개선되고 해결되었는지를 측정할 수 있다.
2. 사업의 목적과 목표의 인과관계를 분석함으로써 참여자들에게 보다 영향을 미치는 요소들에 대한 구체적이고 명확한 관계를 이해할 수 있다.
3. 성과목표를 확인하고 측정하여 달성 정도를 분석함으로써 사업의 효과가 보다 구체적이고 분명하게 나타난다.

프로그램평가에 있어 영향력모형의 적용을 그림으로 나타내면 [그림 6-1]과 같다.

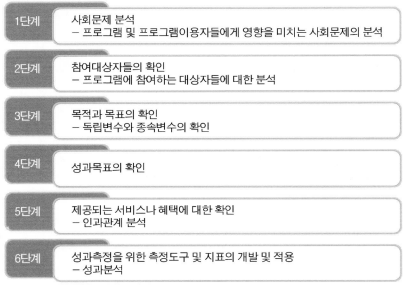

1단계	사회문제 분석 – 프로그램 및 프로그램이용자들에게 영향을 미치는 사회문제의 분석
2단계	참여대상자들의 확인 – 프로그램에 참여하는 대상자들에 대한 분석
3단계	목적과 목표의 확인 – 독립변수와 종속변수의 확인
4단계	성과목표의 확인
5단계	제공되는 서비스나 혜택에 대한 확인 – 인과관계 분석
6단계	성과측정을 위한 측정도구 및 지표의 개발 및 적용 – 성과분석

✎ **[그림 6-1] 영향력모형의 과정**

2) 지역자율형 사회서비스투자사업과 영향력모형

지역자율형 사회서비스투자사업의 가장 핵심적인 목표는 사회서비스를 제공하여 국민 개개인 또는 사회 전체의 복지를 증진시키고 국민들의 삶의 질을 향상시키는 것이다. 따라서 국민들의 삶의 질 향상이라는 궁극적인 목표가 성취되기 전 단계에서 지역자율형 사회서비스투자사업에 참여함으로써 다양한 사회서비스를 제공받아 국민(이용자)들은 사회서비스에 대한 욕구가 해결되며, 이를 통해 부수적으로 그들이 가지고 있는 각종 문제나 그들의 자존감, 생활만족 등이 향상되는 결과를 갖는다. [그림 6-2]는 사회서비스사업의 인과관계 분석을 나타낸다.

사회서비스제공

[그림 6-2] 사회서비스사업 인과관계 분석

2 지역자율형 사회서비스투자사업의 사업별 영향력 분석

1) 지역사회서비스투자사업 영향력 분석

'지역사회서비스투자사업'으로의 참여를 통해 이용자들에게 영향을 미치는 다양한 결과에 대해 영향력모형을 적용하여 인과관계를 중심으로 분석하기 위해서는 사업 제공목적의 기본적 토대를 분석하여야 한다.

지역사회서비스투자사업의 목적은 다음과 같다(보건복지부, 2015b).

첫째, 지역별, 가구별로 다양한 특성과 수요에 부합하는 차별적인 서비스를 지자체가 주도적으로 발굴 집행함으로써 지역주민이 체감하는 만족스러운 서비스제공, 즉 복지체감도의 증진이 주된 서비스제공의 목적이 된다.

둘째, 시장 형성 가능성이 높은 분야를 발굴하여 수요자의 구매력을 보전함으로써 지속 가능한 사회서비스 시장 형성 및 일자리 창출 도모, 즉 시장 형성을 통한 사회서비스영역의 일자리 창출 역시 서비스제공의 목적이다.

셋째, 인적자본 형성, 건강투자, 고령 근로촉진 등 사회투자적 성격의 사업을 집중 지원하여 미래 성장 동력 확보 및 사회경제적 자립기반 확충, 즉 일하는 빈곤층의 확대, 노인빈곤층의 확대 등 사회경제적 양극화의 심화로 발생하는 신 빈곤층의 확산은 빈곤으로부터 이들을 이동시키는 인적자본에 대한 투자의 중요성이 강조되고 있다. 따라서 인적자본에 대한 투자는 곧 사회서비스제공의 목적이 된다.

[그림 6-3] 지역사회서비스투자사업의 목적

이와 같은 지역사회서비스투자사업의 목적을 중심으로 사업의 원인과 결과의 인과관계를 분석하면 다음과 같다.

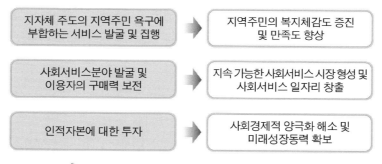

[그림 6-4] 지역사회서비스투자사업의 인과관계

이와 같이 지역사회서비스투자사업의 인과관계를 분석하게 되면 사회서비스사업의 제공은 다음과 같은 결론을 지을 수 있다.

첫째, 지역사회서비스투자사업은 지역 특성에 부합하고 지역주민의 욕구를 해결하여 주민들의 복지체감도 증진, 서비스만족도 향상, 삶의 질 및 생활만족도 향상 등과 같은 직접적인 서비스효과를 가져다줄 수 있는 사업임을 알 수 있다.

둘째, 지역사회서비스투자사업은 사회서비스 시장을 창출하고 서비스구매력을 지원함으로써 사회서비스 일자리를 창출할 수 있다는 부수적인 사업효과를 얻을 수 있다.

셋째, 지역사회서비스투자사업은 인적자본, 건강투자, 노령 근로촉진 등에 대한 투자를 통해 신 빈곤층을 포함하는 사회경제적 약자들의 자립기반을 확충하도록 돕고 이를 통해 사회경제적 양극화 해소라는 부수적 사업효과를 얻을 수 있다.

2) 산모 · 신생아건강관리지원사업 영향력 분석

산모 · 신생아건강관리지원사업은 출산가정에 산모 · 신생아건강관리사를 파견하여 산후조리서비스를 제공하는 사업이다. 사업 대상자는 출산가정의 산모 · 신생아이지만 사회서비스사업의 일환이므로 산모의 복지증진, 나아가 사회 전체의 복지증진 및 삶의 질 향상을 위해 사회적으로 제공되는 사회서비스사업이다. 사회서비스 전체 예산 규모 면에서 볼 때 3대 지역자율형 사회서비스투자사업 중에서 지역사회서비스투자사업 다음으로 예산을 많이 사용하는 사업으로 2015년에는 총 360억 원 정도가 배정되었다(보건복지부, 2015b). 2014년에는 약 64,656명이 혜택을 받았으며, 2015년에는 약 88,000명이 혜택을 받을 것으로 예정되었다.

본 사업은 신 사회적 위험요소 중 하나인 저출산 문제를 해결하기 위하여 「저출산 · 고령사회기본법」 제8조와 제10조에 근거하여 제공되는 사업으로, 직접적인 목적은 전국가구 소득 65% 이하의 저소득 출산가정에 가정관리사를 파견하여 산후관리를 지원함으로써 산모와 신생아의 건강을 증진하고 출산가정의 경제적 부담을 경감하는 것이며 간접적인 목적은 건강관리사 양성을 통해 사회적 일자리를 창출하는 것에 있다. 따라서 본 사업의 인과관계를 그림으로 나타내면 [그림 6-5]와 같다.

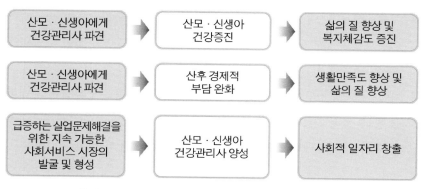

[그림 6-5] 산모 · 신생아건강관리지원사업 인과관계

결국 산모 · 신생아건강관리지원사업의 인과관계를 분석하면 사업의 제공은 다음과 같은 영향력을 사회에 가져올 것이라고 결론을 지을 수 있다.

첫째, 저출산 · 고령화사회에 대한 적극적 대책으로서 저소득 산모 · 신생아 가정에 건강관리사를 제공하여 산모 · 신생아의 건강을 관리함으로써 그들의 건강이 증진되고 전반적인 생활만족도가 향상될 것이다.

둘째, 저출산 · 고령화사회에 대한 적극적 대책으로서 저소득 산모 · 신생아 가정에 건강관리사를 제공하여 저소득 산모 · 신생아 가정의 경제적 부담을 완화시킴으로써 경제적 안정 및 유지를 통해 그들의 복지체감도는 증진되고 삶의 질은 향상될 것이다.

셋째, 심각한 실업문제에 국가가 적극적으로 대처하기 위하여 사회서비스분야의 지속 가능한 사회적 일자리를 창출하여 제공함으로써 사업제공에 다른 부차적인 효과로서 실업문제 완화 효과를 기대할 수 있다. 결국 이는 사회서비스사업을 통해 양극화를 해소하고 미래성장동력을 확보한다는 지역자율형 사회서비스투자사업의 효과와도 같은 맥락에서 이해될 수 있음을 의미한다.

3) 가사 · 간병방문지원사업 영향력 분석

　가사 · 간병방문지원사업은 신체적 · 정신적 이유로 원활한 일상생활과 사회활동이 어려운 저소득 취약계층에 요양보호사를 파견하여 재가가사 · 간병 지원서비스를 제공하는 사업이다. 구체적으로 가사 · 간병방문지원사업은 만 65세 미만의 국민기초생활수급자, 차상위계층(최저생계비 120% 이하) 가정 중 가사 · 간병서비스가 필요한 장애인이나 질환자 가정에 요양보호사를 파견하여 가사 · 간병서비스를 제공하는 사업이다. 사업 대상자는 장애인이나 질환자를 둔 저소득가정이지만 사회서비스사업의 일환이므로 저소득가정의 복지증진, 나아가 사회 전체의 복지증진 및 삶의 질 향상을 위해 사회적으로 제공되는 사회서비스사업이다. 사회서비스 전체 예산 규모 면에서 볼 때 3대 지역자율형 사회서비스투자사업 중에서 가장 적은 예산을 지출하는 사업으로, 2015년에는 총 191억 원 정도가 배정되었다(보건복지부, 2015b). 2014년에는 약 8,890명이 혜택을 받았으며, 2015년에는 약 9700명이 혜택을 받을 것으로 예정되었다.

　본 사업의 주요 목적은 만 65세 미만의 장애인이나 질환자를 둔 취약계층의 생활안정을 도모하기 위해 「사회복지사업법」에 근거하여 제공되는 사업으로, 직접적인 목적은 일상생활과 사회활동이 어려운 저소득층을 위한 가사 · 간병서비스를 지원함으로써 취약계층의 생활안정을 도모하는 것이며, 간접적으로는 가사 및 간병 방문 제공인력(요양보호사)의 사회적 일자리를 창출하여 사회적으로 만연하고 있는 실업문제에 대한 대책으로 제공되는 사업이다. 본 사업의 인과관계를 그림으로 나타내면 [그림 6-6] 과 같다.

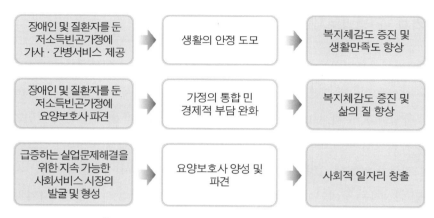

[그림 6-6] 가사 · 간병방문지원사업 인과관계

결국 가사 · 간병방문지원사업의 인과관계를 분석하면 사업의 제공은 다음과 같은 영향력을 사회에 가져올 것이라고 결론을 지을 수 있다.

첫째, 장애인이나 질환자를 둔 빈곤가정의 생활안정을 위한 적극적 대책으로서 요양보호사를 파견하여 생활안정을 도모함으로써 장애인이나 질환자를 둔 빈곤가정의 생활만족도는 향상되고 그들의 전반적인 삶의 질은 향상될 것이다.

둘째, 심화되는 사회경제적 양극화 해소를 위한 적극적 대책으로서 장애인이나 질환자를 둔 빈곤가정에 요양보호사를 파견하여 장애인을 둔 저소득 빈곤가정의 통합 및 가정의 경제적 부담을 완화시킴으로써 그들의 복지체감도는 증진되고 삶의 질은 향상될 것이다.

셋째, 심각한 실업문제에 국가가 적극적으로 대처하기 위하여 사회서비스분야의 지속 가능한 사회적 일자리를 창출하여 제공함으로써 사업제공에 따른 부차적인 효과로서 실업문제 완화 효과를 기대할 수 있다. 결국 이는 사회서비스사업을 통해 양극화를 해소하고 미래성장동력을 확보한다는 지역자율형 사회서비스투자사업의 효과와도 같은 맥락에서 이해될 수 있음을 의미한다.

지역자율형 사회서비스투자사업, 산모 · 신생아건강관리지원사업 그리고 가사 · 간병방문지원사업으로 구성된 '지역자율형 사회서비스투자사업'의 목적성취에 따른 효과는 다음과 같은 영역에서 발생하게 된다.

첫째, 사회서비스제공을 통한 지역주민의 증가하는 복지욕구의 해결
둘째, 빈곤가정의 통합 및 생활안정 도모를 통한 생활만족도 향상
셋째, 저소득 산모·신생아 가정 및 장애인과 질환자를 둔 빈곤가정의 통합 및 경제적 부담 완화와 이를 통한 복지체감도 증진 및 삶의 질 향상
넷째, 실업문제 완화를 위한 사회서비스영역의 일자리 창출

3 지역자율형 사회서비스투자사업과 로직모형 분석

1) 지역자율형 사회서비스투자사업과 로직모형

지역자율형 사회서비스투자사업의 성과측정모형을 개발하기 위해서는 사업의 로직모형을 개발하는 것이 매우 유용하다. 사업의 성과를 측정하는 데 있어 프로그램이론 및 이에 기초한 로직모형의 적용은 사회서비스사업을 보다 논리적이고 체계적으로 이해하고, 나아가 사업을 보다 효과적으로 관리하기 위한 기본 틀이 된다. 이런 차원에서 프로그램이론에 근거한 로직모형은 사회서비스사업의 내용과 본질, 사업을 통해서 성취하고자 하는 목적 및 프로그램 목적 달성을 위해 실제로 이루어진 활동 등 사업 전체에 대한 기본적인 이해를 도와주므로 매우 효과적인 성과측정을 위한 도구가 될 수 있다(지은구, 2008).

(1) 로직모형의 적용

4장에서 살펴본 바와 같이, 일반적으로 로직모형은 어떻게 단위사업이나 프로그램

참석자들에게 혜택을 가져다주는가, 어떻게 참석자들이 사업이나 프로그램에서 혜택을 성취하는가, 또는 어떻게 사업이나 프로그램이 실제적으로 운영되는가를 이해할 수 있도록 설명해 준다(지은구, 2008). 로직모형은 어떻게 프로그램이 확인된 사회문제를 해결하기 위해 특정 조건하에서 작동할 것인가를 나타내 주는 모형(Bickman, 1987)이며, 또한 로직모형은 프로그램의 기대된 성과에 관한 설득력 있는 이야기를 위한 하나의 도구다(McLaughlin & Jordan, 1999).

로직모형은 단위사업이나 프로그램의 성과를 측정하는 유용한 틀로서 최근 비영리조직에서 많이 활용하고 있다. 로직모형은 영향력모형과는 달리 체계주의에 영향을 받아 발전한 모형으로서 투입에서 결과까지의 전 과정에 대한 분석을 기초로 한다. 로직모형 과정을 거치게 되면 프로그램이론에 기초하여 사회서비스사업의 성과(performance), 즉 사업의 전체 과정에 대한 성과를 보다 쉽게 파악할 수 있게 된다. 로직모형은 단순히 결과(outcome)만을 측정하는 모형이 아니기 때문에 사업이 어떻게 작동하고, 어떻게 그리고 왜 이런 결과를 창출하는가에 대한 전체 사업의 성과를 측정하는 데 도움을 준다. 즉, 로직모형은 단순히 사회서비스사업의 결과만을 측정하는 도구가 아니고 전체 사업의 성과를 다방면에서 측정하는 데 사용할 수 있는 모형으로서 실제적으로 사업의 단계별 요소들을 모두 살피면서 분석한다는 입장에서 관리를 위한 하나의 도구(tool), 즉 성과관리를 위한 도구가 될 수 있다는 장점을 가진다(지은구, 2008).

(2) 로직모형 단계의 이해

로직모형은 프로그램의 투입, 행동, 산출, 결과, 영향력 등 다양한 구성요소 간의 관계를 보여 주고, 프로그램이 어떻게 작용할 것인지에 대한 논리를 시각적으로 묘사하는 개념지도(concept map)다. 이는 프로그램 담당자뿐만 아니라 협력자, 이해관계자, 평가자들에게 사업이 어떻게 운영될지 그리고 프로그램 목표를 어떻게 달성하도록 의도되는지에 대한 큰 그림을 제공한다(Grinnell, Gabor, & Unrau, 2012). 로직모형에서 사용되는 주요 요소로는 투입, 행동, 산출, 결과, 영향이 있다(McDavid & Hawthorn, 2006). 각 단계별 요소를 구체적으로 살펴보면 다음과 같다(조성숙, 2015).

- **투입(inputs):** 투입은 사업 운영을 위해 필요한 자원을 말한다. 예를 들어, 자금, 직원의 수, 시설, 기자재, 해결하고자 하는 문제 등이 해당된다.
- **행동(activities):** 활동이란 계획된 활동을 완수하기 위해 사용되는 가용자원을 말한다. 예를 들어, 아동·청소년의 정서·행동적 문제해결을 위하여 음악교육 이론 및 실기와 정서순화 프로그램을 제공하거나 발달 지연이 우려되는 영유아에게는 지연 영역의 발달을 촉진할 수 있는 운동, 언어, 인지, 정서, 사회성 발달중재 서비스를 제공하는 일 등이 해당된다.
- **산출(outputs):** 산출은 계획된 활동을 달성하기 위해 전달되는 물품과 서비스로, 프로그램이 실행됨에 따라 수반된 일의 양을 말하며, 서비스 시행 횟수, 참석한 클라이언트의 수 등으로 표시된다. 예를 들어, 아동·청소년심리지원서비스에 참여한 클라이언트의 수 혹은 정서지원프로그램 총 10회 등이 해당된다.
- **결과(outcomes):** 결과는 계획된 활동이 수행되면 프로그램 참가자들이 어떤 식으로 이득을 보는지의 정도에 관한 것을 말한다. 이는 프로그램 목표와 연결된 의도된 결과로, 단기적, 중기적 그리고 장기적 결과로 구분하여 제시한다. 성과는 클라이언트의 지식이나 태도, 기술, 능력, 행동, 상황조건 등의 변화와 관련되어 있다.
- **영향력(impact):** 프로그램에 의해 달성된 클라이언트의 이득으로 인해 조직, 지역사회 혹은 제도에 어떤 변화가 일어나는지에 대한 파급효과를 말한다. 예를 들어, 독거노인 우울증 개선 프로그램 실시로 인해 지역주민들 혹은 지역사회 전체에 주는 파급효과가 어느 정도 되는지에 대한 변화가 이에 해당된다.

[그림 6-7]은 투입, 행동, 산출, 결과, 영향력이라는 다섯 가지 요소를 포함한 로직모형의 일반적인 틀을 보여 주고 있다. 이 중 투입과 행동은 계획된 작업이고, 산출, 결과, 영향력은 의도된 결과에 해당된다.

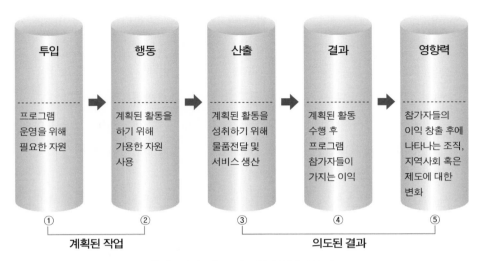

[그림 6-7] 로직모형의 일반적인 틀

출처: Grinnell, Gabor, & Unrau(2012), p. 70 일부 수정.

그러나 다섯 가지 요소 중 조직 혹은 지역사회 및 제도에 대한 영향력은 대체로 측정하기 어려우므로 프로그램 로직모형에서는 주로 투입, 행동, 산출, 결과만 제시하는 경우가 대부분이다. 〈표 6-1〉은 투입, 행동, 산출, 결과로 구성된 로직모형의 네 가지 구성요소 및 적용 예시를 보여 준다.

〈표 6-1〉 로직모형의 네 가지 구성요소 및 적용 예시

투입	행동	산출	결과		
			초기 또는 단기 결과	중간 결과	장기 결과
프로그램을 위해 소비되는 자원	프로그램 안에서 무슨 일이 일어나는가? 투입물이 어떻게 결과를 만들어 내기 위해 작동하는가?	프로그램행동의 산출: 무엇이 프로그램에 의해서 생산 또는 제공되는가?	어떻게 문제가 프로그램에 의해서 감소하였는가? 어떻게 클라이언트가 혜택을 받았는가?	프로그램에 의한 계속적인 성장이나 변화	클라이언트 또는 다른 사람들에 대한 프로그램의 궁극적인 효과

적용 예: 노숙인 자활을 위한 직업훈련프로그램					
인력, 참여자, 시간, 기술 및 계획, 돈 등	직업훈련, 상담서비스, 멘토링서비스 등	교육참여 인원 수, 제공된 총 교육 횟수, 상담서비스 횟수, 멘토링 서비스 제공시간 등	노숙인들의 고용능력 향상	노숙인들의 고용 증가	노숙인들의 경제적으로 독립된 생활유지

출처: 지은구(2008), p. 159.

2) 지역자율형 사회서비스투자사업 로직(논리) 분석

지역자율형 사회서비스투자사업은 투입단계에서 다양한 인적·물적 자원을 필요로 한다. 다양한 투입자원을 통해 복지관들은 지역자율형 사회서비스투자사업이 설정한 궁극적 목표와 중간 또는 즉각적 목표를 성취하기 위한 다양한 활동을 전개한다. 산출이나 결과는 행동의 결과물로서 프로그램에서 이루어지는 행동 과정이 존재하지 않으면 원하는 산출과 결과를 확보하는 것이 어렵게 된다. 즉, 투입은 투입대로 그리고 행동은 행동대로 산출과 결과와 상호연관이 존재한다. 로직모형을 적용하여 지역자율형 사회서비스투자사업의 로직을 분석하면 〈표 6-2〉와 같다.

🖥 〈표 6-2〉 지역자율형 사회서비스투자사업 로직 분석

투입	행동	산출	결과	
			즉각적 결과	부수적 결과
사회서비스사업을 위해 소비되는 자원	사업이 설정한 목적과 목표를 성취하려는 모든 노력	사업 진행이나 행동의 산출물, 사업으로부터 생산된 것 또는 제공된 것	사업의 이용자들에게 직접적으로 미치는 영향력 또는 변화	이용자가족을 포함한 다른 사람이나 지역사회에 대한 사회서비스사업의 영향력이나 변화

▶ **투입: 자원**

① 서비스
- 제공되는 서비스: 돌봄, 상담 및 교육 그리고 관련 서비스
- 서비스가 제공되는 총 기간(년, 월, 주)
- 서비스가 제공되는 횟수
- 서비스 기간 내에 제공되는 서비스의 총 시간(몇 시간, 몇 일)

② 이용자
- 참석한 이용자의 수
- 이용자 부담금(본인부담금)

③ 제공자
- 직원 및 강사와 자원봉사자의 수
- 기관이나 강사들의 서비스제공 자격 여부
- 총 재원
- 서비스전달체계 및 지역자율형 사회서비스투자사업 운영에 필요한 각종 장비나 비품

▶ **행동**

① 이용자
- 이용자들이 정기적으로 교육을 제공받고 있는가?
- 이용자들과 직원 및 강사들 간의 의사는 잘 소통되고 있는가?
- 이용자들은 교육 및 관련 서비스를 원하는 시간에 이용할 수 있는가?
- 이용자들은 교육 및 관련 서비스를 필요한 만큼 제공받을 수 있는가?
- 이용자들의 건의가 잘 받아들여지고 있는가?
- 이용자들의 불만을 표현할 수 있는 적절한 절차가 있는가?

② 제공자: 직원 및 강사
- 직원 및 강사들은 제공하는 교육 및 관련 서비스의 내용을 잘 숙지하고 있는가?
- 제공되는 서비스에 대해 강사는 어떤 지식과 기술을 가지고 있는가?
- 계획된 지원 및 서비스가 전달되고 있는가?
- 교육 및 관련 프로그램의 운영이 계획한 대로 진행되고 있는가?
- 교육 및 관련 프로그램이 의도하였던 대상 집단을 대상으로 서비스가 전달되고 있는가?
- 제공되어야 하는 표준 서비스의 목록표가 존재하는가? 표준 서비스의 제공 여부
- 인테이크 점검표(상담개시일지 등) 여부
- 이용자의 인구 특성, 문제의 심각성, 서비스를 받은 정보 등의 확인 여부

- 서비스제공 전이나 후 서비스제공일지 등의 기록 여부
- 교육 및 관련 서비스의 내용에 대해 이용자에게 필요한 적절한 정보를 제공하고 있는 가?
- 직원 및 강사들은 이용자의 욕구를 정확히 파악하고 있는가?
- 이용자들이 서비스를 손쉽게 접근할 수 있는 환경인가?

▶ **산출**
- 제공된 교육시간
- 제공된 서비스 건수
- 서비스를 제공받은 이용자 수
- 제기된 이용자들의 불만 건수

▶ **결과**
사업에 따라 기대되는 직접적인 결과
- 이용자들의 친구, 가족, 학교, 사회 등에 대한 적응은 개선되었는가?
- 이용자들의 생활태도는 개선되었는가?
- 이용자들의 생활만족도는 증가하였는가?
- 이용자들의 사기는 진작되었는가?
- 이용자들의 삶의 질은 개선되었는가?
- 이용자들의 자존감은 향상되었는가?
- 이용자들의 사회적 회복력은 개선되었는가?
사업에 따라 기대되는 부수적인 결과
- 가족, 친구, 친척들과의 관계는 개선되었는가?
- 이용자 가족통합의 정도는 개선되었는가?
- 지역사회 자본은 향상되었는가?

4 지역자율형 사회서비스투자사업의 유형별 로직모형 분석

1) 지역사회서비스투자사업의 로직모형

지역사회서비스투자사업의 로직모형은 지역사회서비스투자사업 중 주요 서비스인 아동정서발달서비스와 노인맞춤형 운동 처방서비스의 로직모형을 예로 들어 제시하고자 한다. 아동정서발달서비스의 로직모형 적용 예시는 〈표 6-3〉과 같다. 아동정서발달서비스의 투입은 제공인력 20명, 서비스이용자 200명, 정부지원금/본인부담금, 자원봉사자 25명 등이 해당된다. 행동은 클래식 이론 및 실기(1회), 정서순화프로그램(주 1회), 일반 연주회 관람(반기별 1회), 향상음악회 참여(반기별 1회), 사전·사후 진단검사(연 2회) 등이 해당된다. 산출은 참여아동 수 200명, 제공된 총 서비스 횟수 300회 등이 해당된다. 그리고 결과는 아동들의 음악지식 및 실력 향상, 정서적인 변화, 제공인력의 일자리 창출 등으로 측정된다.

📖 〈표 6-3〉 아동정서발달서비스의 로직모형 적용 예시

투입	행동	산출	결과		
			초기 또는 단기 결과	중간 결과	장기 결과
제공인력 20명, 서비스이용자 200명, 정부지원금/본인부담금, 자원봉사자 25명 등	1. 클래식 이론 및 실기(1회) 2. 정서순화프로그램(주 1회) 3. 일반 연주회 관람(반기별 1회) 4. 향상음악회 참여: 전문 교재 기준 연 4곡 이상 연주(반기별 1회)	참여아동 수 200명, 제공된 총 서비스 횟수 300회, 실시된 연주회 관람 총 2회, 사전·사후 진단 검사 총 2회 등	아동들의 음악지식 및 실력 향상, 자존감 향상, 제공인력의 일자리 창출	아동들의 정서발달 및 긍정적인 변화 향상, 아동들의 사회적응력 향상, 제공인력의 고용 증가	아동들의 건전한 성장 및 발달, 가족의 순응성 및 건강성 향상, 제공인력의 경제적 독립성 유지

투입	행동	산출	결과		

<table continues>

5. 제공기관의 무상 악기 제공 및 대여(제공기간 중)
4. 참여아동 합주(월 1회 이상)
5. 정서프로그램 임상사례 제공(연 1건 이상)
8. 사전·사후 진단검사(연2회)

노인맞춤형 운동 처방서비스의 로직모형 적용 예시는 〈표 6-4〉와 같다. 노인맞춤형 운동 처방서비스의 투입은 제공인력 30명, 서비스이용자 100명, 정부지원금/본인부담금, 자원봉사자 25명 등이 해당된다. 행동은 건강상담(분기 1회), 수중운동, 유산소운동 등 운동프로그램(주 3회, 1회 90분) 등이 해당된다. 산출은 참여노인 수 150명, 제공된 총 서비스 횟수 200회 등이 해당된다. 그리고 결과는 노인들의 신체적 건강상태, 제공인력의 일자리 창출 등으로 측정된다.

〈표 6-4〉 노인맞춤형 운동 처방서비스의 로직모형 적용 예시

투입	행동	산출	결과		
			초기 또는 단기 결과	중간 결과	장기 결과
제공인력 30명, 서비스이용자 100명, 정부지원금/본인부담금, 자원봉사자 25명 등	1. 건강상담(분기 1회) 2. 수중운동, 유산소운동 등 운동프로그램(주 3회, 1회 90분)	참여노인 수 150명, 제공된 총 서비스 횟수 200회 등	노인들의 신체적 건강상태 확인 및 건강상태 향상, 노인들의 사기 및 생활만족도 향상, 자존감 향상, 제공인력의 일자리 창출	노인들의 건강상태 향상 및 유지, 사회참여 활동 증가	노인들의 건강한 생활유지, 제공인력의 경제적 독립성 유지

2) 산모 · 신생아건강관리지원사업의 로직모형

산모 · 신생아건강관리지원사업의 로직모형을 적용한 예시는 〈표 6-5〉와 같다. 산모 · 신생아건강관리지원사업의 투입은 제공인력 20명, 서비스이용자 200명, 정부지원금/본인부담금, 자원봉사자 10명 등이 해당된다. 행동은 산모 건강관리서비스 50회, 신생아 건강관리서비스 50회, 산모 정보제공 30회, 가사활동 지원서비스 50회, 정서지원서비스 200회 등이 해당된다. 산출은 서비스 이용 산모/신생아 수 200명, 제공된 총 서비스 횟수 300회, 정서지원 50회, 제공시간 300시간 등이 해당된다. 그리고 결과는 산모 및 신생아의 건강 정도, 제공인력의 일자리 창출 등으로 측정된다.

💻 〈표 6-5〉 산모 · 신생아건강관리지원사업의 로직모형 적용 예시

투입	행동	산출	결과		
			초기 또는 단기 결과	중간 결과	장기 결과
제공인력 20명, 서비스이용자 200명, 정부지원금/본인부담금, 자원봉사자 10명 등	1. 산모 건강관리서비스 50회 2. 신생아 건강관리서비스 50회 3. 산모 정보제공 30회 4. 가사활동지원서비스 50회 5. 정서지원서비스 200회	이용 산모/신생아 수 200명, 제공된 총 서비스 횟수 300회, 정서지원 50회, 제공시간 300시간 등	산모의 건강한 출산 · 산후관리, 신생아의 건강한 출생 · 생활, 회복력 개선, 생활만족도 개선, 제공인력의 일자리 창출	산모의 출산후 신체 · 정서적 건강한 생활 유지, 신생아의 건강 증진, 가족 순응성향상, 제공인력의 고용 증가	산모의 출산후 신체 · 정서적 건강한 생활 유지 및 건강한 일상생활 복귀, 가족건강성 향상, 신생아의 건강한 성장, 제공인력의 경제적 독립성 유지

3) 가사 · 간병방문지원사업

가사 · 간병방문지원사업의 로직모형을 적용한 예시는 〈표 6-6〉과 같다. 가사 · 간병방문지원사업의 투입은 제공인력 10명, 서비스이용자 100명, 정부지원금/본인부담금, 자원봉사자 15명 등이 해당된다. 행동은 신체수발 지원서비스, 신변활동 지원서비스, 가사 지원서비스, 일상생활 지원서비스 등이 해당된다. 산출은 서비스이용 중증질환자 수 200명, 제공된 총 서비스 횟수 200회, 가사지원 50회, 일상생활 지원, 제공시간 300시간 등이 해당된다. 결과는 취약계층 중증질환자의 일상생활 및 사회활동능력 향상, 가사 · 간병 방문 제공인력의 일자리 창출 등으로 측정된다.

💻 〈표 6-6〉 가사 · 간병방문지원사업의 로직모형 적용 예시

투입	행동	산출	결과		
			초기 또는 단기 결과	중간 결과	장기 결과
제공인력 10명, 서비스이용자 100명, 정부지원금/본인부담금, 자원봉사자 15명 등	1. 신체수발 지원서비스 2. 신변활동 지원서비스 3. 가사 지원서비스 4. 일상생활 지원서비스	이용 중증질환자 수 200명, 제공된 총 서비스 횟수 200회, 가사지원 50회, 일상생활 지원, 제공시간 300시간 등	취약계층 중증질환자의 일상생활 및 사회활동 능력 향상, 생활만족도 개선, 사기 증진, 가사 · 간병 방문 제공인력의 일자리 창출	취약계층 중증질환자의 사회활동 능력 유지, 삶의 질 향상, 가족순응성 향상, 가사 · 간병 방문 제공인력의 고용 증가	취약계층 중증질환자의 안정적인 일상 및 사회생활 유지 가족건강성향상, 가사 · 간병 방문 제공인력의 경제적 독립성 유지

제**7**장

지역자율형 사회서비스투자사업 성과측정모형 및 측정영역

지역자율형 사회서비스투자사업 성과측정모형 및 측정영역

1 지역자율형 사회서비스투자사업 성과측정모형

1) 지역자율형 사회서비스투자사업의 성과

지역자율형 사회서비스투자사업에서 성과는 투입, 행동, 산출 그리고 결과의 전 단계에서 품질, 효과성, 형평성 등의 요소로 나타난다. 일반적으로 성과(performance)는 다면적 개념으로 결과(outcomes)만을 포함하지 않으며 투입에서 결과까지의 전 과정에서 나타나는 다양한 요소를 포함한다. 본 연구에서 지역자율형 사회서비스투자사업의 성과는 Martin과 Kettner(2010) 그리고 Poister(2003) 등이 제시한 성과의 구성개념을 확대한 지은구 모형에 제시된 성과의 구성개념을 따른다.

이 장에서는 Harbour(2009), Berman(2006), Armstrong과 Baron(2005), 지은구(2012) 등의 견해를 종합하여 성과가 성취한 것일 뿐만 아니라 성취하기 위해 적절하게 행동하는 것이라고 정의하기로 한다. 앞의 학자들의 정의를 종합하면, 성과는 성취된 결과물이나 성취한 것 등과 같이 산출이나 결과를 의미하는 개념으로 이해될 수 있지만 단순히 결과만을 의미하지는 않으며 행동의 결과나 노력의 결과이기도 하면서 동시에 어떻게 성취하였는가를 중요시한다. 즉, 성과는 성취한 것일 뿐만 아니라 어떻게 성취할 것인가라는 의미를 포함한다. 행동이나 노력이 없으면 결과는 없을 것이므로 성과는 성취하기 위해 적절하게 행동하는 것을 당연히 포함한다. 성과를 결과물을 만들어 내는 과정이나 행동을 포함하는 의미로 이해한다면 성과는 일반적으로 사업의 전체 과정에 대한 수행 능력을 의미한다. 따라서 성과는 체계주의 관점에서 보면 투입과 결과까지의 사업의 전 과정을 실행 또는 수행해 나가는 능력으로 해석될 수 있다. 보다 구체적으로 성과는 자원(투입)을 활동과 산출 그리고 결과로 연계하고, 나아가 성과와 사업의 기대된 목적을 연계시키는 것을 의미한다. 따라서 성과란 기대된 결과 대비 실제 성취한 결과와의 비교를 통해서 그 능력이 입증된다고 할 수 있기 때문에 결과보다 사업의 전 과정을 이해하고 사업의 전 과정이 계획한 목적이나 기대하는 성취 결과를 얼마만큼 어떻게 성취하였는지를 보여 준다고 할 수 있다. 결국 성과란 프로그램이나 사업 전체에 대한 이야기를 의미하며 투입과 과정(즉, 행동), 산출 그리고 결과를 모두 포함하는 개념이라고 할 수 있다.

사회서비스사업에서 성과는 또한 사회적 가치가 실현되었는지를 확인할 수 있으므로 사회적 가치의 실현이라는 측면도 성과에 포함된다고 할 수 있다. 예를 들어, 이용자 학대 예방프로그램을 개발하고 제공한다고 했을 때 이용자 학대는 사회적 가치에 어긋나는 반사회적 행동으로 인식됨으로써 이용자 학대 예방프로그램을 통해 일부 이용자들을 대상으로 이루어지는 학대를 예방하고 근절하여 그들의 삶의 질이 개선되고, 나아가 그들의 복지권리가 실현되어 이용자복지가 향상될 수 있다. 따라서 비영리 또는 공공 조직 등에서 제공되는 대부분의 사회프로그램은 사회적 가치를 실현시키는 데 그 목적이 있으므로 목적과 목표를 확인하여 성취 여부를 확인하는 것은 성과측정에 있어 매우 중요한 영역이라고 할 수 있다. 예를 들어, Van Dooren, Bouckaert, 그리고 Halligan(2010)에 따르면 성과는 공공가치의 실현이다. 즉, 성과의 영역에 가치의 실현이라는 점도 분명히 포함되어 있다는 것을 의미한다. 성과가 사회서비스사업이 추구하는 가치의 실현이라 해석되는 것은 사업이 설정한 목적을 실현하기 위하여 결과물을 생산 또는 제공하며, 사업이 제공하는 혜택이나 서비스는 결국 사업이 설정한 목적(과 목표)의 실현을 위한 도구로 활용된다는 것이고, 사업목적의 실현은 사업이 성취하려는 가치가 구현되는 것임을 의미하기 때문이다. 결국 사회서비스사업 성과의 개념에는 다음과 같은 요소들이 포함되어 있음을 알 수 있다.

　첫째, 성과는 자원을 활동과 산출로 연계하고 나아가 사업의 기대된 목적으로 연계
　　　시키는 것을 의미한다. 따라서 성과란 기대된 결과 대비 실제 성취한 결과와의
　　　비교를 통해서 그 능력이 입증된다. 이를 성과의 결과영역이라고 부를 수 있다.
　둘째, 성과는 단순히 결과만을 의미하지 않으며 서비스나 결과물을 만들어 내는 과
　　　정이나 행동을 포함한다. 이를 성과의 과정영역이라고 부를 수 있다.
　셋째, 성과는 사업이 성취하려는 가치를 실현하는 것을 포함한다. 사업이 성취하려
　　　는 가치의 실현은 설정된 목적과 목표의 성취를 통해 실현되며 이는 사회적 가
　　　치지향성을 통해 입증된다. 이를 성과의 가치영역이라고 부를 수 있다.

　성과를 구성하는 세 구성요소는 가치, 과정 그리고 결과로서 이를 그림으로 나타내
면 [그림 7-1]과 같다.

[그림 7-1] 성과의 구성요소

　성과를 구성하는 가치, 과정 그리고 결과를 지역자율형 사회서비스투자사업의 성과
와 결합하여 보면 지역자율형 사회서비스투자사업의 성과는 가치, 과정 그리고 결과
로 나타날 수 있다. [그림 7-2]는 지역자율형 사회서비스투자사업의 성과를 제시한 것
이다.

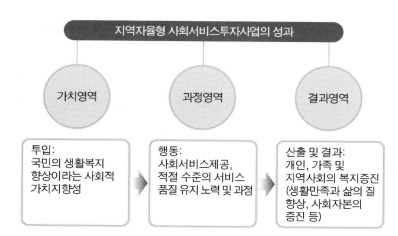

✎ [그림 7-2] 지역자율형 사회서비스투자사업 성과 구성요소

　　지역자율형 사회서비스투자사업 성과의 가치영역은 국민의 생활복지 향상을 위해 사회서비스를 필요로 하는 국민들에게 그들의 복지를 향상시킬 수 있는 사회서비스를 생산 및 제공한다는 사회적 가치지향성을 의미하는 것이다. 과정영역은 지역자율형 사회서비스투자사업의 제공을 위한 각종 노력 그리고 생활복지 향상을 위한 서비스품질의 유지 노력을 포함하는 다양한 사업에서의 활동을 나타낸다. 결과영역으로는 지역자율형 사회서비스투자사업으로의 참여를 통해 개선되는 다양한 사업의 효과를 들 수 있는데 가장 대표적인 것들이 이용자들의 행복감이나 주관적 번영의 향상, 생활만족의 향상 및 삶의 질 개선, 회복력 증대, 사회적 적응력 향상 그리고 사회자본의 향상 등이 있을 수 있다.

2) 지역자율형 사회서비스투자사업 성과측정모형의 기본 틀

　　지역자율형 사회서비스투자사업의 성과를 측정하는 기본 틀은 단계별 측정과 요소별 측정을 통합한 지은구(2012) 모형의 적용이다. 특히 지은구 모형은 영향력모형과 로직모형을 적용하여 성과를 측정하는 모형이다.

사회서비스사업의 성과를 측정하기 위해서는 사업이 설정한 목표의 인과관계 분석을 중심으로 사회문제와 제공되는 서비스의 관계를 분석하는 것이 중요하다. 또한 단위사업의 성과를 측정하기 위해서는 사업의 투입단계에서부터 결과단계까지의 전 단계에 대한 논리를 분석하여 각 단계별로 측정요소를 파악하는 것이 중요하다. 단위사업이나 프로그램은 체계주의 관점에 따르면 투입을 통한 탄생에서부터 활발한 행동 그리고 산출과 결과를 통한 변화를 꾸준히 추구하는 유기체와 같다. 또한 각각의 단계들은 서로 독자적으로 움직이기보다는 각 단계가 서로 유기적으로 연결되어 있다. 투입, 행동, 산출 그리고 결과의 단계들이 각각 서로 연결되어 움직임으로써 각 단계가 개별적으로 떨어져 있는 것이 아니라 체인과 같이 연결되어 있다. 따라서 단계들 상호 간을 연결해 주는 측정요소들을 확인하고 분석하는 것이 단계별 그리고 요소별 성과를 측정하는 그리고 인과관계를 중심으로 목표를 분석하는 지은구 모형의 핵심적 과정이라고 할 수 있다.

　즉, 사회서비스의 성과는 단면적이 아니라 다면적인 속성을 내포하고 있으므로 성과의 다면적인 측면을 측정하기 위해서는 사회서비스사업이 운영되는 전 과정에 대한 분석은 필연적이며 이를 위한 전 단계로서 사업의 영향력모형을 확인하고 사업이 설정한 목적과 목표의 인과관계를 논리적으로 분석하는 것은 성과측정을 위한 기초적인 단계가 된다. 사회서비스사업의 논리를 분석하기 위한 적합한 틀은 로직모형이 적합하다. 로직모형을 적용하여 투입에서 결과까지의 전 과정에 대한 사업의 로직을 분석하면 성과측정을 위한 요소가 도출되며, 이러한 과정은 결국 단계별 및 요소별 성과측정모형의 완성을 의미하는 것이다.

　다음의 [그림 7-3]은 지역자율형 사회서비스투자사업 성과측정모형을 단계별 및 요소별로 제시한 것이다.

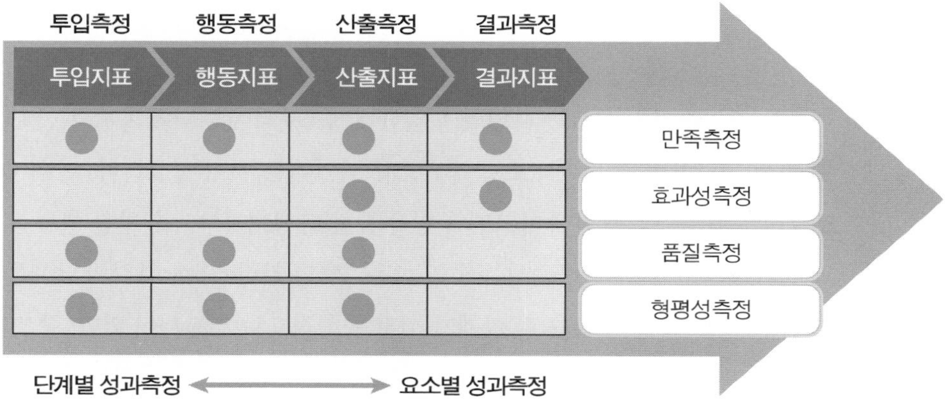

[그림 7-3] 지역자율형 사회서비스투자사업 성과측정모형

[그림 7-3]에서 제시된 바와 같이, 지역자율형 사회서비스투자사업의 성과측정은 단계별 그리고 요소별 측정을 통해 이루어진다. 사회서비스의 성과는 가치, 과정 그리고 결과로 이루어지므로 본 모형을 적용하면 사회서비스성과의 투입영역은 사회적 가치지향성을 측정하는 영역이 되고, 서비스제공 노력을 의미하는 행동영역은 과정영역이 되며, 그리고 산출과 결과의 단계는 결과영역이 됨을 알 수 있다. 그리고 본 모형의 특징은 요소별 성과측정영역이 단계별 측정영역과 인과관계로 연결되어 있다는 점이다. 따라서 투입영역의 사회적 가치지향성은 성과의 과정영역에도 영향을 미치며 서비스의 산출과 이용자들의 변화에도 영향을 미침을 의미하는데, 이는 투입의 단계는 행동과 연관이 있고 행동은 산출 및 결과에 영향을 주며 이는 모든 단계가 인과관계로 상호 체인과 같이 연결되어 있음을 나타낸다.

또한 요소별 측정영역인 서비스품질이나 서비스만족도 또는 사업의 효과성 등도 역시 사회서비스제공을 통해 개개인의 생활복지를 향상시킨다는 사회적 가치지향성이라는 가치(투입)영역과 밀접한 인과관계를 형성하게 된다. 이는 사회서비스가 필요한 지역주민들의 생활복지를 향상시키기 위해, 즉 사회서비스 목적의 사회적 가치실현을 위해 각종 노력이나 행동은 곧 사회서비스품질 유지를 위한 기관과 직원들의 행동을 나타내는 서비스품질에 영향을 미치게 되고 이는 곧 서비스의 만족도 및 이용자들의 인식이나 기능 그리고 태도 등과 같은 사업의 효과에 영향을 미친다는 것을 나타낸다. [그림 7-3]에서 제시된 성과측정의 요소를 성과측정의 단계와 연관하여 설명하면 다음과 같다.

첫째, 이용자만족: 대표적인 성과측정의 요소다. 하지만 이용자만족은 어느 하나의 성과측정단계에만 국한되어 측정하는 것이 불가능하다. 이용자들은 직원이나 기관장의 이용자를 다루는 태도나 서비스의 내용 그리고 이용자들이 느끼거나 서비스가 이용자들에게 미친 영향 등을 종합적으로 판단하여 이용자만족을 표현할 수 있다. 따라서 이용자만족은 투입단계, 행동단계, 산출 및 결과단계의 모든 단계에 대한 측정 질문항목을 포함하게 된다.

둘째, 서비스품질: 대표적인 성과측정의 중요 요소다. 서비스품질은 기대하는 서비스와 경험한 서비스 사이의 차이를 통해 측정될 수 있으며, 기관이나 직원들의 이용자에 대한 돌봄의 태도와 기관의 시설이나 장비 등과 같은 투입영역, 직원들의 감정이입이나 서비스의 내용 등을 포함하는 서비스나 직원에 대한 신뢰나 공감성 등을 포함하는 행동과 산출영역 등에 대한 측정을 포함하므로 투입단계, 행동단계, 산출단계에 대한 측정 질문항목을 포함하게 된다. 하지만 서비스품질의 측정에서는 이용자들의 변화(결과)에 대한 측정은 이루어지지 않는다.

셋째, 효과성: 이용자들의 행동이나 인식, 생각이나 기능 그리고 태도 등의 변화를 나타내는 결과단계에 대한 측정을 나타내는 매우 중요한 성과측정의 요소다. 투입과 행동은 곧 산출을 가지고 오며, 기획되고 생산된 사회서비스의 제공이라는 산출은 직접적으로 이용자들의 상태에 영향을 주므로 효과성은 사회적 가치실현의 적절성 및 타당성을 검증하는 가장 중요한 성과측정의 요소다. 효과성은 사업에 따라 매우 다르게 측정될 수 있으며, 가장 대표적인 효과성의 측정은 사회문제에 대한 인식의 개선이나 삶의 만족감이나 자존감의 향상 등을 들 수 있다. 따라서 단계별 영역을 적용하게 되면 효과성은 서비스제공 여부가 핵심이므로 서비스의 산출과 결과단계를 집중적으로 분석하는 것을 의미한다.

넷째, 형평성: 가장 대표적인 행동단계를 측정하는 요소다. 서비스가 내용적으로 적절한 수준에서 욕구가 필요한 사람들에게 제공되고 있는지 그리고 동일한 양의 서비스가 제공되었는지 등을 확인하게 된다. 따라서 단계별 영역으로 본다면 결과영역이 아닌 투입과 행동 그리고 산출영역에 대한 측정이 곧 형평성 측정의 중심이 된다.

본 측정모형의 단계별·요소별 성과측정영역에 대해서는 제2절에서 구체적으로 살펴보기로 한다.

3) 지역자율형 사회서비스투자사업의 성과측정영역

지역자율형 사회서비스투자사업의 성과는 단계적 성과측정영역인 투입, 행동, 산출 그리고 결과영역과 요소별 성과측정영역인 효과성, 서비스품질, 이용자만족, 형평성 등의 요소들을 혼합한 성과측정모형의 적용으로 측정될 수 있다

성과의 가치영역인 투입단계의 측면을 보자면, 지역자율형 사회서비스투자사업이 성취하려는 사회적 가치의 실현 정도는 바로 사회서비스사업이 성취하려고 설정한 목표(예를 들어, 국민 개개인의 생활복지 증진이라는 가치실현을 위한 목표)를 위한 노력의 정도를 통해서 측정될 수 있다. 또한 요소별 측정인 효과성 측정은 사업이 성취하려고 설정한 목표의 달성 정도를 측정하는 효과성 측정도구들에 의해서 측정이 가능하다. 즉, 지역자율형 사회서비스투자사업이 성취하려는 사회적 가치는 이용자들의 사회참여 활동 증진을 통한 이용자 복지 증진이므로 이를 측정하기 위해서는 사업이 설정한 결과목표의 성취 정도, 즉 효과성 측정을 통해서 달성될 수 있다.

또한 행동영역은 서비스품질과 이용자만족 그리고 형평성을 위한 측정영역에서 이루어질 수 있다. 구체적으로 제시하면 서비스품질은 투입, 행동 그리고 산출에 대한 영역별 측정이 가능한 측정영역이며, 이용자만족은 지역자율형 사회서비스투자사업의 전 과정(투입부터 결과까지)에 대한 이용자들의 인식 정도를 비교 측정하는 영역이다. 또한 형평성은 서비스내용과 혜택이 얼마나 형평에 맞는지 그리고 서비스대상자들에

대한 선택권이 형평에 맞게 보장되고 있는지 등 투입과 행동 그리고 산출의 측정이 가능한 영역이다. 지역자율형 사회서비스투자사업의 성과측정영역은 다음 절에서 구체적으로 구분하여 살펴보기로 한다.

2 지역자율형 사회서비스투자사업 성과측정영역

1) 단계별 성과측정영역

(1) 투입(가치)영역

인과관계를 적용하는 요소별 성과측정모형에서는 성과를 단순히 투입만으로 측정하지는 않는다. 즉, 투입과 행동, 투입과 산출, 투입과 결과 그리고 투입과 산출 및 결과와의 관계를 고려하여 성과를 측정하는 것이 요소별 성과측정의 핵심이다. 즉, 투입요소들은 성과측정을 위한 하나의 요소로서 투입측정만이 성과측정을 구성하는 영역은 아니라는 것을 의미한다. 예를 들어, 제공되는 서비스가 총 몇 시간인가가 중요한 것이 아니라 제공된 서비스가 이용자들에게 어떠한 영향을 미쳤는지(투입과 결과의 관계)가 하나의 측정단위가 된다.

하지만 단계별 성과만을 측정한다고 한다면 사회서비스사업에서 투입단계는 사회적 가치지향성을 위한 노력을 의미하므로 사회적 가치지향을 위한 노력의 정도는 단계별 성과측정을 위한 영역으로서 측정되어야 한다.

① 사회적 가치지향성

본 연구에서 투입은 성과측정에 있어 가치영역에 해당되는 것으로서 사회서비스가 추구하는 사회적 가치의 실현 여부가 곧 투입영역에서 확인되는 성과라고 할 수 있다. 사회서비스는 개인의 이익을 추구하지 않으며 전체 사회의 이익을 추구한다. 사회서비스의 사회적 가치지향성은 앞에서 설명한 바와 같이 신 사회적 위험에 대한 대응, 사회경제적 양극화에 대한 대응, 인적자본 형성을 통한 예방적 복지의 실현 그리고 사회적 일자리 창출이며 이를 위한 투입으로 사회서비스가 제공되는 것이고 이는 곧 국민 개개인 및 전체 사회의 사회복지 증진을 의미하는 것이라고 할 수 있다. 결국 투입에 대한 성과측정은 국민의 사회복지 증진이라는 가치가 삶의 질 향상이나 생활만족도 향상 그리고 사회문제의 영향을 받은 개인들이 갖는 문제에 대한 인식의 개선이나 사회서비스사업, 나아가 지역사회나 지자체 및 정부에 대한 신뢰와 같은 사회자본 향상 등에 영향을 줄 수 있으므로 이들 영역에 영향을 미치는 사회적 가치실현을 위한 노력의 측정이 곧 투입단계에서의 성과측정영역이라고 할 수 있다. 사회적 가치실현을 위한 노력이 없으면, 즉 투입이 없으면 당연히 국민의 사회복지 증진이라는 궁극적 성과는 실현될 수 없으므로 이를 실현할 수 있도록 하는 투입영역의 측정이 매우 중요하다.

투입영역에서 어느 정도의 비용이나 인력 등의 물적 자원이 투입되었는지 등은 사회서비스의 성과를 전적으로 대변할 수 없으므로 투입은 사회서비스 성과 중 기관이나 인력들의 가치지향성을 측정하는 것을 통해서 입증될 수 있다. 따라서 제공기관의 비전이나 미션, 제공되는 사업의 목적과 목표의 사회가치 적합성 그리고 직원(돌봄인력이나 전문상담요원)들의 사회적 가치지향성에 대한 인식과 기관장의 직원 및 이용자들을 다루는 태도 등은 모두 투입단계에서 확인할 수 있는 성과측정영역이다.

사회서비스 제공기관들의 가치를 실현하기 위한 모든 노력이나 행동들은 설정된 기관의 사업 비전과 미션을 성취하기 위한 노력(가치실현을 위한 노력)이나 행동에 반영되며 또한 직원들은 조직이 설정한 가치실현을 위하여 유사한 방식으로 행동(행동이나 태도)하게 하는 공동 규범의 반영을 의미하고 마지막으로 가치실현을 위한 노력은 가치가 무엇을 믿고, 무엇을 지지하며, 무엇을 중요하게 생각하느냐 하는 문제에 있어서 무엇을 나타낸다는 점을 반영하여 믿고 지지하기 위한 기본적인 토대인 신뢰의 필요성을 강조한다고 할 수 있다.

결국 사회서비스를 제공하는 기관의 사회서비스 가치는 사회복지 증진이라는 사회적 가치의 실현을 위하여 존재하므로 기관장을 포함한 모든 조직구성원들의 행동 역시 사회복지 증진이라는 가치실현과 밀접한 연관이 있어야 함은 당연하다고 할 수 있다.

특히, 사회적 가치실현을 위한 노력의 정도를 나타내는 사회적 가치지향성은 조직 구성원들(돌봄인력을 포함)이 조직 안에서 이루어지는 상호행동을 규정할 수 있는 투입 영역의 성과측정에 있어 중요한 측정도구가 된다. 직원들의 상호행동에 영향을 주는 사회적 가치지향성에 대한 인식의 정도가 높다면 이는 제공되는 사회서비스의 품질에 영향을 줄 것이며 이용자들의 삶의 변화에도 긍정적으로 작용할 수 있기 때문이다.

결국 사회적 가치지향성은 사업의 비전과 미션(또는 목적과 목표)에 대한 기관장 및 직원들의 공유 정도와 가치실현을 위한 그들의 노력(즉, 비전 달성을 위한 노력) 정도, 이용자들을 대하는 기관장 및 직원들의 인식과 태도 그리고 직원들을 대하는 기관장의 태도(즉, 행동이나 태도를 규정하는 공동 규범) 그리고 가치실현을 위한 노력에 대한 직원과 이용자들의 신뢰 정도 등을 포함한다.

사회적 가치지향성 영역

가치실현 노력 (비전 달성을 위한 노력)	태도 (공동 규범)	신뢰
비전 및 미션의 공유 정도, 가치실현을 위한 노력의 정도	직원에 대한 기관장의 태도, 이용자들에 대한 기관장 및 직원들의 태도	조직 직원 간의 신뢰, 이용자들의 기관장 및 직원들에 대한 신뢰, 직원들의 기관장에 대한 신뢰

[그림 7-4] 사회적 가치지향성의 영역

결국 투입영역에서 측정하여야 하는 성과측정 요소는 다음과 같다.

사회적 가치지향성의 영역	• 기관이 설정한 사업의 목적과 목표의 사회적 가치지향성 • 기관이 설정한 사업의 목적과 목표에 대한 직원들의 공감 정도 • 기관장과 직원들의 사회적 가치에 대한 인식 정도 • 기관장을 포함한 조직구성원들의 사회적 가치실현을 위한 노력 정도 • 기관장 및 직원의 사회문제에 대한 인식 정도

- 기관장의 직원들을 대하는 태도와 인식 정도
- 기관장 및 직원들의 이용자를 대하는 태도 정도
- 기관장에 대한 직원들의 신뢰의 정도
- 이용자들의 기관과 기관장을 포함한 직원들에 대한 신뢰의 정도

② 투입영역측정: 사회적 가치지향성의 측정

사회서비스제공은 지역주민들의 사회서비스에 대한 욕구를 충족시킴으로써 개개인의 복지 및 전체 지역사회의 복지 증진을 추구한다는 사회적 가치지향성을 갖는다.

가치지향성을 측정하는 검증된 측정도구는 존재하지 않으므로 본 연구에서는 사회적 가치실현이라는 투입영역의 측정을 위해 고려할 수 있는 사회적 가치지향성 측정을 위한 질문항목들을 소개하기로 한다.

🖥️ 〈표 7-1〉 사회적 가치지향성의 측정 질문항목의 예

사회적 가치지향성 측정의 질문내용
• 이 기관에서 제공하는 사회서비스사업은 사회적 가치실현과 연관이 있다(사회적 가치는 사회복지 증진이나 이용자들의 삶의 질 향상 등을 의미).
• 기관장 및 직원들은 사회서비스사업의 목적 및 목표를 잘 알고 있다.
• 기관장 및 직원들은 정부의 사회서비스사업의 목적과 목표를 존중하며 이를 실천하기 위해 노력한다.
• 기관장 및 직원들은 사회서비스사업에 대해 잘 알고 있다.
• 기관장 및 직원들은 이용자 개개인을 존중한다.
• 기관장 및 직원들은 이용자의 생각을 이해하기 위해 노력한다.
• 기관장 및 직원들은 이용자들로부터 업무수행에 있어 전문적 능력을 인정받고 있다.
• 이용자들의 문제해결을 위한 기관장 및 직원들의 분석 및 대처방안에 항상 신뢰가 간다.
• 기관장 및 직원들은 이용자를 단순히 소비자라고 생각하지 않는다.
• 기관장 및 직원들은 서비스이용자들의 수보다는 서비스의 질에 더 많은 관심을 가지고 있다.
• 기관장 및 직원들은 개인의 이익보다 사회적 이익을 더욱 중요시한다.
• 기관장 및 직원들은 이용자나 가족과 열린 의사소통을 한다.
• 기관장 및 직원들은 특정 종교 및 정치적 색채를 띠지 않으며 이를 강요하지도 않는다.
• 기관장 및 직원들은 사회서비스사업을 위해 본인의 시간과 자원을 많이 투자한다.

- 기관장 및 직원들은 항상 신뢰가 간다.
- 이 기관에서 제공되는 서비스는 항상 신뢰가 간다.

(2) 행동영역

행동영역은 서비스가 진행되는 과정에 대한 내용을 주로 측정한다. 통상 행동영역은 서비스가 어떻게 운영되고 진행되는지를 검증하는 과정을 통해 이루어지지만 행동은 투입과 산출의 중간 단계에 위치하여 서로를 연계하는 연결고리 역할을 수행하므로 지역자율형 사회서비스투자사업 성과측정에서 행동영역은 투입과 산출의 연결고리로서의 역할 여부를 측정하는 것으로 국한한다.

따라서 행동영역은, 첫째, 서비스의 내용이 적절하게 제공되는지, 서비스의 대상자 선정은 적절하게 이루어졌는지, 차별이나 배제 등은 이루어지지 않았는지 그리고 서비스가 제공하는 혜택은 적절한 수준인지 등을 중심으로 하여 서비스내용 형평성과 서비스대상 형평성 그리고 서비스혜택 형평성 등을 중심으로 측정할 수 있다. 둘째 서비스의 품질영역 역시 지역사회 서비스제공 과정 전반에 대한 성과를 측정할 수 있는 중요한 요인이 된다. 물론, 서비스품질은 투입, 행동, 산출에 대한 인과관계가 중심이다. 마지막으로 서비스만족도 행동영역을 측정하는 요소다. 만족은 서비스의 내용이나 직원들의 행동 등 서비스 행동영역의 측정요소들을 많이 포함한다.

결국 행동영역의 측정은 투입과 산출 및 결과와의 인과관계를 중심으로 측정이 되는 대표적인 성과측정영역이다.

(3) 산출영역: 생산성

지역자율형 사회서비스투자사업의 가장 대표적인 산출영역의 지표는 제공된 서비스의 수(총 시간이나 서비스의 총량)와 창출된 일자리의 수다.

지역자율형 사회서비스투자사업은 돌봄 및 교육과 상담 그리고 여가활동을 위한 서비스 등을 제공한다. 지역자율형 사회서비스투자사업을 통해 제공되는 서비스는 서비스의 시간이나 양이 중요한 것이 아니며 서비스의 적절성, 즉 얼마나 적절한 서비스가 이용자들에게 제공되었는가가 무엇보다도 중요하다. 욕구에 맞는 또는 사회 현실에 맞는 적절한 서비스가 제공되었는가가 서비스의 총량보다 중요하다고 할 수 있다. 따라서 지역자율형 사회서비스투자사업의 성과를 측정함에 있어 서비스의 양이나 제공된 시간과 같이 단순 수량을 나타내는 산출은 성과측정영역에서 제외한다.

사회서비스사업의 제공을 통해 성취하려는 결과목표 중 하나로 지적된 것이 사회적 일자리의 창출이다. 즉, 지역자율형 지역사회서비스투자사업 전 영역에서 발생하는 제공인력의 창출된 일자리 수는 대표적인 산출지표라는 것이다. 하지만 제공인력의 일자리 수는 단순 수량을 나타내는 산출지표로서 측정도구나 척도가 필요하지 않고 제공기관에서 제출한 자료를 바탕으로 단순한 덧셈만으로 파악 가능하므로 일자리의 수도 성과측정영역에서 역시 제외하기로 한다.

(4) 결과영역: 효과성

결과영역은 단계별 측정 과정의 마지막 단계를 의미하는데, 결과영역에서 측정하여야 하는 가장 핵심적인 요소는 효과성이다. 즉, 결과는 곧 서비스제공에 따른 이용자들의 인식, 기능, 태도 등의 변화를 의미하므로 사업이 성취하려고 하는 사업의 효과와 같다. 효과성은 통상 설정된 목표의 성취 정도를 수량화된 지표를 중심으로 검증하여 나타낸다. 여기서 목표는 특히 결과목표(outcome objective)를 의미하는 것으로서 이용자들의 변화를 나타내는 서술을 의미한다. 가장 일반적으로 설정된 목표나 기대하는 목표와 성취된 목표 사이의 차이가 크면 클수록 효과성은 더 높다고 할 수 있다. 따라서 효과성을 측정하기 위해서는 프로그램이나 사업의 계획서상에 나타나 있는 목표를 확인하고 목표의 달성 정도를 측정할 수 있는 측정도구를 찾아 측정을 시행하여 목표의 달성 정도를 확인하는 과정을 거치게 된다.

[그림 7-5] 효과성의 측정 과정

① 지역자율형 사회서비스투자사업이 성취하려는 결과목표(효과성)

지역자율형 사회서비스투자사업을 통해 성취하려는 사업의 결과목표, 즉 목표 달성 정도를 의미하는 사업의 효과는 다음과 같다.

💻 〈표 7-2〉 지역자율형 사회서비스투자사업의 효과

- 이용자의 친구, 가족, 학교 그리고 사회 등에 대한 적응(사회적응력)의 개선
- 이용자들이 인식하는 주관적 행복감의 향상
- 이용자의 생활만족도 향상
- 이용자의 삶의 질 개선
- 이용자들이 가지고 있는 문제의 해결 또는 개선과 사회문제에 대한 인식의 개선
- 이용자의 사기 진작
- 이용자의 자기효과성 실현 또는 회복력(탄력성) 증진
- 이용자들이 가지고 있는 문제의 해결이나 감소를 통한 자기존중감의 향상
- 이용자가족의 가족통합(적응)력 정도의 개선이나 가족건강성 향상
- 이용자(이용자가족 포함)가 인지하는 사회자본 인식의 개선

영향력이론과 로직모형의 적용하여 지역자율형 사회서비스투자사업의 사업 참여에 따른 효과성을 분석하면 효과성은 결과영역에서 추출된다. 다양한 자원의 투입과 다양한 서비스의 제공은 이용자들의 삶을 직접적으로 변화시키게 된다. 즉, 지역자율형 사회서비스투자사업에 참여한 이용자들은 기본적으로 돌봄 및 상담 그리고 교육 및 여가 등을 포함하는 다양한 서비스를 통하여 개개인이 가지고 있는 문제의 해결이나 감소 등을 이끌고 개인적인 인식이나 태도, 감정 등의 변화를 경험 또는 인지할 수 있으며 가족관계의 개선이나 사회자본에 대한 지역사회의 인식 개선 등의 효과를 기대할 수 있다.

지역자율형 사회서비스투자사업의 참여에 따른 가장 대표적인 변화를 수반하는 효과성을 확인 또는 측정할 수 있는 영역은 다음과 같다.

첫째, 이용자들이 돌봄, 상담, 교육 등을 통해서 얻게 되는 친구, 가족, 학교, 사회 등

에 대한 사회적응력의 개선

둘째, 이용자들이 가지고 있는 문제의 어려움을 사회서비스 혜택을 통해서 극복할 수 있도록 해 줌으로써 이용자들이 가지고 있는 어려움이나 문제의 감소 내지는 해결 그리고 개인이 당면한 문제를 생각하는 인식의 개선

셋째, 돌봄, 상담, 교육 및 다양한 사회서비스 제공을 통해서 얻게 되는 자존감 향상, 개인적 어려움의 개선 그리고 긍정적인 삶에 대한 인식의 변화 등을 포함하는 삶의 질 향상

넷째, 돌봄 및 상담 서비스제공에 따른 자기확신성의 향상 및 이에 따른 사회 회복력(resilience)의 개선

다섯째, 돌봄, 상담, 교육, 여가 등의 사회서비스제공에 따른 이용자들의 **생활만족도**의 향상

여섯째, 이용자들이 해결해야 하는 다양한 문제의 해결 및 어려움에 대한 인식의 개선, 생활만족도의 향상 및 삶의 질 개선 등을 통해서 나타나는 행복에 대한 주관적 인식의 향상(행복감 향상)

일곱째, 돌봄, 상담, 교육, 여가 등의 사회서비스제공을 통한 이용자들의 삶의 질 개선 및 생활만족을 통한 사기 진작

여덟째, 돌봄, 상담, 교육, 여가 등의 사회서비스제공을 통한 이용자들의 **자기존중감** 향상

아홉째, 돌봄 및 사회서비스가 필요한 이용자들에게 적합한 사회서비스를 제공함으로써 이용자의 가족통합(가족통합력)의 정도가 개선되며 가족구성원의 가족 건강성의 향상

열째, 사업 참여를 통해 얻게 되는 삶과 사회(지역사회)에 대한 긍정적인 인식을 기반으로 하는 사회자본의 증대

보다 구체적으로 결과영역, 즉 효과성의 측정영역을 살펴보면 다음과 같다.

② 효과성 측정영역

단위사업이나 프로그램의 효과성은 성취하려는 결과목표의 성취 여부를 확인하는 것을 의미한다. 지역자율형 사회서비스투자사업이 설정한 목표 중 결과목표는 이용자의 사회적응력 향상, 이용자의 생활만족도 향상, 이용자의 삶의 질 개선, 이용자 문제인식의 개선, 이용자의 사기 진작 등으로 측정될 수 있다. 효과성 측정영역별 내용을 살펴보면 다음과 같다.

③ 지역자율형 사회서비스투자사업 이용자의 사회적응력 향상

인간의 적응에는 생물학적 적응 이외에 심리적 · 사회적 적응이 필요하다. 인간은 사회생활을 영위해 나가야 하기 때문에 자연환경에도 적응해 나가지 않으면 안 된다. 그러므로 적응이란 개체와 환경과의 조화로운 관계, 즉 개인이 자신의 욕구와 환경에 자신을 맞추어 마찰 없이 잘 지내는 것을 의미하게 된다(원관희, 2002). 그러므로 인간은 사회적 관계 속에서 사회화되고 성장, 발달해 간다. 인간은 사회적 동물로서 생의 초기에 부모, 형제 등의 가족구성원과 밀접한 관계를 형성하기 시작하며 연령 증가에 따라 가족구성원 이외에 성인들이나 또래 친구들과 새로운 관계를 형성하면서 그의 사회적 관계를 점차 확대해 나간다(염두승, 2003). 이러한 관계 속에서 인간이 환경에 대하여 적합한 행동이나 태도를 취하는 것을 말하는 사회학 용어로서, 인간의 경우에는 사회생활을 영위해 나가는 데 있어서 단지 자연환경에 적응할 뿐만 아니라 집단, 사회시스템, 인간관계 등의 사회환경에 적응하며 살아야 한다. 일반적 의미의 적응은 두 가지 종류의 과정, 즉 주어진 환경에 자신을 맞추는 과정과 자신의 욕구를 충족시키기 위해 환경을 적극적으로 변화시키는 과정으로 구성된다. 이러한 점에서 훌륭한 적응이란, 개인과 가족을 포함한 사회환경 간의 능동적인 관계로서 자발적으로 행동하고 위험을 감수하며 자신을 환경에 내맡기기보다는 환경을 최대한 이용하는 것을 의미한다(김영범, 2005).

따라서 지역자율형 사회서비스투자사업 이용자들의 학교, 가족, 사회 그리고 직장으로의 순응(adaptation)과 적응(adjustment)[7]의 강화는 사회서비스제공에 따른 직접적인 사업의 효과라고 할 수 있다. 지역자율형 사회서비스투자사업 중 장애인이나 질환

자에게 제공되는 가사·간병서비스나 산모·신생아서비스, 지역사회서비스투자사업의 일환으로 제공되는 아동정서발달서비스나 아동심리정서서비스, 그리고 노인들의 사회참여나 사회 개입을 적극 지원하는 다양한 스포츠 및 여가서비스 등은 모두 이용자들의 사회로부터의 소외나 가족과 사회적 고립이나 배제를 극복하는 것을 주된 목적으로 한다. 사회적 고립이나 배제의 극복은 사회나 가족에 대한 순응 및 적응력을 강화함으로써 극복될 수 있으므로 사회서비스는 결국 이용자들의 사회순응 및 적응력을 강화하여 그들이 가지고 있는 문제해결을 강조한다.

　사회적응력은 특히 지역자율형 사회서비스투자사업 이용자들의 사회적응에 대한 능력의 정도를 의미한다. 먼저 적응에 대한 학자들의 정의를 살펴보면, Piaget(1952)는 개체의 적응 과정을 동화와 조절로 보고, 단순히 환경과의 역동적 관계를 정확히 파악하여 현실적인 목표를 설정하고 이를 달성해 나가는 창조적인 과정이라고 하였다. Gates(1950)는 적응을 개인의 내적 적응과 사회의 외적 적응의 조화라고 보고 개인적으로는 행복감에 넘쳐 있으며 사회적으로 당면한 문제를 효과적·효율적으로 해결해 가는 것이라고 하였다. Moorehouse(1991)는 적응에 대한 개념을 가족이나 또래와 상호작용하고 협동할 수 있는 능력과 자신이 책임을 져야 하는 일에 대한 요구나 적합한 행동의 요구에 대처하는 능력이라고 정의하였다. Allport(1961)는 적응을 환경에 대한 자발적·창조적 행동이며, 그 필수조건으로 행동과 결과가 개인에게 안정감을 주고, 사회의 가치와 질서에 합치되는 상태라고 정의하였다. Germain(1979) 또한 적응을 개인과 환경의 관계를 나타내는 개념으로서 개인이 그의 일생 동안 생존과 성장, 생산적

---

7) 적응(adjustment)을 정의 내리기란 쉽지 않다. 일반적으로 다윈의 이론에 근거하여 발전된 개념은 순응(adaptation)이란 단어이지만 이후 심리학자들이 순응을 적응으로 개정해서 사용하여 온 것으로 알려져 있다(곽호근, 2007). 생물학적 측면에서 적응은 환경의 변화에 따라 유기체의 형태, 구조, 기능이 환경조건에 알맞은 상태로 변화하는 현상을 의미하며, 심리적 측면에서 적응이란 주위 환경과 생활이 조화를 이루며 개체의 **욕구 해소 과정, 즉 환경에 대한 장애를 극복하고 욕구를 만족시키기 위한 활동 과정 및 변화**로 볼 수 있다. 따라서 적응은 능동적인 요소와 수동적인 요소를 동시에 갖고 있다고 볼 수 있다. 하지만 순응은 개인이 가족, 집단 그리고 나아가 지역사회에 적합하도록 또는 어울리도록 적응한다는 의미를 내포하여 욕구충족을 위한 활동을 포함하는 순응에 비해 수동적인 의미를 갖는다고 볼 수 있다.

기능들을 충족하기 위해 그의 환경과의 적합성(goodness of fit)을 성취하기 위한 적극적 노력으로 보았다. 김성경(2001)도 적응에 대해 개인과 환경 사이의 활발한 상호교환을 통해 이루어지는 과정으로 개인이 자신의 욕구에 적합하도록 환경을 변화시키며, 또한 이러한 환경의 변화에 맞춰 나가는 과정으로 설명하고 있다. 따라서 적응된 상태란 개인이 항상 변화하는 사회환경 또는 사회적 여건하에서 자기 자신의 욕구가 잘 충족되거나 조절되고, 일상생활에서 생겨나는 제반 문제들을 합리적으로 해결하여 스스로의 생활에 좌절감이나 불안감 없이 만족을 느끼는 상태를 말한다(우미향, 2009).

　사회적응에 대한 개념을 살펴보면, 사회환경에 대해 합리적이면서도 유익한 방향으로 적응하는 능력으로, 개인이 처한 환경 사이에서 존재하는 적응 상태(state of adjustment)를 의미하기도 하고, 그와 같은 상태를 만들어 내는 적응 과정(process of adjustment)을 의미하기도 한다(박상훈, 2011). 그러므로 건강하고 성공적인 사회적응은 건강한 자아기능을 기준으로, 사회적 이드(Id: 본능)와 사회적 초자아(Super Ego) 사이에 원만한 관계를 유지하도록 하는 사회적 자아(Ego: 사회에 대해 개인이 갖는 자기 자신에 대한 신념)인 것이다. 사회적응에 대한 학자들의 정의를 보면, Shaffer(1956)는 사회적응을 욕구불만의 이론을 인용한 개인의 욕구와 사회환경 상황과의 조화라고 정의하였으며, Adams(1972)는 사회환경에 효과적으로 적응하고 대응할 수 있는 개개인이 가지고 있는 능력으로 정의하였다. Sage(1974)는 개인이 속해 있는 집단의 문화적 태도, 가치, 역할 등을 학습함으로써 독자적인 인성을 형성하며 사회의 한 구성원으로 되어 가는 과정을 사회적응으로 보았다. 그리고 Cavell(1990)은 사회적응을 사회적 유능감(social competence)을 구성하는 영역 중 하나로 보았으며, 개인이 얼마나 사회적으로 확장되고 타당한 목표들을 성취하는지를 사회적응으로 규정하였다.

　국내 학자로 전미향(1997)은 사회적응력을 개인이 속해 있는 사회환경과 조화되어 어울리는 능력이며, 자신이 속해 있는 사회에 적응하는 방법을 습득하여 사회구성원으로 살아가는 능력으로 정의하였다. 오혜경(1999)은 사회적응을 위한 능력에 가치를 두고 사회적응 능력을 인간이 주어진 환경에 자신을 맞추는 과정과 자기 자신의 필요와 욕구를 충족시키기 위해 환경을 적극적으로 변화시키는 과정, 즉 자신이 속해 있는 사회환경과 조화되어 어울리는 개인의 능력으로 자신이 속해 있는 사회에 적응하는 방법을 습득하여 사회의 구성원으로 살아가는 능력으로 보았다. 강신욱(2003)의 연구에서는 사회적응을 사회환경의 변화를 관용하고 그에 반응하여 적절히 대처하는 능력으로 보았으며, 사지은(2005)의 발달장애아동을 대상으로 한 연구에서 사회적응력을 대인관계에서 적절하고 조화 있는 행동 및 의사소통을 하고 사회규범에 대한 이해를 바탕으로 환경과 상호작용하면서 문제를 해결하고, 정적인 생활을 하고, 자기 자신도 만족할 수 있는 독립적인 생활 유지를 위해 개인 및 사회적 자립을 기르는 것으로 정의하였다(박상훈, 2011).

이러한 적응 및 사회적응의 개념을 토대로 하면 사회적응은 사회에 대한 소속감과 사회의 욕구를 반영하며, 사회 규범의 역할 인식, 윤리적 가치 등을 내포한다고 볼 수 있다(최성윤, 2000). 즉, 개인의 정신적 능력과 기술, 신체적·사회환경적 욕구를 충족시키고 그에 맞는 자질을 필요로 하는 과정으로 정서적 안정과 사람들 간 상호관계의 과정이라는 특성을 포함하고 있다(우미향, 2009). 또한 개인이 다양한 차원의 타인, 즉 가족, 동료, 지역사회, 국가 등으로부터의 영향에 의해 변화하고 의존하는 것을 의미하는 개념이라고 할 수 있다(임승주, 2004).

결국 사회적응은 사회환경과 상호작용하면서 문제를 해결하고, 정적인 생활을 하고, 자기 자신도 만족할 수 있는 독립적인 생활을 유지하고, 개인 및 사회적 자립을 통해 사회환경과 조화되어 사회에 적응하는 방법을 습득함으로써 사회의 구성원으로 살아가는 능력으로 볼 수 있다. 따라서 이용자들에게 그들의 사회적응력을 향상하도록 하는 것은 이용자들이 사회구성원으로서 자립적이고 활동적인 생활을 할 수 있도록 하는 자율성 강화라는 측면에서 노인이나 장애인, 저소득층 주민 등을 포함한 지역자율형 사회서비스투자사업 이용자들에게 영향을 미칠 수 있으므로 중요한 사업의 효과라고 할 수 있다.

■ 사회적응력의 측정

개인의 사회적응력 정도를 측정하는 도구는 미국의 Weissman과 Bothwell(1976)에 의해 처음 개발되었다. 이들은 개인이 직접 작성하는 **사회적응력척도**(Self-Report Social Adjustment Scale)를 제시하였는데, 이 척도는 총 42개의 질문항목으로 구성되어 있다.

특히, 이들은 사회적응력을 측정하는 데 있어 직장(개개인이 학생으로, 주부로 또는 직장인으로), 사회 및 여가 활동, 친척과의 관계, 배우자로서의 역할, 부모로서의 역할, 가족과의 관계, 경제적 적절성(어려움) 등의 7개 영역에서 지난 2주 동안 경험한 내용을 측정하였으며, 5점 척도로서 점수가 높으면 높을수록 부적응이 심함을 나타낸다. Weissman과 Bothwell의 사회적응력척도를 영국의 특성에 맞게 수정한 척도가 1982년 Cooper와 동료들이 개발한 사회적응력척도. 이들이 개발한 척도는 경제적 어려움을 제외한 총 7개 영역의 45개 질문으로 구성되어 있으며, 5점 척도로서 Weissman과 Bothwell의 척도와 마찬가지로 지난 2주 동안의 경험을 측정하도록 되어 있다.

본 척도의 장점은 사회적응력에 대한 하나의 측정도구에 가족, 사회, 직장, 학교 등에 대한 적응력을 측정하는 질문이 모두 포함되어 있다는 점이다. 〈표 7-3〉은 Cooper와 동료들이 개발한 사회적응력척도다.

💻 〈표 7-3〉 Cooper와 동료들이 개발한 사회적응력척도

측정영역	질문항목
직장 (또는 학교)	1. 지난 2주 동안 당신은 직장을 빠진 적이 있습니까?
	2. 지난 2주 동안 당신은 일을 잘하였습니까?
	3. 지난 2주 동안 당신은 당신이 한 일에 대해 부끄러움을 느낀 적이 있습니까?
	4. 지난 2주 동안 당신은 직장에 있는 사람과 싸워 화가 난 적이 있습니까?
	5. 지난 2주 동안 당신은 직장의 불편함 또는 직장에 대한 걱정 등으로 마음의 동요를 느낀 적이 있습니까?
	6. 지난 2주 동안 당신은 직무가 즐거웠습니까?
가정	7. 지난 2주 동안 당신은 매일 필요한 가사를 하였습니까?
	8. 지난 2주 동안 당신은 가사를 잘하였습니까?
	9. 지난 2주 동안 당신은 당신이 한 가사에 대해 부끄러움을 느낀 적이 있습니까?
	10. 지난 2주 동안 당신은 이웃이나 경비 또는 택배원과 싸워 화가 난 적이 있습니까?
	11. 지난 2주 동안 당신은 가사에 전념하는 동안 불편함을 느낀 적이 있습니까?

	12. 지난 2주 동안 당신은 가사에 전념하는 동안 불쾌하거나 싫증이 났습니까?
	13. 지난 2주 동안 친구를 만난 적이 있습니까?
	14. 지난 2주 동안 당신은 친구와 마음을 터놓고 얘기한 적이 있습니까?
	15. 지난 2주 동안 당신은 친구와 함께 외출이나 방문, 영화관람 등과 같은 사회적 활동을 하였습니까?
사회/여가 활동	16. 지난 2주 동안 당신은 관심이 있는 일이나 취미활동에 시간을 보냈습니까?
	17. 지난 2주 동안 당신은 친구와 싸워 화가 난 적이 있습니까?
	18. 지난 2주 동안 당신은 친구 때문에 상처를 받은 적이 있습니까?
	19. 지난 2주 동안 당신은 사람을 만날 때 쉽게 긴장하거나 부끄럽거나 또는 아픈 적이 있습니까?
	20. 지난 2주 동안 당신은 타인과의 교제를 원하거나 외로움을 느낀 적이 있습니까?
	21. 지난 2주 동안 당신은 자유 시간에 무료함을 느낀 적이 있습니까?
	22. 지난 2주 동안 당신은 친척과 싸워 화가 난 적이 있습니까?
	23. 지난 2주 동안 당신은 친척과 접촉하기 위해 노력하였습니까?
	24. 지난 2주 동안 당신은 친척과 마음을 터놓고 얘기한 적이 있습니까?
친척	25. 지난 2주 동안 당신은 친척의 도움이나 충고에 의존한 적이 있습니까?
	26. 지난 2주 동안 당신은 당신의 친척에게 일어난 일에 대해 걱정을 한 적이 있습니까?
	27. 지난 2주 동안 당신이 친척을 침울하게 만든 일이 있습니까?
	28. 지난 2주 동안 당신의 친척이 당신을 침울하게 만든 일이 있습니까?
	29. 지난 2주 동안 배우자와 싸워 화가 난 적이 있습니까?
	30. 지난 2주 동안 배우자와 당신의 감정이나 문제에 대해서 얘기하신 적이 있습니까?
배우자	31. 지난 2주 동안 집안의 대부분의 결정을 당신이 하셨습니까?
	32. 지난 2주 동안 의견 불일치가 발생한 경우 당신은 배우자가 하자는 대로 따랐습니까?
	33. 지난 2주 동안 당신은 배우자와 발생한 문제에 대한 책임감을 공유하셨습니까?
	34. 지난 2주 동안 당신은 도움이 필요한 경우 배우자에게 의존하였습니까?

	35. 지난 2주 동안 당신은 배우자에게 다정하였습니까?
	36. 지난 2주 동안 배우자와 성관계를 가졌습니까? 몇 회 정도 가졌습니까?
	37. 지난 2주 동안 성관계 시 고통이 있었습니까?(아픔이나 절정 도달의 어려움)
	38. 지난 2주 동안 당신은 배우자와 성관계 시 만족하였습니까?
부모	39. 지난 2주 동안 당신은 아이의 행동에 관심을 가졌습니까?
	40. 지난 2주 동안 당신은 아이들과 얘기를 하거나 아이들의 얘기를 들어 주셨습니까?
	41. 지난 2주 동안 당신의 아이들과 다투거나 소리를 지른 적이 있습니까?
	42. 지난 2주 동안 당신은 아이들에게 다정하였습니까?
가족	43. 지난 2주 동안 당신의 가족에게 발생한 문제에 대해 필요 이상으로 걱정을 한 적이 있습니까?
	44. 지난 2주 동안 당신은 가족을 침울하게 만들었다고 느낀 적이 있습니까?
	45. 지난 2주 동안 당신의 가족이 당신을 침울하게 만들었다고 느낀 적이 있습니까?

Cooper와 동료들(1982)의 사회적응력척도는 5점 척도로서, 대답은 1점＝항상 그렇다, 2점＝대부분 그렇다, 3점＝반 정도 그렇다, 4점＝대체적으로 그렇지 않다, 5점＝전혀 그렇지 않다 중에서 응답을 선택한 후 점수가 높으면 높을수록 부적응이 심함을 나타낸다.

④ 지역자율형 사회서비스투자사업 이용자의 효과성측정을 위해 이용자가 가지고 있는 문제의 감소나 해소 정도와 개인이 해결해야 하는 문제에 대한 인식의 개선

돌봄 등 사회서비스를 필요로 하는 이용자가 겪게 되는 어려움은 경제적 어려움, 신체적 어려움, 정신적 어려움 등 매우 다양한 영역에서 발생하게 된다. 지역자율형 사회서비스투자사업은 이용자들이 갖게 되는 다양한 문제나 어려움을 약화 내지 해결할 수 있는 다양한 사회서비스를 제공함과 동시에 지역자율형 사회서비스투자사업에의 참여를 통해서 새로운 친구 및 동료를 만나 그들과의 교류를 통해 생활의 변화를 추구하는 데 도움을 줄 수 있다. 따라서 지역자율형 사회서비스투자사업의 참여를 통

해 나타나는 이용자들이 지각하는 어려움의 해결이나 개선은 사업이 성취하려는 직접적이고 즉각적인 결과목표가 된다.

또한 개개인에게 당면한 해결하여야 하는 문제에 대한 부정적인 인식의 개선 역시 사회서비스제공에 따른 가치의 변화라고 할 수 있다. 혼자 해결할 수 없는 문제나 욕구에 대한 대응으로서 제공되는 돌봄과 상담 등의 직접적인 서비스는 서비스제공에 따른 지속적인 과정을 거쳐 개개인이 갖는 문제에 대한 부정적인 인식을 개선하여 문제 극복에 대한 의지의 증가와 나아가 전체 사회에 대한 긍정적인 인식의 변화를 가져다주는 부수적인 효과를 낳을 수 있다.

■ 사회문제 인식에 대한 측정

사회서비스사업으로부터 서비스를 제공받는 이용자들에게 당면한 어려움에 대한 인식의 정도를 파악하는 것은 사업의 직접적인 효과 중의 하나라고 할 수 있다. 서비스를 제공받아 자존감이 향상되고 생활만족이 증진되는 효과는 본질적으로 당면한 어려운 문제에 대한 그들의 인식 정도가 개선되어야 가능한 것이다. 즉, 당면한 문제가 해결되었다든지 또는 경감되었다든지 하는 사업의 직접적 효과와 함께 사업 참여 전에는 어렵게 생각하였던 문제 극복에 대한 가능성이나 확신의 정도가 사업 참여에 따라 점차적으로 개선되었다고 한다면 자기확신성이나 자기효과성이 증가되는 것이고, 이는 곧 문제해결을 앞당기는 효과를 가져다줄 것이므로 이용자들에게 당면한 어려운 문제에 대한 인식의 개선 정도는 중요한 사업의 효과다.

이 장에서는 자체 개발하여 2회에 걸쳐 전문가집단으로부터 내용타당도를 검증받은 사회문제 인식의 정도를 측정할 수 있는 척도를 소개하도록 한다. 〈표 7-4〉는 이용자들의 생활상에 나타나는 대부분의 문제나 어려움을 다루고 있다는 점에서 유용한 측정도구로 활용될 수 있다.

🖥 〈표 7-4〉 사회문제 인식지수

당신은 다음과 같은 어려움을 얼마나 자주 경험하십니까?	
만성질환	1. 나는 만성질환(예: 관절염, 고혈압, 신경통)으로 힘들다.
고독	2. 나는 혼자라는 생각으로 외롭고 힘들다.
무위	3. 나는 할 일이 없어서 심심하다.
경제적 어려움	4. 나는 경제적으로 어렵다.
우울	5. 나는 우울한 생각이 든다.
자기방임	6. 나는 식사를 거르거나 치료받지 않는 등 스스로를 방치한 경험이 있다.
스트레스	7. 나는 일상생활에서 스트레스를 받는다.
자살 생각	8. 나는 자살에 대해 생각한다.
죽음에 대한 불안	9. 나는 내 죽음에 대해 불안하다.
가족관계의 어려움	10. 나는 가족(예: 배우자, 자녀, 손자녀)과의 관계에서 어려움을 경험한다.
사회적 대인관계의 어려움	11. 나는 친구 및 주변 사람과의 관계에서 어려움을 경험한다.
사회활동의 어려움	12. 나는 여건이 되지 않아 사회활동(예: 여가, 취미, 교육, 자원봉사, 문화생활, 취업, 정치 참여, 종교)을 하기가 어렵다.
사회 차별	13. 나는 장애인, 저소득층, 노인이라서 부당한 대우나 차별을 받는다.

⑤ 지역자율형 사회서비스투자사업 이용자의 효과성측정을 위한 삶의 질 향상 정도

삶의 질은 매우 다면적인 영역을 포함하는 추상적 개념이다. 삶의 질은 이용자들의 행복감, 건강, 자존감 등을 모두 포함하는 개념으로서 지역자율형 사회서비스투자사업을 통한 교육과 사회참여 활동의 개선은 참여 학생들의 자존감을 향상시키며 행복감이나 자기효능감 등을 향상시키는 효과를 가져올 수 있다. 따라서 지역자율형 사회서비스투자사업 이용자들의 행복감, 건강, 자존감 등을 포함한 삶의 질 개선이나 향상 정도는 프로그램이 성취하려는 매우 중요한 효과다. 사회서비스이용자들의 삶의 질을 측정할 수 있는 도구들을 소개하면 다음과 같다.

■ 삶의 질 측정: WHOQOL BREF(WHO Quality Of Life-BREF)

WHOQOL-BREF는 세계보건기구가 개발한 간편 삶의 질 척도를 의미한다. 본래 WHO는 100개의 질문항목으로 구성된 삶의 질 척도를 개발 제시하였으나 질문항목이 너무 길어 총 26개 항목으로 구성된 간편 삶의 질 척도를 1996년에 제시하게 되었다.

간편 삶의 질 척도는 전체 26개의 항목으로 구성되었으며, 2개의 질문을 제외한 24개의 질문항목은 4개의 영역으로 분류되어 있다. 구체적으로 살펴보면 전반적인 삶의 질과 건강에 대한 질문 2문항과 4개 영역의 24개 문항을 포함하여 총 26개의 질문항목으로 구성되어 있다. 구체적인 질문영역에 대한 설명은 〈표 7-5〉와 같다.

🖥 〈표 7-5〉 WHOQOL-BREF의 구조

번호	내용	문항
전반적인 삶의 질과 건강		2
제1영역: 건강영역		
1	고통과 불안	1
2	에너지와 피곤	1
3	수면과 휴식	1
4	이동	1
5	일상적인 행동	1
6	의약이나 치료에 대한 의존	1
7	작업능력	1
제2영역: 심리적 영역		
8	긍정적인 감정	1
9	사고, 학습, 기억, 집중	1
10	자기존중	1
11	신체적 이미지와 외모	1
12	부정적인 감정	1
13	종교/정신/개인적 신념	1
제3영역: 사회적 관계		

14	대인관계	1
15	사회적 지지	1
16	성생활	1
제4영역: 환경		
17	물리적 안전과 보장	1
18	거주환경	1
19	재정자원	1
20	건강과 사회적 보호: 유용성과 질	1
21	새로운 기술과 정보를 획득할 수 있는 기회	1
22	여가와 레저를 위한 기회와 참여	1
23	물리적 환경	1
24	대중교통	1
총 26문항		

총 26개 질문으로 구성된 WHOQOL-BREF는 자기기입식으로, 개인이 인식하는 주관적 삶의 질을 측정한다는 특징이 있다. 〈표 7-6〉은 간편 삶의 질 척도를 한국어로 번안한 것이다.

💻 〈표 7-6〉 WHOQOL-BREF(세계보건기구 간편 삶의 질 척도)

번호	문항	1	2	3	4	5	체크
1	당신은 당신의 삶의 질을 어떻게 평가하겠습니까?	매우 나쁨	나쁨	보통	좋음	매우 좋음	
2	당신은 당신의 건강상태에 대해 얼마나 만족하고 있습니까?	매우 불만족	불만족	보통	만족	매우 만족	
3	당신은 (신체적) 통증으로 인해 당신이 해야 할 일들을 어느 정도 방해받는다고 느낍니까?(-)	전혀 아니다	약간 그렇다	그렇다	많이 그렇다	매우 많이 그렇다	

4	당신은 일상생활을 잘하기 위해 얼마나 치료가 필요합니까?(-)	전혀 아니다	약간 그렇다	그렇다	많이 그렇다	매우 많이 그렇다
5	당신은 인생을 얼마나 즐기십니까?	전혀 아니다	약간 그렇다	그렇다	많이 그렇다	매우 많이 그렇다
6	당신은 당신의 삶이 어느 정도 의미 있다고 느끼십니까?	전혀 아니다	약간 그렇다	그렇다	많이 그렇다	매우 많이 그렇다
7	당신은 얼마나 잘 정신을 집중할 수 있습니까?	전혀 아니다	약간 그렇다	그렇다	많이 그렇다	매우 많이 그렇다
8	당신은 일상생활에서 얼마나 안전하다고 느끼십니까?	전혀 아니다	약간 그렇다	그렇다	많이 그렇다	매우 많이 그렇다
9	당신은 얼마나 건강에 좋은 주거환경에 살고 있습니까?	전혀 아니다	약간 그렇다	그렇다	많이 그렇다	매우 많이 그렇다
10	당신은 일상생활을 위한 에너지를 충분히 가지고 있습니까?	전혀 아니다	약간 그렇다	그렇다	많이 그렇다	매우 많이 그렇다
11	당신의 신체적 외모에 만족합니까?	전혀 아니다	약간 그렇다	그렇다	많이 그렇다	매우 많이 그렇다
12	당신은 당신의 필요를 만족시킬 수 있는 충분한 돈을 가지고 있습니까?	전혀 아니다	약간 그렇다	그렇다	많이 그렇다	매우 많이 그렇다
13	당신은 매일매일의 삶에서 당신이 필요로 하는 정보를 얼마나 쉽게 구할 수 있습니까?	전혀 아니다	약간 그렇다	그렇다	많이 그렇다	매우 많이 그렇다
14	당신은 레저(여가)활동을 위한 기회를 어느 정도 가지고 있습니까?	전혀 아니다	약간 그렇다	그렇다	많이 그렇다	매우 많이 그렇다

15	당신은 얼마나 잘 돌아다닐 수 있습니까?	전혀 아니다	약간 그렇다	그렇다	많이 그렇다	매우 많이 그렇다	
16	당신은 당신의 수면(잘 자는 것)에 대해 얼마나 만족하고 있습니까?	매우 불만족	불만족	보통	만족	매우 만족	
17	당신은 일상생활의 활동을 수행하는 당신의 능력에 대해 얼마나 만족하십니까?	매우 불만족	불만족	보통	만족	매우 만족	
18	당신은 당신의 일할 수 있는 능력에 대해 얼마나 만족하고 있습니까?	매우 불만족	불만족	보통	만족	매우 만족	
19	당신은 당신 스스로에게 얼마나 만족하고 있습니까?	매우 불만족	불만족	보통	만족	매우 만족	
20	당신은 당신의 개인적 대인관계에 대해 얼마나 만족하고 있습니까?	매우 불만족	불만족	보통	만족	매우 만족	
21	당신은 당신의 성생활에 대해 얼마나 만족하고 있습니까?	매우 불만족	불만족	보통	만족	매우 만족	
22	당신은 당신의 친구로부터 받고 있는 도움에 대해 얼마나 만족하고 있습니까?	매우 불만족	불만족	보통	만족	매우 만족	
23	당신은 당신이 살고 있는 장소의 상태에 대해 얼마나 만족하고 있습니까?	매우 불만족	불만족	보통	만족	매우 만족	
24	당신은 의료서비스를 쉽게 받을 수 있다는 점에 대해 얼마나 만족하고 있습니까?	매우 불만족	불만족	보통	만족	매우 만족	
25	당신은 당신이 사용하는 교통수단에 대해 얼마나 만족하고 있습니까?	매우 불만족	불만족	보통	만족	매우 만족	

| 26 | 당신은 침울한 기분, 절망, 불안, 우울감과 같은 부정적인 감정을 얼마나 자주 느낍니까?(−) | 전혀 아니다 | 약간 그렇다 | 그렇다 | 많이 그렇다 | 매우 많이 그렇다 | |

간편 삶의 질 척도는 성인을 대상으로 하며, 척도는 Likert 5점 척도로서 점수가 높으면 높을수록 삶의 질이 높음을 나타낸다. 역질문(3, 4, 26)은 점수를 역으로 합산하여야 한다.

▶ 점수화 방법
다음의 공식은 삶의 질 척도 계산 공식을 나타낸다.

$$S = \frac{\left(\sum(Y-N)(100)\right)}{[(N)(4)]}$$

Y = 각 질문항목의 점수
N = 정확하게 응답한 문항 수

각 항목의 점수를 모두 합한 값에 응답자가 응답한 문항 수를 뺀다. 만약 모든 문항에 대해 응답했다면 삶의 질 지표는 26을 빼면 된다. 그리고 이 값에 100을 곱하고, 응답자들이 정확하게 응답한 문항 수에 4를 곱한 숫자로 나누어 주면 총점이 나온다. 만약 모든 항목에 대해 5점으로 응답했다면 총점은 100이 되며, 반대로 1점으로 응답했다면 총점은 0이 된다. 부정적인 질문은 역점수로 처리하며 점수가 높으면 높을수록 삶의 질이 높음을 나타낸다.

■ Nottingham 건강 프로파일(health profile): 삶의 질
Nottingham 건강 프로파일은 신체적 건강뿐만 아니라 사회적 건강에 대한 응답자들의 인식을 측정함으로써 인지된 삶의 질과도 같은 맥락에서 이해될 수 있다. Nottingham 건강 프로파일은 삶의 질을 두 영역에서 측정한다. 첫 번째는 6개의 영역에서 36개의

지표들로 측정하게 되는데, 6개 영역은 에너지, 고통, 감정반응, 잠(sleep), 사회적 고립, 육체적 이동 영역이며, 각 영역은 중요도에 따라 가중치 점수를 갖는다. 〈표 7-7〉은 Nottingham 건강 프로파일 6개 영역의 36개 지표를 나타낸다(지은구, 2014).

💻 **〈표 7-7〉 건강 프로파일 6개 영역의 36개 지표(Part I)**

영역	질문	가중치	
에너지	나는 곧 에너지가 방전된다.	24.00	
	모든 것에 노력이 필요하다.	36.80	100.00
	나는 내내 피곤하다.	39.20	
고통	나는 계단을 오르내릴 때 고통스럽다.	5.83	
	나는 서 있을 때 고통스럽다.	8.96	
	자세를 바꿀 때 고통스럽다.	9.99	
	앉아 있을 때 고통스럽다.	10.49	
	걸을 때 고통스럽다.	11.22	100.00
	밤에 고통스럽다.	12.91	
	나는 참을 수 없는 고통을 가지고 있다.	19.74	
	나는 지속적인 고통에 있다.	20.86	
감정 반응	매일매일이 부담이 된다.	7.08	
	벼랑 끝에 서 있는 느낌이다.	7.22	
	나 자신에게 즐거운 것이 무엇인지 잊어버렸다.	9.31	
	요 며칠간 나는 쉽게 성질을 부렸다.	9.76	
	여러 일이 나를 우울하게 한다.	10.47	100.00
	나는 우울한 상태에서 일어난다.	12.01	
	저녁에도 걱정이 떠나지 않는다.	13.95	
	나는 감정 상실을 느낀다.	13.99	
	삶을 살아갈 가치가 없다고 느낀다.	16.21	

	나는 새벽에 깬다.	12.57	
	잠자리에 드는 데 많은 시간이 걸린다.	16.10	
잠	밤에 거의 잠을 자지 못한다.	21.70	100.00
	잠자기 위해 약을 먹는다.	23.37	
	밤새 깨어 있는 것 같다.	27.26	
	사람과 어울리는 것이 어렵다.	15.97	
	사람과 접촉하는 것이 어렵다.	19.36	
사회적 고립	내 가까이에 아무도 없다고 느낀다.	20.13	100.00
	외롭다고 느낀다.	22.01	
	다른 사람에게 나는 짐이 된다고 생각한다.	22.53	
	무엇인가에 접근하는 것이 어렵다.	9.30	
	구부리는 것이 어렵다.	10.57	
	계단을 오르내리는 것에 문제가 있다.	10.79	
육체적 이동	오래 서 있는 것이 어렵다.	11.20	
	실내에서만 걸을 수 있다.	11.54	100.00
	나 혼자 옷 입는 것이 어렵다.	12.61	
	밖에서 걷기 위해서는 도움이 필요하다.	12.69	
	나는 전혀 걸을 수 없다.	21.30	

출처: 지은구(2014), p. 218에서 재인용.

Nottingham 건강 프로파일의 두 번째 지표는 건강에 영향을 줄 수 있는 7개 영역의 지표들로 고용, 사회생활, 가정생활, 성생활, 가사 돌보기, 휴가, 취미 등으로 구성되어 있다. 각각의 질문은 〈표 7-8〉과 같으며 대답은 예와 아니오 중 하나를 선택하도록 되어 있다.

🖥 〈표 7-8〉 건강 프로파일 7개 영역(Part II)

당신의 건강상태에 다음의 것들이 문제를 일으킵니까?	예	아니오
일		
가사 돌보기(청소, 요리, 수선 등)		
사회적 삶(밖에 나가기, 친구 만나기, 극장 가기 등)		
가족생활(가족구성원과의 관계)		
성생활		
관심이나 취미		
휴가		

출처: Nottingham Healt profile 검색 페이지.

⑥ 지역자율형 사회서비스투자사업 참여를 통한 성공적 노화의 실현 정도

성공적 노화는 지역자율형 사회서비스 중 노인들을 대상으로 서비스가 제공되는 사업인 경우 이용자들에게 나타나는 생활상의 변화로 측정될 수 있다.

성공적 노화(successful aging)는 기존의 이용자에 대한 부정적인 인식에서 벗어나 이용자를 사회에서 보다 긍정적인 역할을 하는 대상으로 인식하기 위한 시도로 등장한 개념이다. 즉, 이용자는 병약하고 무기력하며 부담이 되는 존재라는 부정적인 인식으로부터 탈피하여 현대 사회에서 지역사회 공동체를 구성하는 중심적인 축으로서, 이용자들이 사회구성원들을 인도하는, 즉각적이고 역동적이며 생산적인 이용자로 변화하고 있고, 변화하여야 한다는 당위적 개념으로, 기존의 이용자 개념과는 대비되는 이용자에 대한 새로운 개념이라고 할 수 있다. 즉, 경제능력과 활동능력을 가진 이용자의 수가 늘어 가고, 이용자가 전체 사회를 구성하는 다수집단으로 자리 잡은 고령화 사회에서는 과거의 이용자에 대한 부정적인 인식이 적당하지 않으므로 성공적 노화의 여섯 가지 차원을 제시한 Ryff(1989)의 '통합모형', 삶의 변화에 적응해 가는 과정을 강조한 Baltes와 Baltes(1990)의 '보상을 수반한 선택적 적정화 모형' 그리고 Rowe와 Kahn(1998)의 '적극적 사회참여 모형' 등을 수용하여 이용자 스스로 역량 강화가 될 수 있는 성공적 노화라는 개념이 등장하였다(김동배, 2008).

Schultz와 Heckhausen(1996)은 성공적 노화의 요소를 신체적 건강이라고 보았으며, 적극적인 사회참여 모형을 제시한 Rowe와 Kahn(1998)도 질병을 피해 가는 것을 중요한 성공적 노화 요인이라고 지적하였다. Ryff(1982)는 신체적 건강에 대한 개인의 인식은 삶의 만족도와 관련이 있다고 했으며, 국내 연구에서도 노년기 삶의 만족도에 있어서 건강은 가장 중요한 변인이었다(김태현, 김동배, 김미혜, 이명진, 김애순, 1998; 박은숙, 김순자, 김소인, 전영자, 이평숙, 김행자, 한금선, 1998). 이처럼 건강은 행복하고 바람직한 삶을 유지하는 성공적 노화에 있어서 가장 기본적인 요소라고 할 수 있다. 1984년부터 1990년까지 65~95세의 남녀 각 356명으로 구성된 이용자들을 대상으로 성공적 노화 관련 변인을 조사한 미국 앨러미다 카운티 연구에서는 네 가지 만성질병(당뇨, 천식, 관절염, 만성 폐쇄성 폐질환)과 우울이 성공적 노화의 결과로 감소된다는 것을 밝힘으로써 만성질환과 우울이 없는 것을 성공적 노화로 보았다.

그 외에도 성공적 노화의 예측변인으로 걷기 운동과 친한 인간관계가 포함된다. Strawbridge와 동료들(1996)의 연구에 따르면, 지역사회에 대한 깊은 참여와 신체활동, 그리고 정신건강이 성공적 노화에 영향을 미치는 것으로 나타났다. 또한 미국의 맥아더 현장 연구에서는 운동을 하는 것과 정서적인 지지를 해 주는 사회적 관계망이 성공적 노화와 정적인 관계가 있는 것으로 보고하고 있다(Seeman et al., 1995). 인간관계를 포함한 사회적 관계망이나 사회참여는 곧 성공적 노화의 정도를 나타내 주는 주요한 변인임을 알 수 있다. 사회적 관계망과 참여와 같은 관계지향성은 또한 사회적 지지의 토대다. 사회적 지지는 궁할 때 도울 준비가 되어 있는 상당히 많은 타인들이 있다는 일종의 신념(Wethington & Kessler, 1986)에서 형성되며, 사회적 관계망은 심리적 안녕을 북돋우고 삶의 스트레스에 적응하도록 촉진하는 사회적 지지의 근원으로 간주된다(Larson, 1978; Rook, 1997). 따라서 관계지향성이나 사회적 관계망을 통한 사회적 지지는 곧 성공적 노화의 중요한 요소가 된다.

또한 성공적 노화에 있어서 자기효능감은 이용자의 삶에 부정적 영향을 미치는 위험요소로부터 덜 위협을 받고, 위기와 상실에 대한 대처가 더 지속적이며 풍요로운 도전을 만나게 될 가능성이 크다(Brandtstädter & Rothermund, 1994). 같은 연구에서 이용자들의 통제감은 그들이 지각하는 신체기능의 상실과 제한이 안녕감에 미치는 영향을 완충하는 것으로 나타났다. 이 외에도 Featherman(1992)은 성공적 노화를 삶의 과정에서 변화에 적응하기 위한 개인적 · 사회적 자원의 발달이라고 하면서 수용성, 적극성, 개방성이 성공적 노화를 통한 삶의 질을 높이는 요인으로 보았다. 기타 경제적 상태, 지혜나 종교성 혹은 성, 죽음에 대한 태도 등이 성공적 노화에 영향을 미치는 요인들로 다루어지고 있다. 경제적 요인은 이용자의 삶의 만족도에 영향을 미치는 것으로 나타나고 있는데, 이용자의 수입은 주관적 안녕감에 긍정적 영향을 주고 타인에게 의존하지 않게 됨으로써 이용자의 자율성이 향상되므로 삶의 만족도 수준이 높아진다(Campbell, 1981; Mannell & Dupuis, 1996).

이와 같이 활발한 사회참여와 사회적 관계망, 사회적 지지, 자기효능감이나 자아존중감 등으로 구성되는 성공적 노화의 개념은 선배 시민을 구성하는 실천하는 노인, 학습하는 노인, 참여하는 노인 그리고 사회에 공헌하는 노인이라는 개념에 일정 정도 부합한다. 지역자율형 사회서비스투자사업으로의 참여를 통해 다양한 인간관계를 형성하고 활기찬 사회참여 활동을 수행하게 되면 자아존중감이나 자기효능감은 증대될 것이고 결국 성공적 노화를 경험하게 되고 이는 이용자들의 생활만족도나 삶의 질 개선이라는 긍정적인 효과를 가져올 것이다. 따라서 성공적 노화의 실현 정도는 지역자율형 사회서비스투자사업의 결과목표로서 중요한 사업의 효과성 측정영역이 된다.

■ 성공적 노화의 측정

김동배(2008)는 65세 이상의 한국 노인을 대상으로 성공적 노화 척도를 개발하였다. 성공적 노화 개념 추출을 위해 25명의 노인들에 대한 심층면접과 4개의 포커스 그룹을 통해 성공적 노화 6개 영역 핵심 범주와 78개 문항을 개발하였다. 이를 토대로 66개 문항의 일대일 면접설문지를 통해 수집된 표본 597부를 무선 분할하여 개발 표본 345부와 타당화 표본 252부의 분석을 통해 최종적으로 31개 문항으로 구성된 한국 노인의 성공적 노화 척도를 개발하였다. 이 척도는 '자율적 삶' '자기완성 지향' '적극적 인생 참여' '자녀에 대한 만족' '자기 수용' 그리고 '타인 수용' 등의 하위 요인으로 구성되어 있으며, Cronbach 알파값이 .903, 모형 적합도 지수 TLI가 .983, RMSEA가 .057로 만족할 만한 수준의 신뢰도와 타당도를 나타내었다. 사회서비스투자사업에 참여한 노인

들을 대상으로 성공적 노화의 정도를 측정할 수 있는 척도를 소개하면 〈표 7-9〉와
같다.

💻 〈표 7-9〉 성공적 노화 척도

		당신은 다음과 같은 사항에 얼마나 동의하십니까?	1=전혀 그렇지 않다, 2=대체로 그렇지 않다, 3=약간 그렇지 않다, 4=보통이다, 5=조금 그렇다, 6=대체로 그렇다, 7=항상 그렇다
자율적 삶	1	나는 내 삶에 어려운 부분이 있어도 가능한 한 남에게 구차한 모습을 보이지 않는다.	
	2	나는 자녀와의 관계에서 '내 삶은 내가 책임진다'는 정신으로 산다.	
	3	나는 지금도 정신이 맑아서 사리분별에 큰 문제가 없다.	
	4	나는 남편 혹은 아내로서의 역할을 잘 감당해 왔다.	
	5	나는 외모를 단정하고 깨끗하게 가꾼다.	
	6	나는 부모로서의 역할을 잘 감당해 왔다.	
	7	나는 건강을 해치는 습관을 고치려고 노력한다.	
	8	나는 자녀들에게 경제적으로 부담을 주지 않는다.	
	9	나는 내 분수에 맞는 의식주 생활을 한다.	
자기완성 지향	10	나는 평생토록 하고자 하는 활동(일, 취미 등)이 있다.	
	11	나는 남은 인생에서 이루고자 하는 계획이 있다.	
	12	나는 지금도 나에게 필요한 것이 있으면 배우려고 한다.	

	13	나는 내가 하는 활동(일, 취미 등)을 통해 성취감을 느끼고 있다.	
	14	나는 기회가 되면 남을 위해 물질을 기부한다.	
	15	나는 나의 건강을 유지하기 위해 꾸준하게 운동을 하고 있다.	
적극적 인생 참여	16	나는 사회활동(교육, 문화, 여가 및 종교활동 등)에 참여를 많이 하는 편이다.	
	17	내가 참여하는 모임에서 나는 필요한 사람으로 인정받고 있다.	
	18	나에게는 마음을 터놓을 만한 친한 친구가 있다.	
	19	나는 친구들을 잘 사귀는 편이다.	
	20	나에게는 교육, 문화, 여가 혹은 종교활동 등에서 정기적으로 만나는 친한 친구들이 있다.	
자녀에 대한 만족	21	나와 자녀들과의 관계는 원만하다.	
	22	나의 자녀들은 나에게 효도를 잘하고 있다.	
	23	나의 자녀들은 형제자매 간에 서로가 우애 있게 잘 지낸다.	
	24	나는 나의 자녀들을 자랑스럽게 여기고 있다.	
	25	나의 자녀들의 가정은 화목하다.	
자기 수용	26	나는 세상에 존재할 가치가 있다고 느낀다.	
	27	나의 지나온 삶이 보람되었다.	
	28	내가 살고 있는 집이 만족스럽다.	
타인 수용	29	나는 속상한 일이 있을 때 마음에 오래 담아 두지 않는다.	
	30	나는 젊은 세대의 입장을 잘 수용하는 편이다.	
	31	나는 자녀나 남의 일에 일일이 간섭하지 않는다.	

⑦ 지역자율형 사회서비스투자사업 참여를 통한 이용자의 생활만족도 향상

지역자율형 사회서비스투자사업의 가장 중요한 목적은 지역별·가구별로 다양한 특성과 수요에 부합하는 차별적인 서비스를 지자체가 주도적으로 발굴·집행함으로 써 지역주민이 체감하는 만족스런 서비스제공, 즉 복지체감도를 증진시키는 것이다. 이러한 사업목표에 따른 성과로는 이용자들의 생활상의 변화와 복지체감도 증진 그리 고 이를 통한 생활만족의 향상을 들 수 있다. 생활만족은 복합적인 개념으로 구성되어 있다. 따라서 이용자들의 생활만족도를 측정한다는 것은 이용자들의 생활만족이라는 다면적인 개념에 대한 정의가 필요하며, 또한 무엇보다도 생활만족은 이용자 스스로 의 주관적 인식에 의해서 평가되므로 이용자 생활만족에 대한 주관적 인식의 정도를 측정하여야 한다는 측면에서 상당히 어려운 측정영역이다. 즉, 생활만족은 무엇으로 이루어지는가? 그리고 무엇을 측정하는가가 매우 중요하다고 할 수 있다.

선행연구를 통해 보면, 생활만족은 이용자를 둘러싼 사회 현실에 대한 주관적인 자기만 족감, 자기 자신에 대한 존중 그리고 자기 가치실현의 정도, 즉 자기만족, 자기존중 그리고 가 치실현 정도로 구성되는 개념임을 알 수 있다.

Neugarten과 동료들(1961)은 생활만족도가 5개의 요인으로 구성되어 있다고 주장 하였다. 첫 번째 구성요인은 '현재의 삶에 대한 만족'으로 이는 현재의 생활이나 활동을 통해 얻은 만족의 정도를 의미한다. 두 번째 구성요인은 '인생의 의미'로 자신의 삶이 어느 정도 의미 있다고 인식하는가를 말한다. 세 번째 구성요인은 '목적의 성취'로서 자 신이 희망하는 삶의 목적을 어느 정도 달성했다고 평가하는가를 나타낸다. 네 번째 구 성요인은 '긍정적 자아상'으로 사는 동안 자아에 대한 평가를 어느 정도 긍정적으로 유 지해 왔는가를 의미한다. 다섯 번째 구성요인은 '낙관성'으로 일상에서 어느 정도 낙천 적인 태도와 정서를 유지하는가를 의미한다. 한편, Newkitten(1998; 박정애, 2002 재인 용)은 이용자의 삶의 만족도가 4개의 하위 차원으로 구성되었다고 보았는데, 첫째는 '자아성취감'으로 Neugarten의 '목적의 성취'와 유사하고, 둘째는 '현실 만족감'으로 Neugarten의 '현재의 삶에 대한 만족'과 유사하다. 셋째는 '자아존중감'으로 Neugarten 의 '긍정적 자아상'과 같은 의미다. 마지막으로 넷째는 '노화에 대한 태도'다. Burr와 동 료들(Burr, Leight, Day, & Constantine, 1979: 한형수 2004 재인용)은 삶의 만족도를 보다

단순한 구조로 제시하였다. 이들은 삶의 만족도가 2개의 이론적 요인으로 구성된다고 주장하였는데, 첫 번째 차원은 개인이 자신의 인생에 대해 갖는 긍정적 기대와 기대 충족 사이의 일치 정도이며, 두 번째 차원은 주관적으로 경험한 만족과 불만족, 행복과 불행, 즐거움과 괴로움이다. 삶의 만족도를 다차원적 구조로 정의하는 시각은 한국 이용자를 대상으로 한 연구에서도 찾아볼 수 있다. 김익기(1997)는 한국 이용자의 삶의 만족도는, 첫째, 과거, 현재 그리고 미래의 삶에 대한 긍정적이고 낙관적인 태도, 둘째, 개인의 삶에 부여한 가치의 정도, 셋째, 긍정적 정서 및 생활 전반에 대한 주관적 만족 정도로 구성되었다고 설명하였다(최혜지, 이영분, 2006). 또한 최혜지와 이영분(2006)은 이용자 생활만족의 구성요인으로 '긍정적 정서와 주관적 만족감' '부정적 자아상과 부정적 정서' 그리고 '자기 가치'를 제시하여 척도를 구성하였다. 결국 이와 같은 연구결과를 종합하여 보면 이용자들이 생활만족을 구성하는 차원은 첫째, 현실 만족이나 현실 생활만족을 나타내는 자기만족, 둘째, 긍정적 자아상, 낙관성 등을 포함하는 자기존중감, 셋째, 목적의 성취, 자기실현의 정도 등을 나타내는 가치실현의 정도로 구분된다. 즉, 이용자의 생활만족은 자기만족, 자기존중 그리고 가치실현 정도로 구분할 수 있다.

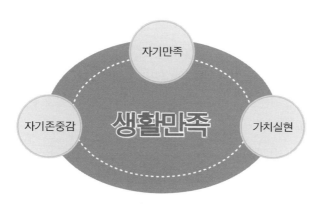

[그림 7-6] 이용자 생활만족의 구성요인

■ Diener와 동료들이 개발한 삶(생활)의 만족 척도 측정

삶의 만족은 생활만족과 동일한 의미로 이해될 수 있다. 삶의 만족(satisfaction with life)

척도로는 1985년 Diener와 동료들(1985)이 개발한 척도가 대표적이다. 삶의 만족은 주관적 번영(subjective well-being)을 구성하는 요소라고도 할 수 있다. 즉, Diener(1984)는 주관적 번영을 구성하는 요소로서 긍정적인 감정, 부정적인 감정 그리고 삶의 만족을 제시하였다. Diener와 동료들이 개발한 삶의 만족 척도는 총 5개 문항, 7점 척도(7점 전적으로 동의한다와 1점 전적으로 동의하지 않는다)로 구성되어 있다. 〈표 7-10〉은 삶의 만족 척도를 나타낸다.

🖳 〈표 7-10〉 Diener와 동료들의 삶의 만족 척도

항목
1. 전반적으로 나의 인생은 내 생각과 밀접하다.
2. 내 인생의 조건들은 훌륭하다.
3. 나는 나의 인생에 만족한다.
4. 지금까지 나는 내 인생에서 내가 원했던 중요한 것을 얻었다.
5. 만약 내가 내 인생을 다시 산다면 나는 바꿀 것이 아무것도 없다.

■ 세계가치조사(World Survey Research)의 생활만족 측정

생활만족도에 대한 가장 간단하면서 유용하게 사용되는 척도는 세계가치조사의 설문지 안에 들어 있는 생활만족에 대한 질문이다. 세계가치조사(World Survey Research)의 설문지 안에 들어 있는 생활만족도에 대한 하나의 질문항목으로 구성되어 있다. 이 질문항목을 살펴보면 〈표 7-11〉과 같다.

🖳 〈표 7-11〉 세계가치조사의 행복감과 생활만족도 측정항목

질문	응답	출처
생활만족도		WVS 2010~2012
모든 것을 고려할 때, 귀하는 요즈음 삶에 대하여 어느 정도 만족하십니까?	① 대단히 불만족한다. … ⑩ 매우 만족한다.	

출처: WVS 2010~2012 Wave, revised master, June 2012.

앞의 생활만족도 척도인 질문항목은 하나의 질문에 1점과 10점 사이에 가장 적절한 점수를 체크하는 방식으로 구성되어 있음을 알 수 있다.

■ 한국복지패널 생활만족도 척도

한국복지패널 자료는 외환위기 이후 빈곤층(또는 근로빈곤층) 및 차상위계층의 가구 형태, 소득 수준, 취업상태가 급격히 변화함에 따라 이들의 규모와 상태 변화를 동적으로 파악하여 정책지원을 위한 기초자료로 활용하고자 각 인구 집단별 생활실태와 복지 요구 등을 조사하는 특성이 있다(한국보건사회연구원, 2012). 한국복지패널의 질문항목 중 개개인이 인지하는 생활만족도에 대한 질문은 다음과 같이 구성된다.

〈표 7-12〉 2012년 한국복지패널조사 생활만족도 척도

다음 각 항목에 대하여 귀하의 만족도는 어느 정도입니까?

구분	매우 불만족	대체로 불만족	그저 그렇다	대체로 만족	매우 만족
㉮ 건강	①	②	③	④	⑤
㉯ 가족의 수입	①	②	③	④	⑤
㉰ 주거 환경	①	②	③	④	⑤
㉱ 가족 관계	①	②	③	④	⑤
㉲ 직업	①	②	③	④	⑤
㉳ 사회적 친분관계	①	②	③	④	⑤
㉴ 여가생활	①	②	③	④	⑤
㉵ 이 사항을 모두 고려할 때, 귀하는 전반적으로 생활에 얼마나 만족하고 계십니까?	①	②	③	④	⑤

한국복지패널의 생활만족도는 개인이 자신의 생활을 긍정적으로 평가하는 정도를 의미하는 것으로, 건강, 가족의 수입, 주거 환경, 가족 관계, 직업, 사회적 친분관계, 여가생활, 전반적 만족 등 총 8개 일상생활 영역에 대한 만족도를 측정하도록 설계되어 있다. 측정방법은 '매우 불만족' 1점에서 '매우 만족' 5점까지의 5점 Likert 척도를 이용하였

다. 이 척도를 이용하여 생활만족도를 조사한 곽민주와 이희숙(2014)은 각 영역을 측정하여 모두 더한 후 평균값을 산출하였다. 최저점은 1점, 최고점은 5점이며, 점수가 높을수록 생활만족도가 높음을 의미한다. 생활만족도 측정도구의 신뢰도 계수(Cronbach 알파값)는 0.731이었지만 구성타당도는 검증되지 않았다.

■ 한국노동패널의 생활만족도 척도

한국노동패널은 생활만족도 연구에 신뢰도 있는 정보를 모집할 수 있다는 장점을 갖는다. 주관적 삶의 질에 관한 연구에서 부딪히는 가장 큰 문제는 주관적 삶의 질이 개인의 경험이나 태도를 대상으로 하기 때문에 표본의 대표성 문제에 더하여 응답의 신뢰성을 동시에 확보하기가 매우 어렵다는 것이다. 한국노동패널은 전국 도시 거주 가구에 대한 확률표집에 따라 조사되었으면서도, 삶의 질과 관련된 주관적 태도에 관한 사항이 비교적 국내 패널 중에서 가장 대표성을 제공한다는 장점이 있다(이현송, 2000). 〈표 7-13〉은 한국노동패널에 포함되어 있는 생활만족도 척도에 대한 질문항목을 나타낸다.

🖥 〈표 7-13〉 한국노동패널 생활만족도 문항 및 항목 내용

문항 내용	항목 내용
다음의 내용에 얼마나 만족하십니까? (사회적 친분관계는 친구 관계와 지인 관계에 대한 만족도를 의미합니다)	① 가족의 수입
	② 여가생활
	③ 주거 환경
	④ 가족 관계
	⑤ 친인척 관계
	⑥ 사회적 친분관계
그렇다면 ____님께서는 전반적으로 생활에 얼마나 만족하고 계십니까?	전반적 생활만족도

생활만족도는 한국노동패널에서 응답자에게 생활만족도를 질문 측정하고 있으며, 7문항으로 구성되어 있다. 문항은 Likert 5점 척도로 구성되었지만 타당도(특히, 구성타

당도)가 검증되지 않았다는 한계를 갖는다.

⑧ 지역자율형 사회서비스투자사업 참여를 통한 이용자들의 사기 진작

사기(morale)는 개인의 주관적 번영을 나타내는 대표적인 요소로 인식되기도 한다. 또한 사기는 삶의 만족, 적응, 정신건강 등과 함께 개인의 삶의 영역을 측정하는 데 있어 꾸준한 연구의 대상이었다. 사회서비스를 제공받는 이용자들은 저소득층이 주된 대상자로서 사회로부터 소외되거나 배제되어 차별을 경험한 집단이거나 또한 노인이나 장애인을 포함하여 신체적·정신적 장애를 가지거나 질환을 가지고 있어서 사회참여가 어려운 집단으로 그들의 사기는 정상인들에 비해 낮다고 볼 수 있다. 따라서 사회서비스제공을 통하여 이용자들이 인식하는 주관적 번영의 정도가 개선되고 사기가 올라간다고 한다면, 사회에 대한 부정적인 인식이나 타인을 대하는 태도 그리고 사회적응이나 자존감은 향상될 가능성이 크다고 할 수 있어 사기의 정도는 곧 서비스의 직접적인 효과를 측정하는 중요한 영역이 된다.

■ Lawton의 사기척도: PGCM척도

사기를 측정하는 가장 대표적인 척도의 개발은 필라델피아노화센터(Philadelphia Geriatric Center)에서 Lawton(1972, 1975)에 의해 이루어졌다. Lawton은 1972년에 사기를 구성하는 요소로 흥분, 고독-불만족 그리고 자신의 나이에 대한 태도를 제시하고, 각각의 요소에서 총 22개의 항목으로 구성된 사기척도를 제시하였으며, 1975년에는 이중 5개의 문항을 삭제한 17개로 구성된 수정된 사기척도를 제시하였다. Lawton이 제시한 척도는 Philadelphia Geriatric Center Morale Scale의 앞 철자를 따서 PGCMS 또는 PGCM척도로도 알려져 있다. Lawton의 사기척도의 질문항목을 살펴보면 다음과 같다.

💻 〈표 7-14〉 Lawton의 사기척도

측정영역	질문항목
흥분	1. 나는 잠을 자지 못하는 것이 너무 걱정스럽다.
	2. 나는 두려운 것들이 많이 있다.

	3. 나는 과거에 비해 더 화를 잘 낸다.
	4. 나는 일들이 어렵다고 생각한다.
	5. 나는 쉽게 흥분한다.
	6. 올해는 작년보다 작은 일들이 나를 괴롭힌다.
고독-불만족	1. 인생은 살 가치가 없다.
	2. 인생은 나에게 있어 어렵다.
	3. 나는 오늘의 삶에 만족한다.
	4. 슬픈 일들이 많다.
	5. 나는 친구와 가족이 충분하다.
	6. 나는 고독을 많이 느낀다.
나이에 대한 태도	1. 나는 작년보다 기력이 떨어졌다.
	2. 지금 많은 일들이 더 나빠졌다.
	3. 지금이 과거보다 덜 쓸모가 있다.
	4. 내가 생각했던 것보다 일들이 더 좋아졌다/더 나빠졌다.
	5. 나는 젊었을 때만큼 행복하다.

■ Liang과 Bollen에 의해 수정된 사기척도

Liang과 Bollen(1983)은 Lawton의 사기척도를 수정한 사기척도를 제시하였다. 그들은 고독의 두 질문('나는 친구와 가족이 충분하다'와 '나는 고독을 많이 느낀다')이 실질적으로 사기와는 관련이 없으므로 고독의 두 문항을 제거하여 흥분, 불만족 그리고 나이에 대한 태도로 구성된 15개 문항을 사기척도로 수정 제시하였다.

■ 노인의 사기척도

지역사회서비스투자사업의 경우 노인들만을 대상으로 하는 서비스가 존재하므로 사기를 측정함에 있어 노인들을 대상으로 개발된 노인들의 사기척도를 적용할 필요가 있다. 앞에서 설명한 Lawton(1972)은 노년기의 사기를 보여 주는 지표로 이용자가 처한 삶에서 정서적인 삶을 측정하는 평정감(흥분)과 노화로 인한 변화에 적응하는 특성을 측정하는 노화에 대한 태도, 그리고 살아가는 데 있어서 외로움이나 불만족스러운 부분을 측정하는 삶의 만족 등 3개의 하위 요인으로 구성된다고 밝혔다. 즉, 이 척도는 이용자의 삶의 질을 측정하는 데 있어서 전반적인 삶의 만족도를 측정하는 문항과 더불어이용자의 정서적인 삶의 질을 측정할 수 있는 평정감과 노화가 되어 감에 따라 나타나는 변화에 얼마나 잘 적응하는지에 대한, 즉 노화에 대한 태도를 측정하는 부분을 포함한다. 노년기 삶의 질을 측정하는 데 전반적인 삶의 만족을 포함하여 정서적 삶의 질과노화에 대한 태도가 포함되었다는 측면에서, 단순하게 전반적인 삶의 질이나 만족만을 측정하는 척도와는 차별화되는 장점을 지닌다.

노년기 삶의 만족을 설명하는 데 있어서 정서적 삶의 질의 중요성은 최근 여러 연구를 통해 확인되었다(Blanchard-Fields, 1989; Brandstädter & Rothermund, 1994; Carstensen, 1999; Emmons & Colby, 1995; John & Gross, 2004; 유경 외, 2009; 윤은경, 조윤득, 2010). 노년기에는 정서적인 동요를 줄이고 행복감을 유지하려는 정서최적화 특성이 두드러지게 되는데, PGCMS의 사기(morale)를 구성하는 요인 중 평정감은 노년기에 경험할 수있는 정서적 동요와 정서 상태 등을 측정할 수 있어 노년기 정서적 삶의 질을 측정하는데 있어 매우 유용하다. 또한 성공적인 노년에 대한 여러 연구에 따르면, 노년기에는노화로 일어나는 변화에 순응하고 자신의 삶의 긍정적인 측면에 초점을 두는 것이 행복을 유지하는 효과적인 방법으로 알려져 있는데(유경, 민경환, 2005; Diehl, Coley, & Labouvie-Vief, 1996; Wrosch & Heckhausen, 2002), 이와 같이 PGCMS는 나이가 들면서겪게 되는 변화에 대한 적응 및 태도를 측정하는 부분이 척도에 포함되어 있어 노년기의 삶의 만족을 측정하는 데 적합하다(유경 외, 2012).

이러한 이유들로 PGCMS는 노년기의 사기 또는 주관적/심리적 안녕감, 삶의 만족,삶의 질 등을 평가하는 데 광범위하게 사용되고 있다. 예를 들어, 영국 노년학회(British Geriatrics Society)에서는 이용자의 삶의 질을 측정할 때 PGCMS를 사용할 것을 공식적으로 권장하고 있다. 2000년부터 PGCMS는 영국과 유럽에서 출판된 40개 이상의 연구에서 사용되었으며, 일본, 미국 등 12개국 이상의 노년학과 심리학 저널에서 자주 사용되는 척도다. PGCMS는 55세 이상의 성인부터 100세 이상의 초고령 이용자에게까지도 사용되는 질문지로, 정상 이용자뿐만 아니라 인지적·신체적 결함이 있는 이용자들에게도 적용이 가능하다(Ma, Green, & Cox, 2009).

　PGCMS의 최초 문항은 Lawton(1972)이 이용자의 사기를 측정하기 위해 6개의 요인과 22문항으로 구성된 형태로 개발하였다. 초기에는 임상가가 환자에게 실시할 수 있도록 개방형 문항으로 되어 있었으나 Morris와 Sherwood(1975)가 3요인의 구조를 가진 17문항짜리로 재구성하면서 5문항이 제거되었다. 이러한 개정 과정을 거쳐서 Lawton(1975)은 17문항짜리 PGCMS를 만들게 되었고, 이 개정판은 반복 검증되면서 안정적인 3요인 구조를 갖추게 되었다. 이 3요인 구조는 평정감(non-agitation) 6문항, 자신의 노화에 대한 태도 5문항, 외로움과 불만족을 측정하는 삶의 만족 6문항을 포함한다. PGCMS의 개정판은 Lawton(2003)에 의해 보다 간결하고 쉽게 응답할 수 있도록 수정되었는데, 5점 척도상에서 응답하는 방식을 예/아니오로 답하도록 하여 전체 점수를 0에서 17점 사이의 범위에 있도록 만들었다. 이 척도는 전체 또는 필요에 따라서 하위 척도만으로도 이용자의 삶의 질을 평가할 수 있어 유용하다(유경 외, 2012).

　PGCMS 점수는 삶의 만족, 적응과 매우 높은 상관관계가 있는 것으로 확인되었으며(Carstensen & Cone, 1983; Rothman, Hedrick, & Inui, 1989), 일상생활에서의 지각된 통제감과도 관련성이 높고(Ryden, 1984), 우울증과도 관련성이 높다(Coleman, Philp, & Mullee, 1995). 또한 PGCMS 점수는 뇌졸중이나 죽음을 예측하는 데에도 유용한 점수로 알려져 있다(Araki, Murotani. Kimimiya, & Ito, 2004). PGCMS는 신뢰도가 높고 실시와 해석이 용이하기 때문에 특히 노년 인구가 많은 일본, 중국, 스웨덴, 스페인, 독일, 영국, 미국 등의 여러 나라에서 공식적으로 사용하는 측정도구가 되었다(Collette, 1984; Liang, Asano, Bollen, Kahana, & Maeda, 1987; Liang, Bennett, Akiyama, & Maeda, 1992; Ma, Green, & Cox, 2009; Pierce & Clark, 1973; Smotkin & Madari, 1996; Stock, Okun & Benito, 1994). 타당화 연구를 통해 Liang과 Bollen(1983)은 PGCMS가 연령과 성별, 인종을 초월해서도 적용할 수 있는 도구라는 점을 강조했고, PGCMS는 지금도 다양한 나라의 수많은 연구에서 사용되고 있다(Janson & Mueller, 1983).

　이용자들의 사기는 지역자율형 사회서비스투자사업이 성취하려는 이용자들의 생활이나 삶의 변화를 측정하는 요소로도 중요하다. 즉, 이용자들의 사기 정도가 지역자율형 사회서비스투자사업의 효과성을 측정하는 데에도 유용하게 활용될 수 있음을 의미한다. 이는 이용자들의 사기가 삶의 질이나 생활만족과도 깊은 연관이 있기 때문이며 이러한 이용자들의 사기는 곧 이용자들의 역량 강화를 위한 각종 사업이나 프로그램으로의 참여를 통해 일정 정도 증진될 수 있기 때문이다.

⑨ 주관적으로 인식하는 행복감의 향상

주관적으로 인식하는 행복감에 대한 인식의 변화는 지역자율형 사회서비스투자사업이 성취하려는 목표 중 이용자들이 가지고 있는 문제의 감소나 해결 그리고 이를 통한 삶의 질이나 주관적 생활만족도 향상 등과 함께 가장 대표적인 효과성을 측정할 수 있는 결과다. 객관적으로 본다면 이용자들의 행복감은 다양한 사회지표, 즉 자살률이나 빈곤율 등과 같은 이용자들의 생활상을 나타내는 사회지표 등을 통해서 확인할 수 있지만 객관적 사회지표가 나타내는 이용자의 행복감이 높다고 해서 이용자들이 경험하고 인지하는 주관적 행복감이 높다고 할 수는 없다. 경제적으로 부유해도 행복감은 낮을 수 있으며 반대로 경제적으로 어렵다고 해도 주관적 행복감은 높을 수 있다.

이용자들이 인식하는 주관적 행복감은 곧 삶의 질과도 깊은 연관이 있을 수 있지만 기본적으로 삶의 질과 이용자들 각각이 주관적으로 인식하는 행복감과는 차이가 있다는 것이 일반적이다. 즉, 행복을 이해하는 데 필요한 것은 삶의 질과 관련된 삶의 조건이나 객관적인 요소보다 개인의 주관적 · 심리적 측면이 더 중요하다(Diener, 1984). 생계유지 이상의 수입이 행복을 증가시키지 않았고(Diener, Suh, Lucas, & Smith, 1999), 경제적으로 아주 부유한 사람들도 그렇지 못한 사람들보다 더 행복하였으며, 국민 소득 1만 달러를 넘어서는 소득과 행복이 비례하지 않았다(Diener, Horwitz, & Emmons, 1985). 결국 객관적인 삶의 조건이 좋아진다는 것은 개개인이 행복한 삶을 살아가는 데 있어서 필요한 요건이 될 수는 있지만 필요충분조건이 될 수는 없다(Diener, 1984).

그리고 생활만족도는 이용자들이 인식하는 사회 현실에 대한 주관적인 자기만족감과 자기 자신에 대한 존중 그리고 자기 가치실현의 정도로 측정되므로 건강, 심리적 안녕감, 복지, 일과 직장, 경제, 가족 관계 등을 포괄적으로 측정하는 행복감과는 역시 측정하는 차원이 다르다고 할 수 있다.

■ 세계가치조사의 행복감 측정

주관적 행복감에 대한 가장 간단하면서 유용하게 사용되는 척도는 세계가치조사의 설문지 안에 들어 있는 행복에 대한 질문이다. 세계가치조사의 설문지 안에 들어 있는 측정항목은 행복감에 대한 대표적인 하나의 질문을 포함하고 있다. 이 질문항목을 살펴보면 〈표 7-15〉와 같다.

〈표 7-15〉 세계가치조사의 행복감과 생활만족도 측정항목

질문	응답	출처
행복감		
모든 것을 고려할 때 귀하는 현재 어느 정도 행복하다고 생각하십니까?	① 매우 행복하다. ② 행복한 편이다. ③ 행복하지 않은 편이다. ④ 전혀 행복하지 않다.	WVS 2010~2012

출처: WVS 2010~2012 Wave, revised master, June 2012.

〈표 7-15〉의 행복감에 대한 척도는 하나의 질문에 4점 척도로 구성되어 있음을 알 수 있고, 생활만족도 척도인 질문항목 역시 하나의 질문에 1점과 10점 사이에 가장 적합한 점수를 체크하는 방식으로 구성되어 있음을 알 수 있다.

■ 행복지수(Happy Planet Index)

행복지수는 1986년에 설립된 신경제재단(The new economics foundation)이 개발하여 발표한 행복지수를 말한다. 이 행복지수는 특히 주관적 번영을 행복감으로 인식하는 대표적인 지수로서 주로 사회지표와 설문조사의 결과를 혼합한 지표를 이용하여 개별 국가들의 행복지수 값을 발표하였다. 2012년 조사결과에서 코스타리카가 가장 행복감이 높은 국가(두 번째로 행복감이 높은 국가는 베트남)로 나타났다. 행복지수는 크게 3개의 지표들의 합으로 계산되는데, 첫 번째 행복감 구성지표는 기대수명이고, 두 번째 행복감 구성지표는 경험한 번영(Experienced well-being), 인지한 번영(또는 삶의 만족으로도 번역되고 있음)이며, 마지막 행복감 구성지표는 생태발자국지수다. 생태발자국지수 (ecological footprint)는 인류가 매일 소비하는 자원과 배출되는 폐기물을 처리하는 데 필요한 모든 비용을 토지 면적으로 환산한 수치를 말하며, Global Footpringt Networks 의 자료를 사용한다. 기대수명은 UNDP의 인간발전보고서(Human Development Report) 에 있는 지표를 사용하며, 경험한 번영은 150개 국가에서 진행되는 갤럽조사(국가별로 15세 이상 약 1,000명의 국민들을 대상으로 이루어지는 설문조사)에 포함되어 있는 질문항 목을 이용한다. 특히, 경험한 번영은 하나의 질문으로 구성되어 있는데, 0점에서 10점 (최악의 삶이 0점이고 최상의 삶이 10점) 사이에 점수를 표시하는 방식이고 질문은 당신의 삶은 개인적으로 지금 어디에 위치한다고 느끼는가에 대한 대답으로 구성되어 있다.

■ 옥스퍼드행복감질문지(Oxford Happiness Questionnaire)

옥스퍼드행복감질문지(Oxford Happiness Questionnaire: OHQ)는 1980년대에 옥스퍼 드대학에서 개발된 총 29개 항목으로 구성된 옥스퍼드행복감지수(Oxford Happiness Index: OHI)에 기반하여 개발된 척도로서 행복감을 심리적 또는 주관적 번영으로 해석하 는 대표적인 척도다. 특히, 옥스퍼드행복감지수는 Beck의 우울감척도(Beck Depression Inventory)의 형식에 따라 개발된 것으로 알려져 있다(Hills & Argyle, 2002). 옥스퍼드행 복감척도는 옥스퍼드행복감지수와 같이 총 29개의 문항으로 구성되며 6점 척도이고 12개의 문항은 역문항으로 구성되어 있으며 설문의 대상은 성인이다.

〈표 7-16〉 옥스퍼드행복감질문지

		전적으로 동의하지 않는다	대체적으로 동의하지 않는다	조금 동의하지 않는다	조금 동의한다	대체적으로 동의한다	전적으로 동의한다
1	나는 현재의 나에 대해 만족하지 못한다. (-)	①	②	③	④	⑤	⑥
2	나는 다른 사람들에게 굉장히 관심이 많다.	①	②	③	④	⑤	⑥
3	나는 내 인생에서 보람을 상당히 느낀다.	①	②	③	④	⑤	⑥

4	나는 대부분의 사람들에게 따뜻한 감정을 가지고 있다.	①	②	③	④	⑤	⑥
5	나는 잠에서 깨도 별로 쉰 것 같지 않다. (−)	①	②	③	④	⑤	⑥
6	나는 나에 대해서 낙관적이지 않다. (−)	①	②	③	④	⑤	⑥
7	나에게는 대부분의 일들이 재미있다.	①	②	③	④	⑤	⑥
8	나는 일에 언제나 몰입하거나 전념하는 편이다.	①	②	③	④	⑤	⑥
9	인생은 좋은 것이다.	①	②	③	④	⑤	⑥
10	나는 세상이 참 좋은 곳이라고 생각하지 않는다. (−)	①	②	③	④	⑤	⑥
11	나는 잘 웃는다.	①	②	③	④	⑤	⑥
12	나는 내 인생의 많은 부분에 대해서 만족한다.	①	②	③	④	⑤	⑥
13	나의 외모는 매력적이지 않다. (−)	①	②	③	④	⑤	⑥
14	나는 내가 원했던 것과 했던 것에는 차이가 있다. (−)	①	②	③	④	⑤	⑥
15	나는 매우 행복하다.	①	②	③	④	⑤	⑥
16	나는 많은 것들에서 아름다움을 발견한다.	①	②	③	④	⑤	⑥
17	나는 다른 사람을 유쾌하게 해 주는 편이다.	①	②	③	④	⑤	⑥
18	나는 일들을 잘 해내는 편이다.	①	②	③	④	⑤	⑥
19	나는 내 인생을 잘 통제하지 못한다고 느낀다. (−)	①	②	③	④	⑤	⑥
20	나는 내 시간을 비교적 잘 관리하고 있다.	①	②	③	④	⑤	⑥
21	나는 정신적으로 늘 맑게 깨어 있는 편이다.	①	②	③	④	⑤	⑥
22	나는 자주 기쁨과 즐거움을 느낀다.	①	②	③	④	⑤	⑥
23	나는 결정을 쉽게 내리지 못한다. (−)	①	②	③	④	⑤	⑥
24	나는 내 인생의 의미와 특별한 목적의식을 가지고 있지 않다. (−)	①	②	③	④	⑤	⑥
25	나는 활력이 넘친다고 생각한다.	①	②	③	④	⑤	⑥

26	나는 대개 주변에서 일어나는 일들에 대해 상당한 영향력을 지니고 있다.	①	②	③	④	⑤	⑥
27	나는 다른 사람들과 재미있게 지내지 않는다.(−)	①	②	③	④	⑤	⑥
28	나는 별로 건강하지 않다.(−)	①	②	③	④	⑤	⑥
29	나는 과거에 행복했던 기억들이 별로 없다.(−)	①	②	③	④	⑤	⑥

▶ 점수화 방법

$$S = \frac{(\sum(Y) - N)(100)}{[(N)5]}$$

Y = 각 질문항목의 점수
N = 정확하게 응답한 문항 수

각 항목의 점수들을 모두 합한 값에 응답자들이 응답한 문항 수를 뺀다. 만약 모든 문항에 대해 응답했다면 행복지표는 29를 빼면 된다. 그리고 이 값에 100을 곱하고, 응답자들이 정확하게 응답한 문항 수에 5를 곱한 숫자로 나누어 주면 총점이 나온다. 만약 모든 항목에 대해 6점으로 응답했다면 총점은 100이 되며, 반대로 1점으로 응답했다면 총점은 0이 된다.

■ 주관적(심리적) 번영

주관적 번영은 때때로 주관적 행복감으로도 인식된다. 옥스포드행복감척도와 함께 주관적으로 인식하는 번영을 주관적 행복으로 이해하는 가장 대표적인 학자는 Ryff(1989, 1995)다. Ryff(1989)는 심리적 번영(주관적으로 인식하는 번영)을 구성하는 요소로 자기수용, 타인과의 긍정적인 관계, 자율성, 환경 지배력, 삶의 목적, 개인적 성장 등 6개의 영역을 포함한 총 20개 문항의 척도를 개발하였다. 질문은 긍정적 질문이 10개이고 부정적 질문이 10개로서 각 항목에 대한 응답은 6점 척도이고, 1점은 전적으로 동의한다 그리고 6점은 전적으로 동의하지 않는다 사이에 위치한다. 척도의 각 항목에 대한 설

명은 〈표 7-17〉과 같다.

〈표 7-17〉 Ryff(1989)의 주관적 번영의 구성요소와 측정내용

구성요소	측정내용
자기 수용	자신에 대해 긍정적인 태도를 가지고 있다.
	자신에 대해 부정적인 태도를 가지고 있다.
타인과의 긍정적인 관계	타인을 신뢰하고 따뜻하며 만족할 만한 관계
	가깝지 않으며 신뢰하지 않는 타인과의 관계
자율성	결정을 잘하고 독립적이다.
	타인의 평가나 기대에 관해 걱정한다.
환경 지배력	자신의 환경을 관리하여 경쟁력과 지배력을 가지고 있다.
	매일의 일을 관리하는 것이 어렵다.
삶의 목적	인생의 목적을 가지고 있다.
	삶의 의미가 없다.
개인적 성장	지속적으로 발전한다고 느낀다.
	개인적 정체감을 느낀다.

⑩ 이용자의 자아존중감(자존감) 향상

자아존중감은 사회서비스제공에 따른 이용자들의 변화를 인지하는 효과성 측정영역의 중요한 지표다. 지역사회서비스투자사업의 일환으로 사회서비스를 제공받는 대부분의 이용자들은 소득 수준이 낮거나 심신이 허약한 노인이나 아동 그리고 사회에서 정상적으로 생활하기에 어려움을 겪는 정신질환자나 정서 문제를 겪는 사람들로서 사회에서 소외 또는 배제되어 있는 집단이다. 따라서 자아존중감에 대한 인식의 정도가 보통 사람들보다 낮을 수 있음을 쉽게 예측할 수 있다. 결국 사회서비스의 제공으로 서비스대상자들의 자아존중감이 향상된다는 것은 사업의 결과, 특히 효과적인 서비스의 유무를 결정짓는 중요한 측정영역이라고 할 수 있다.

■ Rosenberg(1979)의 자아존중감척도

일반적으로 검증받은 자아존중감척도는 Rosenberg(1979)가 제시한 척도다. Rosenberg는 10개의 질문으로 구성된 Guttman 4점 척도로 개발된 자아존중감척도를 제시하였다. 이 척도의 신뢰도 계수는 .92로서 높은 수준의 내적 일관성을 나타내었으며, 실험-재실험에 따른 질문 간 상관관계의 계수는 .85와 .88로서 안정성이 입증되었다. 또한 Coopersmith 자아존중감 항목 등을 포함한 다른 척도들과의 비교를 통해 본 척도에 대한 예측타당도, 동시대 타당도 그리고 구성타당도가 검증되었다. 〈표 7-18〉은 Rosenberg 자아존중감척도를 나타낸다.

〈표 7-18〉 Rosenberg의 자아존중감 척도

각 질문항목에 가장 적합한 대답을 해 주세요. 대답은 전적으로 동의한다, 동의한다, 동의하지 않는다, 그리고 전적으로 동의하지 않는다의 4개 중에 하나를 선택하시면 됩니다.
1=전적으로 동의한다
2=동의한다
3=동의하지 않는다
4=전적으로 동의하지 않는다

	전반적으로 나는 나 자신에 대해 만족한다.
	때때로 나는 전반적으로 좋지 않다고 생각한다.
	나는 장점을 많이 가지고 있다고 생각한다.
	나는 무엇인가를 할 수 있으며 다른 사람하고도 무엇인가를 할 수 있다.
	나는 자랑스럽게 내세울 것이 많지 않다고 생각한다.
	나는 종종 쓸모없는 사람이라고 생각한다.
	나는 가치 있는 사람이라고 생각한다.
	나는 나 자신을 더욱 존중했으면 좋겠다고 생각한다.
	대체적으로 나는 실패자라고 생각하는 경향이 있다.
	나는 나 자신에 대해 긍정적인 태도를 취한다.

■ Heatherton과 Polivy(1991)가 개발한 자아존중감척도

Rosenberg의 자아존중감척도 이외에 많이 사용되는 척도가 Heatherton과 Polivy (1991)가 개발한 자아존중감척도다. Rosenberg의 자아존중감척도가 개발된 이후 1991년에 Heatherton과 Polivy는 Rosenberg의 자아존중감척도와 Janis와 Field(1959) 의 척도를 토대로 자아존중감척도를 수정 개발하여 제시하였는데, 그들이 제시한 척도는 자아존중감의 상태(state of self-esteem)를 측정한다는 특징이 있다. Heatherton 과 Polivy(1991)의 자아존중감척도는 총 20문항으로 구성되어 있으며 자아존중감의 상태를 측정하므로 모든 질문이 "나는 ~을 느낀다"라는 형식으로 통일되어 있으며 Likert 5점 척도를 활용하였다. 〈표 7-19〉는 Heatherton과 Polivy(1991)가 개발한 자아존중감척도다.

💻 〈표 7-19〉 Heatherton과 Polivy의 자아존중감척도

항목
1. 나의 능력에 대해 자신감을 느낀다.
2. 내가 실패한 사람으로 간주되는지 또는 성공한 사람으로 간주되는지에 대해 걱정한다.
3. 나는 나의 현재 몸 상태에 만족한다.
4. 나는 나의 수행성(performance)에 대해 실망감을 느낀다.
5. 나는 내가 읽은 것을 이해하는 데 어려움을 느낀다.
6. 나는 다른 사람들이 나를 존경하거나 경외한다고 느낀다.
7. 나는 나의 몸무게에 만족하지 않는다.
8. 나는 양심적이라고 느낀다.
9. 나는 다른 사람보다 현명하다고 느낀다.
10. 나는 나 자신에 대해 못마땅하다고 느낀다.
11. 나는 나 자신에 대해 좋다고 느낀다.
12. 나는 나의 지금 모습에 만족한다.
13. 나는 다른 사람들이 나를 어떻게 생각하는지에 대해 걱정한다.
14. 나는 어떤 것을 하는 데 자신이 있다고 느낀다.

15. 나는 이 순간에 다른 사람보다 못하다고 느낀다.
16. 나는 매력적이지 않다고 느낀다.
17. 나는 나의 인생에 대해 걱정이 된다.
18. 나는 지금 다른 사람에 비해 지적 능력이 부족하다고 느낀다.
19. 나는 일을 잘하지 못하고 있다고 느낀다.
20. 나는 바보스럽게 보일까 봐 걱정이다.

⑪ 이용자와 이용자가족의 가족에 대한 순응(력)의 향상

가족의 순응은 사회서비스제공에 따른 이용자와 이용자가족의 변화를 인지하는 효과성 측정영역의 매우 중요한 지표다. 지역사회서비스투자사업의 일환으로 사회서비스를 제공받는 대부분의 이용자들은 소득 수준이 낮거나 심신이 허약한 노인이나 아동 그리고 사회에서 정상적으로 생활하기에 어려움을 겪는 정신질환자나 정서상의 문제를 겪는 사람들로서 사회에서 소외 또는 배제되어 있는 집단으로, 이러한 소외나 배제를 극복하기 위해서 이들은 특히 가족구성원으로부터의 돌봄과 연대감이 중요하다. 결국 사회서비스의 제공으로 서비스대상자들의 가족순응이 향상된다는 것은 사업의 결과가 이용자 당사자뿐만 아니라 가족구성원에게도 영향을 주는 중요한 측정영역이라고 할 수 있다.

Lavee, McCubbin, 그리고 Paterson(1985)은 순응이란 일반적으로 두 곳으로의 적합(fit)을 의미한다고 설명하였다. 즉, 가족구성원과 가족이라는 단위 사이의 적합과 가족과 지역사회 사이의 적합을 의미한다. 결국 가족순응은 가족구성원이 본인을 포함한 자신의 가족과의 적합 그리고 자신이 포함된 가족과 지역사회와의 적합을 나타내는 것이므로 가족순응의 향상은 가족의 적합성 강화와 지역사회 적합성 강화라는 측면에서 매우 중요한 개념이라고 할 수 있다.

■ Antonovsky와 Sourani(1988)의 가족순응력척도

가족의 순응(adaptation)[8]을 측정하는 입증된 가족순응력척도는 1988년에 Antonovsky와 Sourani가 사용한 척도가 대표적이다. 이들이 제시한 척도는 총 11문항 7점 척도로

구성되어 있다. 10문항은 1점 전적으로 만족한다부터 7점 전적으로 만족하지 않는 다의 사이에서 응답을 하며, 마지막 11번 문항은 이상적으로 적응되는 가족과 자신의 가족 간의 적응 정도를 질문하도록 구성되어 있다. 점수가 높으면 적응의 정도가 높음을 의미한다. 가족순응력척도의 신뢰도 계수가 .875로서 전체 질문항목의 내적 일관성이 입증되었다. 〈표 7-20〉은 Antonovsky와 Sourani가 사용한 가족순응력척도다.

〈표 7-20〉 Antonovsky와 Sourani의 가족순응력척도

항목
1. 당신은 당신의 가족에 소속된 것에 만족하는가?
2. 당신은 아이들을 기르는 방식에 대해 만족하는가?
3. 당신은 가족이 살아가는 방식에 대해 만족하는가?
4. 당신은 당신의 가정에서 당신이 느끼는 것을 표현하는 것에 대해 만족하는가?
5. 당신은 가족구성원의 서로 밀접한 정도에 대해 만족하는가?
6. 당신은 가족이 여가시간을 보내는 방식에 대해 만족하는가?
7. 당신은 가족구성원이 서로 의사소통하는 방식에 대해 만족하는가?
8. 당신은 당신의 가족이 이웃과 보내는 방식에 대해 만족하는가?
9. 당신은 당신 가족이 맺은 사회관계에 만족하는가?
10. 당신은 당신 가족이 이루고 싶은 모든 소망과 관련된 가족구성원의 행동에 대해 만족하는가?
11. 완벽하게 적응이 잘된 이상적인 가족에 대해 생각해 보자. 당신의 가족은 이상적인 가족과 비교했을 때 어느 정도의 위치에 있는가?

1점=이상적으로 적응이 잘된 가족이다.
7점=전적으로 적응이 잘 안 된 가족이다.

---

8) Adaptation은 적응이라고도 번역된다. 이 경우 가족순응척도는 가족적응척도가 된다.

⑫ 이용자와 이용자가족이 인지하는 가족통합감의 향상

통합감(sense of coherence)은 개인이 사회 또는 세상을 포괄적으로 관리할 수 있으며 의미 있다고 바라보는 정도를 나타내는 개념이다(Antonovsky & Sourani, 1988). 이러한 통합감의 개념을 가족에 적용하면 가족통합감이란 가족순응과 관련된 개념으로 가족구성원이 가족을 통합적으로 관리할 수 있으며 의미 있다고 바라보는 정도를 나타낸다고 할 수 있다. 특히, 가족통합감은 가족의 위기나 스트레스를 성공적으로 대처하기 위해 필요한 것으로서 사기, 만족, 일반적 번영 또는 적응과 관련되어 있다고 볼 수 있다(Antonovsky & Sourani, 1988). 결국, 가족통합감이 향상되면 삶의 만족이나 번영 그리고 적응력도 향상될 수 있으므로 가족통합감의 향상은 지역자율형 사회서비스투자사업 이용자 개개인과 그 가족의 문제를 해결하고 그들이 보다 나은 삶을 영위하기 위해 필요한 것이라고 할 수 있다.

■ Antonovsky와 Sourani(1988)가 제시한 가족통합척도

가족의 통합(coherence) 정도를 측정하는 입증된 가족통합척도는 1987년에 Antonovsky가 제시한 문항을 보완하여 1988년에 Antonovsky와 Sourani가 제시한 척도다. 이들이 제시한 척도는 총 26문항 7점 척도로 구성되어 1점부터 7점 사이에서 응답을 하도록 되어 있으며, 점수가 높을수록 통합의 정도가 높음을 나타낸다. 가족통합척도의 신뢰도 계수는 .921로서 전체 질문항목의 내적 일관성이 입증되었다. 〈표 7-21〉은 Antonovsky와 Sourani가 사용한 가족통합척도다.

💻 〈표 7-21〉 Antonovsky와 Sourani의 가족통합척도

항목
1. 당신은 당신의 가족구성원이 서로 잘 이해한다고 느끼는가?
1점= 모든 구성원이 서로 잘 이해한다   7점= 모든 구성원이 서로 전적으로 잘 이해하지 못한다
2. 가족구성원 사이의 협력이 필요한 일을 수행하지 못하였을 때 그 일이 잘 이루어질 것이라고 느끼는가?
1점 = 일이 전적으로 이루어지지 않을 것이다   7점 = 일이 전적으로 잘 이루어질 것이다

3. 문제가 생겼을 때 가족구성원이 서로서로 도울 것이라고 느끼는가?
1점= 항상 서로서로 도울 것이다 7점= 가족의 도움을 전혀 받지 못할 것이다

4. 기대하지 않은 손님이 찾아왔을 때 그를 맞을 준비가 되어 있지 않다고 가정하자. 당신은 가족 한 사람이 손님 맞을 준비를 하여야 한다고 생각한다. 또는 모든 가족구성원이 손님 맞을 준비를 하여야 한다.

5. 전체 가족과 관련된 중요한 결정을 하여야 하는 경우에 결정은 항상 모든 가족구성원에게 이익이 되는 방향으로 이루어진다.

6. 당신은 가족의 삶에 전적으로 관심이 있다. 일상적인 일이다.

7. 가족구성원이 집안에서 어떤 일들을 수행하는지가 명확하지 않다고 느낀다.
7점 = 이런 생각은 거의하지 않는다 1점 = 항상 그런 생각을 한다

8. 가족구성원 중에 해고나 신용불량, 뜻하지 않은 문제들이 발생했을 때 어떻게 그런 일이 발생했는지를 명확하게 하기 위해 함께 노력한다.

9. 성격이 강한 많은 사람들도 때때로 실패자라고 느끼는 경우가 있다.

10. 새집으로 이사하는 상황을 생각하자. 당신은 모든 가족구성원이 새로운 상황에 적응을 잘 할 것이라고 생각하는가 아니면 새로운 상황에 적응을 잘 못할 것이라고 생각하는가?

11. 당신의 가족이 이웃으로부터 불쾌한 존재로 인식된다고 가정하자. 당신은 이 상황을 타개하기 위해 무엇인가 해야 한다고 생각하는가? 아니면 가만히 두어야 한다고 생각하는가?

12. 지금까지 당신의 가족은 분명한 목적을 가지고 있었다. 또는 분명한 목적을 가지고 있지 않았다.

13. 가족의 삶을 생각할 때, 당신은 그들이 살기에 충분히 좋다고 느끼는가?

14. 당신이 피곤하고, 화나고, 실망했다고 간주하자. 모든 가족구성원이 당신을 이해한다고 생각하는가?

15. 당신은 때때로 가족에게 무슨 일이 발생했을 때 그것이 어떤 일인지를 인지하지 못하는 경우가 있는가?

16. 가족이 어려운 문제에 봉착했을 때, 어려움을 극복할 희망이 없다고 생각한다. 또는 전적으로 극복할 수 있다고 생각한다.

17. 가족(또는 가족구성원)에게 중요한 일이 성공적으로 된다는 것은 모든 가족원에게도 중요한 것이다.

18. 가족의 규칙이 어느 정도까지 명확하다고 느끼는가? 가족의 규칙은 전적으로 명확하다. 또는 전적으로 명확하지 않다.

19. 가족에게 무엇인가 매우 어려운 일(병과 같은)이 발생하였을 때, 가족이 극복하여야 하는 도전이라고 느꼈다.

20. 가족에게 생의 중요 영역에서 어려움이 발생했을 때, 어떤 해결책도 없다고 생각한다.

21. 돈의 계획적 지출과 관련하여 당신은 당신의 가족이 돈을 지출함에 있어 철저한 계획하에 지출한다고 생각하는가?

22. 어려운 시기에 당신은 더 좋은 일이 발생할 것이라고 항상 가족을 격려하는가?

23. 어떤 일이 발생해도 가족을 유지하는 것이 의미가 있다고 생각한다.

24. 당신의 가정은 정돈이 잘되어 있다고 느끼는가?

25. 당신의 가족이 이웃으로부터 비판의 핵심에 있다고 가정하자. 그러한 경우 당신의 행동은 비판에 대항하여 전체 가족이 대응하여야 한다고 생각하는가 아니면 서로 따로 행동하여야 한다고 생각하는가?

26. 당신의 가족구성원은 나쁜 경험에 대해 어느 정도까지 서로가 공유하고 있는가?
   우리 가족은 가족구성원의 나쁜 경험을 완전하게 공유한다. 또는 우리 가족은 가족구성원의 나쁜 경험을 전적으로 공유하지 않는다.

⑬ 이용자와 이용자가족의 가족건강성의 향상

가족건강성이란 가족이 제대로 기능하는지를 수량화하여 측정하는 것을 목적으로 하며, 건강이란 육체적 건강이 아니라 좀 더 포괄적인 의미로 과업의 효과적 수행을 위한 최적의 능력 상태를 의미한다. 따라서 가족건강성이란 가족의 기능을 수행하는 최적의 상태를 나타낸다고 할 수 있다(Kinston et al., 1987).

■ Kinston과 동료들(1987)의 가족건강성척도

가족건강성척도(Family Health Scale: FHS)는 전반적인 가족의 건강성을 측정한다. 가족의 기능을 측정하여 임상적으로 가족치료를 효과적으로 진행하기 위함을 목적으로 Kinston과 동료들(1987)에 의해 개발되었다. Kinston과 동료들(1987)이 개발한 가족건강성척도는 6개의 구성요소로 이루어져 있으며, 6개의 구성요소는 26개의 하위 질문으로 나뉘어 있다. 모든 질문은 7점 순위 척도다. 최적으로 기능하고 있다 7점, 적절하게 기능하고 있다 5점, 적절하게 기능하지 못한다 3점 그리고 기능이 완전히 깨졌다가 1점이다.

이들이 제시한 가족건강성척도의 구성요소와 측정질문영역은 〈표 7-22〉와 같다.

〈표 7-22〉 Kinston과 동료들의 가족건강성척도의 구성요소 및 측정질문영역

구성요소	측정질문영역	구성요소	측정질문영역
감정적 상태	가족의 분위기	친화(alliance)관계	관계의 유형
	관계의 본질		결혼 관계
	감정적 개입		부모 관계
	감정표현		부모-자식 관계
	개인의 감정		자식들 사이의 관계
의사소통	지속성	적응과 안정성	가족 안정성
	개입		환경과의 관계
	메시지의 표현		가족으로의 적응력
	메시지의 수용	가족경쟁력	갈등해결
경계	환경에 대한 가족의 관계		의사결정
	가족응집력		문제해결
	세대 간 경계		
	개인적 자율성		아이들의 관리

■ 유영주, 이인수, 김순기, 최희진(2013)의 한국형 가족건강성척도 II(KFSS-II)

유영주 외(2013)는 한국 사회의 변화와 문화적 특성을 반영하고, 가족건강성 연구와 건강가족 서비스 실천현장에서 편리하게 활용할 수 있도록 간편한 '한국형 가족건강성 척도 II(KOREA Family Strengths Scale: KFSS-II)'를 개발하여 제시하였다. 이들은 예비 조사를 통해 구성된 척도에 대한 통계분석 자료를 수집하기 위하여 수도권 및 지방 도시에 거주하는 20~60대 남녀 500명을 대상으로 설문지를 배포, 회수하였다. 설문 조사기간은 2012년 3~5월까지였으며, 회수된 설문지 중 부실기재를 제외하고 494부를 분석에 사용하였다.

이들이 개발한 가족건강성척도는 유영주(2004)가 개발한 총 68문항으로 구성된 '한

국형 가족건강성척도(KFSS)'에의 축약판이라고 할 수 있다. 한국형 가족건강성척도의 전체 신뢰도 계수는 .97이고, 하위 요인별 신뢰도 계수는 .85~.89이었다.

〈표 7-23〉 한국형 가족건강성척도II

		전혀 그렇지 않다	별로 그렇지 않다	그렇다	조금 그렇다	매우 그렇다
1	우리 가족은 각자의 역할을 잘 수행한다.	①	②	③	④	⑤
2	우리 가족은 자기 입장을 표현할 기회를 준다.	①	②	③	④	⑤
3	우리 가족은 어려운 문제를 함께 해결한다.	①	②	③	④	⑤
4	우리 가족은 서로 잘 돕는다.	①	②	③	④	⑤
5	우리 가족은 서로에게 감사와 사랑하는 마음을 표현한다.	①	②	③	④	⑤
6	우리 가족은 서로의 이야기를 주의 깊게 듣는다.	①	②	③	④	⑤
7	우리 가족은 상황에 따라 유연하게 대처한다.	①	②	③	④	⑤
8	우리 가족은 서로 신뢰한다.	①	②	③	④	⑤
9	우리 가족은 가족구성원으로서 소속감이 있다.	①	②	③	④	⑤
10	우리 가족은 서로 터놓고 이야기한다.	①	②	③	④	⑤
11	우리 가족은 삶에 대해 긍정적인 태도를 가지고 있다.	①	②	③	④	⑤
12	우리 가족은 서로를 존중하고 수용한다.	①	②	③	④	⑤
13	우리 가족은 함께하는 활동(외식, 여가, 취미생활 등)을 즐긴다.	①	②	③	④	⑤
14	우리 가족은 여러 가지 이슈에 대해 논의하는 것을 중요시한다.	①	②	③	④	⑤
15	우리 가족은 함께하는 시간을 많이 가진다.	①	②	③	④	⑤
16	우리 가족은 함께 대화하는 것을 즐긴다.	①	②	③	④	⑤
17	우리 가족은 먹고 살 만한 수입이 있다.	①	②	③	④	⑤
18	우리 가족은 미래의 경제적 안정을 위해 준비하고 있다.	①	②	③	④	⑤

19	우리 가족은 여가와 문화생활을 할 만한 경제적 여유가 있다.	①	②	③	④	⑤
20	우리 가족만의 전통과 문화가 있다.	①	②	③	④	⑤
21	우리 가족은 사회활동(봉사, 모임 등)에 참여한다.	①	②	③	④	⑤
22	우리 가족은 지역사회에서 일어나는 일에 관심이 있다.	①	②	③	④	⑤

⑭ 지역자율형 사회서비스투자사업 이용자의 회복력 향상 내지는 개선

사회서비스투자사업에서 제공하는 다양한 서비스는 서비스이용자들의 회복력(resilience, 탄력성이라고도 불린다)을 개선시키는 결과를 가져다줄 수 있다. 회복력은 감정적인 원기 또는 활력이며 삶의 불행을 일깨우는(극복할 수 있는) 적응력과 용기를 나타내는 사람을 설명하기 위해 사용된 개념이다(Wagnild & Young, 1990). Rutter(1987)는 회복력을 정신적 문제로부터 개인을 보호하기 위한 보호기제로 이해하였으며 회복력이 있는 사람은 자기존경심을 가지고 있고, 자기효과성을 신뢰하며, 문제해결 기술을 가지고 있고, 다른 사람과의 상호관계에 만족하는 사람이라고 묘사하였다. Beardslee(1989), Caplan(1990), Richmond와 Beardslee(1989) 그리고 Honzik(1984)은 회복력을 자기확신, 자기존경심, 환경에 대한 통제, 자기규율 등으로 설명하였다.

결국 회복력을 구성하는 요인으로는 자기확신, 자기존경심이나 자기효과성, 자신을 둘러싼 환경에 대한 통제나 자기규율 등이 있다. 회복력 구성요인을 그림으로 나타내면 [그림 7-7] 같다.

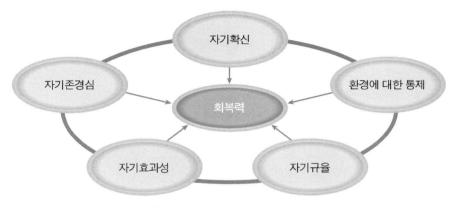

✒ [그림 7-7] 회복력 구성요인

일반적으로 회복력은 적응을 증진시키고 스트레스의 부정적 효과를 순화하는 개인적 특성으로 이해된다(Wagnild & Young, 1993). 따라서 스트레스의 잠재적인 부정적 효과를 줄이고 삶의 균형을 회복하며 삶에 적응을 잘하기 위해서 개개인은 일정 정도의 회복력을 가지고 있어야 한다. 개인의 회복력 정도에 따라 회복력을 증진시키는 다양한 노력이 필요하며 회복력이 증진되면 개인적 삶은 보다 윤택해지고 어려운 문제들에 보다 잘 적응하고 해결할 수 있으므로 삶의 만족과 행복감은 더욱 향상될 수 있다. 회복력을 촉진시키려는 적응이란 무엇이 스트레스인지를 확인하는, 행동을 위한 개인의 능력을 현실적으로 평가하는, 그리고 문제를 효과적으로 해결하는 능력을 의미한다(Beardslee, 1989; Caplan, 1990).

■ Wagnild와 Young의 회복력척도

개인의 회복력 정도를 파악하기 위해서는 회복력을 측정할 수 있는 척도의 유무가 중요하다. 회복력척도의 목적은 개인의 적응을 향상시키는 긍정적 성향의 특성으로서의 개인적 회복력 정도를 확인하는 것에 있다. 개인의 회복력 정도를 측정하는 대표적인 척도는 Wagnild와 Young(1987, 1993)이 개발한 회복력척도다.

Wagnild와 Young의 회복력척도는 총 25개 문항으로 구성되어 있으며, 7점 척도로서 동의하지 않는다(1점)와 동의한다(7점) 사이에 응답을 하는 방식이다. 이들이 제시한 척도의 내적 일관성은 .89였으며, 문항 간 상관관계는 .67에서 .84 사이에 위치하여 만족할 만한 수준인 것으로 나타났다. 이들이 개발한 척도는 〈표 7-24〉와 같다.

〈표 7-24〉 Wagnild와 Young의 회복력척도

질문항목
1. 나는 계획을 작성하면 그 계획을 따른다.
2. 나는 일반적으로 하나나 둘의 방식을 관리한다.
3. 나는 다른 사람보다 나에게 의존한다.
4. 어떤 일에 대해 흥미를 유지하는 것이 나에게 중요하다.
5. 내가 해야 한다면 나는 할 수 있다.
6. 내 인생에서 성취한 것들에 대해 긍지를 갖는다.
7. 나는 일반적으로 어려운 일들을 무난히 해결한다.
8. 나는 친구들이 있다.
9. 나는 한번에 많은 것들을 처리할 수 있다.
10. 나는 결정을 잘한다.
11. 나는 요점이 무엇인지에 대해 궁금해하지 않는다.
12. 나는 하루에 하나씩 처리한다.
13. 나는 어려운 일들을 경험하였기 때문에 어려운 시기를 잘 극복할 수 있다.
14. 나는 자기규율을 가지고 있다.
15. 나는 일들에 관심이 있다.
16. 나는 즐거운 일들을 찾을 수 있다.
17. 나에 대한 믿음이 어려움을 헤쳐 나가도록 한다.
18. 비상상황하에서 나는 일반적으로 타인에게 의존하는 사람이다.
19. 나는 상황을 여러 시각으로 바라본다.
20. 때때로 내가 원하든 원하지 않든 무엇인가를 하는 편이다.
21. 내 인생은 의미가 있다.
22. 나는 무엇인가 할 수 없는 것들에 대해 깊게 생각하지 않는다.
23. 어려움에 처했을 때, 나는 일반적으로 그것에서 빠져나갈 방식을 찾을 수 있다.

24. 나는 내가 해야 하는 것들을 할 충분한 에너지를 가지고 있다.
25. 나는 나를 싫어하는 사람들이 있어도 상관없다.

⑮ 지역자율형 사회서비스투자사업 이용자가 인지하는 사회자본의 수준 및 개선 정도

사회자본은 지역사회를 건강하게 인도하는 강력한 토대로 알려져 있다. 즉, 사회자본은 인적자본이나 경제자본과는 달리 개인과 집단, 조직 및 사회의 통합과 공동체 의식, 사회의 바람직한 방향을 위한 규범 및 사회 차별과 배제 그리고 갈등을 지양하고 더불어 잘사는 사회라는 사회적 가치실현을 인도하는 강력한 인지적 토대다.

사회자본을 측정하기 위해서는 사회자본이 수량화되어야 한다. 하지만 수량화하여 사회자본을 측정하는 것은 사회자본의 다면적 성격으로 인하여 매우 어렵다고 할 수 있다. 즉, 사회자본 측정을 위한 구성개념 및 측정요소가 분명하지 않다는 것이 가장 핵심적인 어려움의 근원이라고 할 수 있다. 하지만 사회자본이 지역사회 복지, 경제 및 사회 발전에 가져다주는 함의의 중요성으로 인하여 지역사회(또는 국가)의 사회자본 정도 및 수준, 즉 사회자본을 측정하기 위해 수많은 연구자들이 사회자본의 개념을 정의하고 이에 맞는 수량화된 측정을 할 수 있는 측정요소를 제시하기 위해 노력하여 왔다. 사회자본 측정의 어려움에도 불구하고 사회자본의 다양한 측정지수가 수년에 걸쳐서 연구자들에 의해 제시되어 왔다. 사회자본을 측정하기 위해서는 사회자본의 구성개념 및 구성요인이 명확하게 제시되어야 하는데, 이는 사회자본을 측정하는 영역이 곧 사회자본의 구성요인을 측정하는 것이기 때문이다. 이미 사회자본에 대한 선행연구에서 사회자본은 다면적 특성을 지니는 개념이며 학자들에 따라 구성요인 역시 매우 다양하게 제시되고 있음을 설명하였다. 사회자본의 측정은 연구자들에 의해서 제시된 다양한 구성요인을 측정영역으로 하여 이루어지고 있다(지은구, 김민주, 2014).

비록 사회자본이 다면적 속성을 가지고 있지만, 개인적 사회자본의 수준과 집단적 사회자본의 수준을 모두 포함하는 개념이므로 측정 역시 두 영역을 모두 포함하여 이루어져야 한다. 개인적 수준의 사회자본을 측정하기 위해서는 네트워크와 사회적 관계가 측정되어야 하고 그리고 집합적 수준의 사회자본이 측정되기 위해서는 신뢰나 동

질성, 연대의식이나 시민참여(또는 사회참여) 등이 측정되어야 한다. 그동안 이루어진 연구자들의 선행연구를 비교분석한 결과, 사회자본은 신뢰, 공유된 규범, 네트워크, 안전 그리고 사회참여의 구성요소로 이루어진 개념이라 볼 수 있다(지은구, 김민주, 2014). 이들 구성요소는 사회자본을 측정하는 중요한 측정요소가 된다. 사회자본의 구성요소를 그림으로 나타내면 [그림 7-8]과 같다.

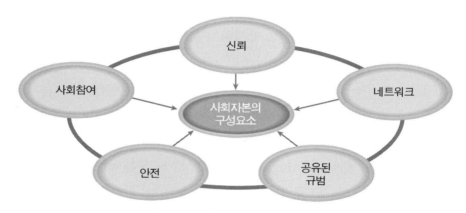

[그림 7-8] 사회자본의 구성요소

출처: 지은구, 김민주(2014), p. 165 [그림 6-1]에서 재인용.

제공기관에서 제공하는 지역자율형 사회서비스투자사업에 참여함으로써 이용자들은 그들이 가지고 있는 다양한 문제의 감소나 해결을 경험하게 되고, 다양한 부가서비스를 통하여 개인 및 가족 그리고 사회에 대한 부정적 인식이 개선될 수 있다. 이는 결국 개인 및 가족 그리고 사회를 건강하게 유지 발전시킬 수 있는 사회자본의 향상이라는 인지적 변화 또는 효과를 기대할 수 있도록 유도할 수 있다. 지역자율형 사회서비스투자사업은 결국 개인의 건강 및 가족의 적응력 향상을 통한 건강성 회복 그리고 이를 통한 사회참여의 확대, 사회서비스, 사회서비스 제공기관에 대한 신뢰감 향상과 이용자들의 정부 및 각종 비영리조직과 세대 간, 이웃 간 상호이해를 바탕으로 하는 신뢰감 향상, 안전하고 더불어 잘 사는 사회를 만들어 나가야 한다(사회적 가치)는 비전에 대한 공유감 증대, 이용자들과 서비스제공자(돌봄 서비스 인력을 포함한) 사이에 형성되는 관계의 증대 등은 모두 사회를 건강하게 하는 사회자본을 형성하는 구성요소다.

결국 지역자율형 사회서비스투자사업 이용자들이 인지하는 사회자본의 인식(수준) 정도를 측정하거나 사회자본 인식의 개선 정도를 측정하는 것은 지역자율형 사회서비스투자사업의 가장 확실한 간접적 결과지표로서 작동할 것이다.

(5) 사회자본 측정의 영역 및 측정도구에 대한 국외의 연구

① Putnam의 연구

미국의 정치학자인 Putnam은 사회자본을 상호 이익을 위한 공동 조정과 공동 협력을 촉진하는 네트워크, 규범 그리고 신뢰와 같은 사회조직의 형태로 규정함으로써 사회자본을 구성하는 요소로 신뢰, 네트워크 그리고 규범을 강조하였음을 알 수 있다(Lochner et al., 1999). 특히, 그는 사회자본의 개념을 발전시키면서 한 사회의 사회자본 수준은 지역사회에 대한 그리고 개인 간의 신뢰 수준과 상호 호혜의 양에 의해서 측정될 수 있다고 생각하였다. 그는 특히 다음과 같은 영역에서 나타나는 지표를 통해 사회자본이 측정될 수 있음을 강조하였다(Putnam, 1993, 1995).

첫째, 여러 종류의 조직에의 자발적 가입 여부
둘째, 시민들 상호 간에 신뢰하는 정도
셋째, 상호 간의 도움(또는 원조)의 가능성에 대한 시민들의 인식

Putnam은 1995년 논문에서 1991년 세계가치설문조사(The World Value Survey)의 자료를 분석하여 사회자본의 구성요소인 사회적 신뢰와 시민 개입이 밀접한 연관이 있음을 밝혔다. 그에 따르면 특정 사회의 구성원들이 조직에 참여하는 수(조직참여에 따른 회원자격의 수)가 많으면 많을수록 그 사회구성원들의 신뢰는 높아 신뢰와 시민 개입이 사회자본을 구성하는 매우 중요한 요소임을 주장하였다. 특히, 그는 이 두 요소를 중심으로 국가 간 비교를 한 결과, 미국이 사회자본의 순위가 눈에 띄일 정도로 낮아지고 있음을 지적하였다.

1995년 Helliwell과 공동으로 수행한 이탈리아 지역의 사회자본에 대한 연구에서 경

제성장과 사회자본이 밀접한 연관이 있음을 지적하였다. 그들은 1인당 소득을 경제성장을 나타내는 지표로 설정하였으며 사회자본을 측정하는 측정지표로는 첫째, 시민 개입 정도를 나타내는 지수, 둘째, 지역정부의 효과성을 나타내는 직접적인 지표 그리고 셋째, 지역정부에 대한 시민 만족을 척도로 활용하였는데 연구 결과 사회자본이 높은 지역은 1인당 소득이 더 높은 것으로 나타났다(Helliwell & Putnam, 1995).

또한 2001년에 발표된 논문에서는 비공식적 네트워크, 사회적 신뢰, 사회적 연계성을 나타내는 회원자격(membership)의 수 그리고 본인이 이전 연구에서 사회자본 구성요소라고 제시하지는 않았지만 이타주의(자원봉사활동이나 헌혈 또는 기부행동 등)를 포함하여 4개의 지표를 사회자본 측정 구성요소로 제시하였다. 결국 Putnam은 그의 초기 연구에서 사회자본의 측정 구성요소로 사회적 신뢰, 네트워크, 그리고 시민 개입으로서 회원자격 여부 및 회원자격의 수를 가장 중요한 측정영역으로 활용하였으며, 점차 이타주의를 나타내는 사회적 참여에 대한 요소도 사회자본을 구성하는 측정영역으로 확대하였음을 알 수 있다.

② Knack과 Keefer의 연구

Knack과 Keefer(1997)는 Coleman과 Putnam이 제시한 사회자본에 대한 개념을 활용하여 사회자본의 요소를 신뢰, 시민규범, 제휴(association)로 구분한 후 신뢰와 시민규범 그리고 협력행동이 경제적 성과와 어떤 관계가 있는지를 조사하였다. 시민규범은 시민들의 협동을 위한 규범을 의미한다. 그의 조사는 29개 국가를 대상으로 이루어진 세계가치조사에서 수집된 자료를 대상으로 이루어졌다. 조사 결과, 시민규범과 신뢰는 경제성과에 영향을 주는 것으로 나타났지만 집단이나 조직 내에서의 협력행동은 경제성과와 연관이 없는 것으로 나타났다.

■ 신뢰

신뢰의 정도를 나타내며 질문항목은 다음과 같다. "대부분의 사람들을 믿을 수 있다고 생각하십니까?" "사람들과 거래를 하면서 너무 조심할 필요는 없다고 생각하십니까?"

■ 시민들의 협동을 위한 규범

다음의 행동이 얼마나 정당한지 아니면 정당하지 않은지에 대한 질문으로 구성되어 있다(1점에서 10점 사이로 50점 만점, 1점은 결코 정당하지 않다, 10점은 항상 정당하다).

"자격이 없는 정부의 혜택을 요구한다."

"공공 교통수단에 대한 지불을 회피한다."

"기회가 되면 세금보고를 속인다."

"주운 돈을 갖는다."

"주차한 차에 우연히 손해를 미치고 알리지 않는다."

■ 제휴

제휴는 다음과 같은 단체나 조직에 소속되어 있는가의 여부를 묻는 질문으로 구성되어 있다.

- 저소득층, 노인, 장애인 등을 위한 사회복지기관

- 종교기관

- 교육, 미술, 음악, 문화활동 기관

- 노동조합

- 정당

- 빈곤, 고용, 주거, 인종 평등 등을 위한 시민단체

- 인권이나 제3세계 개발을 위한 단체

- 생태, 보존, 환경 단체

- 전문적인 협회

- 보이스카우트 등과 같은 청년 단체

③ Lochner와 동료들

Lochner와 동료들(1999)은 사회자본이 개인적 수준이 아니고 지역사회 수준에서 측

정되어야 함을 강조하면서 사회자본의 구성요인을 첫째, 집합효능, 둘째 지역사회에 대한 심리적 인식, 셋째 이웃 간 통합, 넷째 지역사회 능력 등으로 제시하고 그와 관련된 지표들을 상세하게 제시하였다.

■ 집합효능

집합효능(collective efficacy)은 특별한 상황의 요구에 성공적으로 대응하기 위해 자원을 모으고, 조성하고, 할당하는 집합적 능력의 정도를 나타내는 개념이다(Zaccaro et al., 1995). Sampson과 동료들(1997)은 집합효능을 공동의 선을 위하여 개입하려는 의지를 가지고 있는 이웃들 사이의 사회통합으로 정의하였으며, 집합효능을 사회통합을 나타내는 지표와 비공식적 통제를 나타내는 지표를 통해서 측정할 수 있음을 제시하였다. 집합효능 지표는 다음과 같다.

〈표 7-25〉 집합효능 지표

사회통합 (동의하는 정도를 표시하는 5점 Likert 척도)	이 마을 사람들은 신뢰할 수 있다.
	이 마을 사람들은 긴밀하게 맺어져 있다.
	이 마을 사람들은 다른 이웃들을 도울 의지가 있다.
	이 마을 사람들은 일반적으로 서로 사이가 좋지 못하다.
	이 마을 사람들은 공동의 가치를 가지고 있지 않다.
비공식적 통제 (이웃 주민들이 다음의 상황에 관여할 가능성을 표시하는 5점 Likert 척도)	아이들이 학교를 가지 않고 거리를 배회한다.
	아이들이 지역 건물에 낙서를 한다.
	아이들이 어른에게 예의 없이 행동한다.
	집에서 가까운 소방서가 예산 삭감으로 위협에 처해 있다.
	집 앞에서 싸우는 사람들을 뜯어 말린다.

■ 지역사회에 대한 심리적 인식

사회자본을 구성하는 요인인 지역사회에 대한 심리적 인식은 간략하게 말하면 지역사회에 대한 인식을 의미하는 것으로, 첫째, 소속감을 나타내는 회원자격, 둘째, 지역사회 규범을 통해 응집력을 만들어 가는 데 있어 개인이 집단에 영향을 주고 집단이 개인에 영향을 주는 정도를 나타내는 **영향력**, 셋째, 집단의 회원자격을 통해 얻은 자원으로 회원들의 욕구가 해결될 수 있는가를 나타내는 **통합**(integration) 그리고 마지막으로는 지역사회에 공유되어 있는 역사 인식을 나타내는 **공유된 감정적 연계**(shared emotional connection)로 구성된다.

■ 이웃 간 통합

이웃 간 통합(neighborhood cohesion)은 지역사회에 대한 인식과 연관된 요소로서 주로 지역사회에 유용한 자원이나 시설의 도움 그리고 친구의 도움 같은 사회적 지지나 비공식적인 지지의 유형을 나타내는 요소다. 또한 이웃 간 통합을 구성하는 요인에는 사회적 행동이나 사회적 네트워크 등이 포함된다. 주민들은 지역사회에서 다양한 사회적 상호행동에 개입하며 사회적 네트워크에 연계되어 있는데, 이러한 행동들이 주민들 간의 통합을 나타내 주며 이것은 결국 사회자본을 구축하고 강화하여 주민들의 삶의 질을 개선하는 토대로서 작동하게 된다(Lochner et al., 1999).

🖥 〈표 7-26〉 학자들이 제시한 이웃 간 통합측정 지표

	Hunter (1975)	Riger & Lavrakas (1981)	Unger & Wandersman (1983)	Buckner (1988)	Perkins et al. (1990)
사회적 상호행동 **(Social Interaction)**					
가벼운 상호행동의 예:					
같은 동네에서 알아볼 수 있는 사람들의 수: 같은 동네에 살고 있는 사람들 중 당신이 이름을 알고 있는 사람들의 수		✓	✓		

이웃 주민과 얘기하는 빈도	✓			✓	
이웃을 비정기적으로 방문하는 빈도: 관계가 있는 이웃 주민의 수	✓		✓	✓	
사회적 지지의 예:					
감정적 지지			✓	✓	✓
제도적 지지	✓		✓	✓	✓
정보 지지	✓		✓	✓	✓
사회네트워크의 예:					
개인적 네트워크			✓	✓	
이웃 주민과의 사회적 네트워크			✓		
효과적인 결합 (Affective Bonds)					
상호 원조에 대한 인식 (예: 당신 이웃에 의존할 수 있다고 느끼는가?; 잠재적인 도움이 가능하다고 믿는가?)				✓	
지역사회에 대한 인식 (예: 구성원 자격, 가치의 공유 그리고 감정적 연계)	✓	✓		✓	
장소로의 정착(Attachment), (예: 수년 동안 이 동네에 거주할 계획인가?; 이곳을 떠나면 슬플까?)		✓		✓	
항목 수	13	6	10	18	10
신뢰도	NR	$\alpha \sim 0.56 \sim 0.59$	$\alpha = 0.88$	$\alpha = 0.95$	$\alpha = 0.76$
타당도	NR	요인분석; 2 factors emerged	NR	기준타당도, $p < 0.001$	NR

출처: Lochner et al. (1999), p. 266 〈표 2〉에서 재인용.

■ 지역사회 능력

지역사회 능력(community competence)은 집합적 노력을 통해서 지역사회가 문제를 해결하는 능력을 의미한다. 사회자본 구성요소인 지역사회 능력을 나타내는 요인으로는 지역사회에 대한 사명감(commitment), 지역사회 조직 참여, 이웃 간의 통합요소와 중복되지만 Eng과 Parker(1994)에 의해서 제시된 지역사회의 지지(community social support), 지역사회의 다양한 정치적 기술 등이 포함된다. 구체적인 지역사회 능력을 나타내는 지표들은 〈표 7-27〉과 같다.

📖 〈표 7-27〉 학자들에 의해 제시된 지역사회 능력 측정도구

	Goeppinger & Baglioni(1985)	Eng & Parker(1994)
사명감(Commitment)		
거주 기간	✓	
지역사회를 돌본다.	✓	✓
이사하면 슬플 것이다.	✓	
타인과의 가벼운 상호 행동	✓	✓
동네의 서비스 이용	✓	
사람들은 자신이 지역사회가 잘 운영되도록 하는 데 있어 활동적인 역할이 있다고 느낀다.		✓
사람들은 지역을 위해 자원봉사활동을 한다.		✓
사람들은 재화를 제공하는 데 있어 호의를 갖고 참여한다.	✓	
사람들은 지역에서 일어난 일들이 그들에게 영향을 미친다고 느낀다.		✓
참여		
사람들은 교회나 각종 주민 조직, 지역서비스에 소속되어 있다.	✓	✓
사람들은 즐겁게 지역사회에 거주한다.		✓

지역에 무슨 일이 발생하게 되면 소수의 같은 사람들만이 모든 일을 도맡아 한다.		✓
투표참가자 수		✓
자신과 타인에 대한 인식과 명확한 상황 판단		
거주자들은 어떤 일들이 행해지는 것에 대한 강력한 견해를 가지고 있다.		✓
지방정부는 지역에서 일어나는 일에 영향력을 행사하기 위해 노력한다.		✓
다른 지역과 비교하였을 때, 이곳은 사람들의 욕구를 해결하기 위한 공원, 도서관, 건강서비스 등을 제공한다.	✓	
사회적 지지		
제도적 · 감정적 정보 지원		✓
명확하고 효과적인 의사소통		
사람들은 반대 의견을 피력한다.		✓
사람들은 지역사회 욕구를 얘기할 수 있으며 외부집단을 지지할 것이다.		✓
갈등억제와 감사		
사람들은 차이(상이성)에 대해서 얘기하고 상이성을 해결하기 위해 함께 일한다.	✓	✓
더 큰 지역사회와의 관계 관리		
이 지역 사람들은 다른 더 큰 지역에서 일어나는 일에 영향력을 행사하기 위해 노력한다.	✓	✓
지역 선출 관료들은 내 입장을 대변한다.	✓	
자기 집을 소유한 사람들의 수		✓
더 큰 지역에서 제공하는 서비스나 자원에 대해 아는 사람의 수		✓
결정 수립과 참여적인 사회행동을 촉진시키기 위한 노력		

이 지역 사람들은 이 지역에서 일어난 일에 영향력을 행사하기 위해 노력한다.	✓	✓
시민자치위원회는 효과적이다.	✓	
이 지역 사람들은 이 지역에 사는 친구를 가지고 있다.		✓
사람들은 정치캠페인을 도울 것이다.		✓
사람들은 지역공무원들에게 편지, 전화, 이메일 등으로 접촉할 것이다.		✓
항목 수	22	41
신뢰도	NR	Reported separately for each dimension
타당도	판별 및 기준타당도 사정	액면타당도

출처: Lochner et al. (1999), p. 268 〈표 3〉에서 재인용.

④ Onyx와 Bullen의 사회자본 측정영역과 측정지표

Onyx와 Bullen(2000)은 사회자본을 측정하는 측정영역을 8개 영역으로 제시하고 8개 영역에서 총 34개의 사회자본 측정지표를 검증하여 제시하였다. 그들이 선행연구를 통해 제시한 사회자본의 측정영역은 다음과 같다.

첫째, 지역사회로의 참여

둘째, 사회정황에서의 활동

셋째, 신뢰와 안전감

넷째, 이웃과의 연계

다섯째, 친구와 가족과의 연계

여섯째, 다양성에 대한 관용

일곱째, 삶의 가치

여덟째, 직무연계(work connection)

Onyx와 Bullen은 앞의 8개의 영역에서 총 68개의 잠재적인 측정항목으로 구성된 설문지를 호주의 상이한 5개의 지역에 거주하는 총 1,200명의 거주민을 대상으로 설문조사를 시행하여 요인분석을 통해 총 34개의 측정항목을 제시하였다.

〈표 7-28〉 Onyx와 Bullen의 사회자본 측정지표

측정영역	질문내용
지역사회로의 참여	1. 자원봉사활동으로 지역조직을 도운 적이 있는가? 2. 지난 6개월 동안에 지역사회 행사에 참여한 적이 있는가?(학교 행사나 지역축제 등) 3. 당신은 지역 조직의 활동적인 회원인가?(학교 조직이나 각종 스포츠 동호회 등) 4. 당신은 지역사회 조직의 각종 위원회의 위원인가? 5. 지난 3년 동안 비상상황이 발생했을 때 지역사회 조직에 합류하여 조직적 활동에 참여한 적이 있는가? 6. 지난 3년 동안 지역사회 조직의 일원으로 각종 프로젝트에 참여한 적이 있는가? 7. 당신의 지역사회에 아동, 노인, 청소년 등을 대상으로 하는 새로운 서비스를 조직화하기 위하여 프로젝트의 일원으로 참여한 적이 있는가?
사회정황에서의 활동	8. 당신은 공공장소에서 다른 사람이 버린 쓰레기를 주운 적이 있는가? 9. 당신은 가족을 방문하기 위해 지역을 벗어나는가? 10. 중요한 결정을 하는 데 있어 정보가 필요할 때 그 정보를 어디서 찾아야 하는지를 알고 있는가? 11. 다른 사람이 동의하는 것에 동의하지 않는다면 당신은 그것에 대해서 얘기하는 것이 자유스러운 것이라고 생각하는가? 12. 이웃과 논쟁(애완견이나 담벼락, 층간 소음 등)이 있다면 중재를 위해 노력하는가? 13. 직장에서 무엇을 하라고 하지 않아도 알아서 무엇인가를 하는 데 있어 주도적인가? 14. 지난주에 직장에서 당신의 일은 아니지만 직장 동료를 도와준 적이 있는가?

신뢰와 안전감	15. 저녁에 거리를 다니면서 안전하다고 느끼는가?
	16. 사람들을 믿을 수 있다는 것에 동의하는가?
	17. 당신 집 밖에서 지나가던 자동차가 고장 났다면 차 주인을 집 안으로 초대해서 전화를 사용하도록 허용할 수 있는가?
	18. 당신이 사는 곳은 안전한 장소라는 평판이 있는가?
	19. 당신의 지역은 집같이 편안한가?
이웃과의 연계	20. 필요할 때 친구로부터 도움을 받을 수 있는가?
	21. 아이를 돌보는 데 잠시 외출을 하여야 할 때 이웃에 도움을 청할 수 있는가?
	22. 지난주에 이웃을 방문한 적이 있는가?
	23. 동네에서 쇼핑을 하러 갈 때 친구나 아는 사람과 같이 가기를 좋아하는가?
	24. 지난 6개월 동안에 아픈 이웃을 위해 호의를 베푼 적이 있는가?
친구와 가족과의 연계	25. 지난주에 친구와 몇 통화를 하였는가?
	26. 어제 몇 명의 사람들과 대화를 하였는가?
	27. 주말 동안에 집 밖에서 다른 사람과 외식을 하였는가?
다양성에 대한 관용	28. 다문화주의는 당신 지역의 삶을 더 좋게 만들 것이라고 생각하는가?
	29. 다른 문화를 가진 사람과 사는 것을 즐기는가?
삶의 가치	30. 사회가 가치가 있다고 느끼는가?
	31. 만약 내일 사망한다면 당신의 인생에 만족하겠는가?
직무연계	32. 당신이 일하는 지역 조직에 소속되어 있다고 느끼는가?
	33. 당신의 동료는 당신의 친구인가?
	34. 직장에서 팀의 일원이라고 생각하는가?

⑤ Paldam의 사회자본 측정영역과 지표

Paldam(2000)은 사회자본이 **신뢰**, **협동**(cooperation)의 태도, 그리고 **네트워크**로 구성되어 있다고 보았다. 즉, 그는 대부분의 사람들이 신뢰를 형성하고 다른 사람과 네트워크를 구축하여 서로 협동하게 되는데, 이러한 신뢰, 협동의 태도 그리고 네트워크가 곧 사회자본을 강화시키는 자원이라고 보았던 것이다. Paldam은 사회자본의 세 측정영역에 맞는 측정지표를 제시하기 위해 노력하였다.

• 신뢰: 한 사회의 성원이 다른 사람을 믿는 정도나 믿는 양을 의미한다.

- 협동의 태도: 사회에서 다른 사람과 함께 자발적으로 일하는 능력을 나타낸다.
- 네트워크: 개개인이 같이 행동하도록 연계하는 것을 의미하며 네트워크는 사람들이 관여하는 네트워크의 수(조밀도)로 측정된다.

⑥ Forrest와 Kearns의 사회자본 측정영역

Forrest와 Kearns(2001)는 사회통합을 구성하는 요인으로 사회자본을 지적하면서 사회자본의 측정영역을 총 8개로 제시하고 있다. 그들이 제시한 사회자본의 영역은 역량 강화(empowerment), 참여, 조직활동과 공동의 목적, 상호 호혜와 네트워크, 집합적 규범과 가치, 신뢰, 안전 그리고 소속이다. 구체적인 내용은 〈표 7-29〉와 같다.

〈표 7-29〉 Forrest와 Kearns의 사회자본 측정영역

영역	내용
역량 강화	사람들은 들을 수 있도록 하는 목소리를 가지고 있다고 느끼며 그들에게 영향을 주는 과정에 개입되어 있고 그들 자신이 변화를 주도할 수 있는 행동을 취할 수 있다.
참여	사람들은 지역사회 활동에 참여하며 지역행사에 잘 참석한다.
조직활동과 공동의 목적	사람들은 공식적 · 비공식적 집단의 형성을 통해 그리고 그들의 이익을 위해 서로 협력한다.
상호 호혜와 네트워크	개인과 조직은 상호의 이익이나 한편을 위해 서로서로 지지하고 협력한다. 필요할 때 다른 사람이나 조직으로부터 도움을 주거나 받을 수 있다고 생각한다.
집합적 규범과 가치	사람들은 공동의 가치와 행동의 규범을 공유한다.
신뢰	사람들은 지역에서 서비스를 제공하는 조직들이나 이웃 주민들을 믿을 수 있다고 생각한다.
안전	사람들은 그들의 이웃이 안전하다고 느끼고 공공장소를 공포나 두려움 없이 사용한다.
소속	사람들은 그들의 이웃과 연계되어 있으며 사람들과 장소에 대한 소속감이 있다.

출처: Forrest & Kearns(2001), p. 214 〈표 5〉에서 재인용.

⑦ Paxton의 사회자본 측정영역과 측정

Paxton(1999)은 미국의 사회자본이 감소하고 있는지를 측정하기 위해 사회자본의 구성요소를 신뢰와 제휴(association)라는 두 요인으로 구분하여 검증을 시도하였다. Paxton의 조사는 특히 사회자본을 개인적 수준과 집합적 수준으로 구분하여 제시하였다는 특징이 있다. 그는 사회자본의 개념에 대한 선행연구를 바탕으로 사회자본을 개개인 사이에서의 객관적 제휴와 주관적 유대의 유형으로 구분하였다.

객관적 제휴(objective association)는 개개인을 연결해 주는 객관적 네트워크 구조를 의미하는 것이고, 특히 사회적 공간에서 개개인이 서로 묶여 있는지를 의미하는 것이므로 조직이나 협회 등을 나타낸다고 할 수 있다. 개개인 사이의 주관적 유대(subjective tie)는 상호 호혜, 신뢰 그리고 긍정적인 감정 등을 포함한다. 이러한 배경하에 Paxton(1999)은 주관적 유대를 신뢰로 측정하였으며, 객관적 연합은 연합으로 유형화하여 사회자본의 정도를 측정하였다. 신뢰는 개인에 대한 신뢰와 조직에 대한 신뢰로 구분하여 조사를 하였으며 협회 역시 개인적 측면과 조직적 측면으로 구분하여 '이웃 주민과 얼마나 자주 저녁에 시간을 보내는가?' '이웃 이외에 친구와 얼마나 자주 저녁시간을 보내는가?' '몇 개의 자발적 조직에 회원으로 가입되어 있는가?' 등의 질문을 통해 측정하였다.

Paxton(1999)은 사회자본을 구성하는 요인으로 참여와 자원활동을 사회자본의 측정에서 배제하였는데, 이는 정치적인 참여(정당활동이나 투표참가 등)와 자원활동(기부나 자원봉사)은 사회자본을 결과론적으로 해석하기 때문이라고 주장하였다. 즉, 정치적인 참여와 자원활동은 사회자본을 구성하는 요소가 아니라 사회자본의 강화를 통해 개인의 역량이 강화된 결과로서 나타나는 행위 또는 사회자본의 강화에 의해 촉진되는 행동이라고 생각하였기 때문이다.

Paxton의 조사는 미국에서 이루어지는 일반사회조사(General Social Survey)의 사회자본에 대한 질문을 활용하였으며, 조사 결과 미국 사회는 신뢰가 지속적으로 하락하고 있는 것으로 나타났으나 연합은 아무런 변화가 없는 것으로 나타났기 때문에 전반적으로 미국 사회의 사회자본의 정도는 하락하고 있는 것으로 나타났다.

⑧ CQL의 사회자본 측정영역 및 지표

미국의 The Council on Quality and Leadership(CQL)에서는 2005년에 사회자본 지수를 발표하였다. CQL이 제시한 사회자본 지수는 특히, Putnam의 교량 및 결합자본의 개념에 영향을 받아 5개의 결합사회자본 측정항목과 3개의 교량사회자본 측정항목 등 총 8개의 측정항목으로 구성되어 있다. 총 8개의 사회자본 측정지수는 2005년도판 CQL에서 자체 개발한 인적결과측정(Personal outcome measure)에서 도출되었다.

〈표 7-30〉 CQL의 사회자본 지수

	사회자본 측정항목
결합사회자본	1. 사람들은 친밀한 관계를 가지고 있다.
	2. 사람들은 지역사회의 삶에 참여한다.
	3. 사람들은 친구가 있다.
	4. 사람들은 존중받는다.
	5. 사람들은 네트워크를 통한 자연적인 지지에 연관되어 있다.
교량사회자본	6. 사람들은 통합된 환경에서 살고 있다.
	7. 사람들은 지역사회의 다른 구성원들과 상호 행동한다.
	8. 사람들은 상이한 사회적 규칙을 수행한다.

앞의 측정 결과에 대한 분석은 〈표 7-31〉과 같다(설문에 참가한 집단의 수가 총 13명이고, 각 항목에 대한 대답에서 각각 상이한 대답을 한 경우임).

〈표 7-31〉 사회자본 지수 계산의 예

사회자본 측정항목	샘플집단에서 긍정적인 대답을 한 사람의 수	샘플집단의 수
1. 사람들은 친밀한 관계를 가지고 있다.	10	13
2. 사람들은 지역사회의 삶에 참여한다.	9	13
3. 사람들은 친구가 있다.	8	13

4. 사람들은 존중받는다.	7	13
5. 사람들은 네트워크를 통한 자연적인 지지에 연관되어 있다.	6	13
소계	40	65
6. 사람들은 통합된 환경에서 살고 있다.	0	13
7. 사람들은 지역사회의 다른 구성원들과 상호 행동한다.	0	13
8. 사람들은 상이한 사회적 규칙을 수행한다.	0	13
소계	15	39
총계	55	104

■ 사회자본 지수: $\dfrac{\text{샘플집단에서 긍정적인 대답을 한 사람의 수}}{\text{샘플집단의 수}} = \dfrac{55}{104} = 52\%$

■ 결합사회자본 지수: 1번에서 5번까지 항목의 합

$$= \frac{40}{65} = 61.5\%$$

■ 교량사회자본: 6번에서 8번까지 항목의 합

$$= \frac{15}{39} = 38.4\%$$

⑨ Rodriguez와 Berlepsch의 사회자본 측정영역 및 지표

Rodriguez와 Berlepsch(2012)는 유럽 국가에 거주하는 총 48,583명에게 사회자본과 행복과의 관계에 대한 설문조사를 시행하면서 Coleman, Putnam 그리고 Olson의 연구에 기반하여 사회자본의 구성요소를 신뢰, 상호 행동 그리고 사회적 규범과 제재로 규정하여 측정에 활용하였다. 그들은 특히 신뢰를 제도적 신뢰와 사회적 신뢰로 구분하였다. 그들이 제시한 사회자본 측정요소와 구체적인 측정항목은 〈표 7-32〉와 같다.

〈표 7-32〉 Rodriguez와 Berlepsch의 사회자본 측정요소와 측정항목

측정요소		측정항목
신뢰	제도적 신뢰	• 개인적으로 당신은 지역사회의 공적 조직이나 의회, 법체계, 경찰 등을 어느 정도 신뢰하는가? • 현재의 교육체계에 대한 당신의 생각은? • 현재의 건강의료체계에 대한 당신의 생각은?
	사회적 신뢰	대부분의 사람들을 믿을 수 있으며 같이 거주하는 사람을 너무 조심하지 않아도 된다고 생각한다.
상호 행동		• 참여하는 공식적 조직의 수 • 친구, 가족, 직장 동료들과의 만남 횟수 • 자원활동 및 종교활동 참여 여부 • 정치활동, 투표참여 • 노동조합 참여 여부
사회적 규범		• 개개인이 자신이 거주하는 장소에서 어느 정도 안전함을 느끼는가? • 대부분의 사람들은 기회를 갖는다면 당신으로부터 이익을 얻기 위해 노력할 것이다. • 대부분의 사람들은 공정하기 위해 노력할 것이다. • 얼마나 자주 당신의 집이 도둑이 들 것이라고 생각하는가? • 얼마나 자주 당신이 범죄피해자가 될 것이라고 생각하는가?

Rodriguez와 Berlepsch(2012)가 제시한 측정요소의 가장 대표적인 특징은 규범에 안전을 포함하였다는 점이다. 그들은 Coleman에 영향을 받아 개개인이 자신이 거주하는 장소에서 안전함을 느끼면 그들의 지역사회에 더 강하게 유착할 것이라고 보고 안전을 공동의 규범 영역에 포함시켰다. 따라서 Rodriguez와 Berlepsch(2012)가 제시한 규범은 곧 안전이라고 해석할 수 있다.

(6) 사회자본 측정의 영역 및 측정도구에 대한 국내의 연구

① 한상미의 연구

한상미(2007)는 「사회복지사의 사회자본」이란 논문에서 선행연구를 토대로 하여 사회자본을 "지속적인 네트워크, 즉 특정한 집단의 구성원이 됨으로써 획득되는 실제

적이거나 잠재적인 자원의 총합 또는 힘의 총합"으로 정의하고 사회자본을 구성하는 요소를 네트워크, 신뢰 그리고 호혜성으로 구분한 후 이 구성요소를 측정할 수 있는 측정지표를 제시하였다. 한상미가 제시한 사회자본 측정지표는 특히, 사회복지사들을 대상으로 그들의 사회자본 정도를 측정할 수 있는 사회자본 측정지표의 개발이라는 특징과 함께 현장전문가들을 대상으로 집단면접을 통해 지표의 액면타당도를 검증받아 수정된 측정지표를 다시 사회복지사들을 대상으로 설문조사를 시행하여 수집된 자료를 요인분석을 통해 구성타당도를 검증받았다는 특징이 있다. 〈표 7-33〉은 한상미(2007)가 제시한 사회복지사의 사회자본을 측정하기 위한 측정지표다.

〈표 7-33〉 한상미(2007)의 사회자본 측정영역 및 지표

구분		문항내용
네트워크	교량형 네트워크	1. 나는 지역사회복지협의체/사회복지협의회/사회복지사협회/시민단체 등의 지역사회 일에 적극적으로 참여한다.
		2. 나는 업무를 위한 네트워크(모임)에 열의를 가지고 참여한다.
	결속형 네트워크	5. 사회복지 실천현장 내에 함께 모이거나 개인적으로 연락하며 지내는 사람이 있다.
		6. 현재 근무하고 있는 지역사회 실천현장 내에 함께 모이거나 개인적으로 연락하며 지내는 사람이 있다(현 근무기관 제외).
		7. 사회복지 실천현장 내에 개인적으로 경조사를 챙기는 동료가 있다.
		8. 현재 근무하고 있는 지역사회 실천현장 내에 개인적으로 경조사를 챙기는 동료가 있다(현 근무기관 제외).
		9. 나는 직접적인 업무 외에는 사회복지 현장의 동료들과 교류를 하지 않는 편이다.
	연계형 네트워크	10. 내가 소속된 기관이나 내 개인의 이익보다는 지역사회 공동체의 이익을 주로 생각하는 편이다.
		11. 나는 단기적이 아닌 장기적인 안목으로 지역사회를 바라보면서 관계를 맺는다.
		12. 나는 업무에만 초점을 맞추기보다 네트워크 과정 속에서 관계형성에 초점을 맞춘다.

호혜성	간접성	13. 나는 네트워크를 할 때 진정성을 가지고(진심으로) 사람들을 대한다.
		14. 내가 먼저 사람들을 찾아가 관계를 만들어 가는 편이다.
		20. 도움 받은 것에 대한 보답은 도움을 준 사람 외에 다른 사람들에게도 할 수 있다.
		21. 내가 도움을 주면 그 사람이 아니더라도 언제든지 다른 누군가로부터 도움을 받을 수 있다.
신뢰	신뢰 행동	26. 나는 지역의 동료들과 업무에 대하여 솔직하게 얘기한다.
		27. 나는 지역의 동료들과 개인적인 삶에 대하여 터놓고 얘기한다.
		28. 나는 지역사회가 앞으로 나아갈 방향에 대해 동료들과 자유롭게 얘기한다.
		29. 내가 만나고 있는 사람들은 나와 비슷한 목표를 가지고 있다.
	가치 신뢰	30. 도움을 요청하는 내용의 가치에 동의하면 나는 그 사람을 도와줄 수 있다.
		31. 나는 만나서 관계를 맺고 있는 사람들을 대체로 존경하는 편이다.
		32. 내 주변에는 사회적인 가치나 공공선을 중요시 여기는 사람들이 많다.
		33. 연대하고 있다고 생각하면 그 사람에게 도움을 준다.
	도덕 신뢰	34. 사람들은 대체로 열정적이며 진심으로 네트워크에 참여한다.
		35. 사람들은 대체로 성실함과 책임감을 가지고 네트워크에 참여한다.

출처: 한상미(2007), p. 82 〈표 4-16〉에서 재인용.

② 박세경 등의 연구

한국보건사회연구원 팀(박세경, 김형용, 강혜규, 박소현)은 선행연구를 바탕으로 사회자본을 "사회적 관계로부터 자원을 동원할 수 있는 개인, 집단, 지역사회의 역량"으로 정의하고 사회자본을 구성하는 요소들로 사회적 신뢰, 참여, 네트워크 그리고 호혜성을 제시하였으며 이에 따른 구체적인 측정지표를 제시하였다. 〈표 7-34〉는 박세경 등(2008)이 제시한 측정영역 및 측정지표다.

💻 〈표 7-34〉 박세경 등(2008)의 연구의 사회자본 측정영역 및 지표

영역	지표	세부항목(지표)
사회적 신뢰	개인적 신뢰	이웃/각종 모임이나 직장에서의 동료/종교모임 지인(교인, 불자, 신우)
	공적 신뢰	지역사회 상점, 가게의 주인이나 점원/지역사회 경찰/지역사회 교사/지역사회 공공기관 및 공무원
참여	시민 정치 참여	대통령 선거 참여/청원서, 탄원서, 서명운동/정당의 전당대회 등 정치적 모임이나 행사/시가행진, (촛불) 시위 참여/지역사회 단체의 위원이나 대표 참여
	사회 단체 참여	종교 관련 활동/부모 모임/퇴역군인 모임/동네 모임/노인 클럽 및 모임/친목 모임/생활협동 및 자조모임/노동조합 또는 직능단체/시민 단체 활동/문화예술 활동/체육 및 스포츠 모임 활동/인터넷 동호회/자선 및 사회복지 단체 활동/기타 모임, 클럽활동
네트워크	공식	지역사회 행사/주민 모임/단체 및 클럽 모임
	비공식	친구들의 가족초대 방문/가족 및 친척 방문/친한 친구와 밖에서의 친목모임/직장 동료와의 업무 이외의 사교/친구와의 오락, 취미
호혜성	자원 봉사	지난 1년간 총 자원봉사활동/종교 봉사활동/사회복지와 관련된 봉사활동/지역사회 주민봉사활동
	기부	지난 1년간 종교적 이유 외의 총 기부액

출처: 박세경 외(2008), p. 80 〈표 3-4〉에서 재인용.

③ 최종혁 등의 연구

최종혁, 안태숙, 이은희(2010)는 사회자본 척도개발을 위한 질적 연구에서 총 79개 사회자본을 측정하는 척도를 제시하였다. 그들은 사회자본을 구성하는 요인을 신뢰, 규범 그리고 네트워크로 구분하고, 신뢰는 6개의 영역에서 30문항, 규범은 5개의 영역에서 22개 문항 그리고 네트워크는 6개의 영역에서 27개 문항 등 총 79개 문항을 탐색적 요인분석을 통해 도출하였다. 하지만 이들의 연구는 사회자본에 대한 외국의 선행연구 분석도 제한적이고 사회자본의 개념분석을 등한시하여 사회자본을 구성하는 요소가 왜 신뢰, 규범 그리고 네트워크인지를 명확하게 제시하지 못하는 한계를 지니고 있다.

💻 〈표 7-35〉 최종혁 등(2010)이 제시한 사회자본 측정영역 및 지표

영역	지표		문항번호	cronbach 알파값		문항 수
				요인별	전체	
신뢰	조직·구성원 신뢰		22, 32, 33, 34, 35, 36, 37, 38	.920	.948	30
	민간 및 민간 역할 신뢰		13, 15, 16, 17,18, 19, 23, 24	.914		
	구성 및 의사결정구조 신뢰		5, 6, 7, 8, 10, 11	.900		
	개인 및 개인 역할 신뢰		14, 5, 26, 27	.813		
	참여자 구성 과정에 대한 신뢰		3, 4	.670		
	구성과 의사결정에 있어서의 기관에 대한 신뢰		2, 9	.576		
규범	상호 호혜 규범		10, 11, 12, 13, 14, 15, 16, 25	.878	.899	22
	참여적 규범		5, 6, 7, 8, 9	.784		
	사회 책임 규범		1, 2, 3, 4	.794		
	질서 규범	원칙	20, 21, 22	.940		
		제재	17, 19	.621		
네트워크	네트워크 구성		1, 2, 3, 4, 5, 7, 21	.906	.906	27
	협력의 정(+)적 요인		6, 9, 10, 13, 18, 22, 23, 26	.852		
	회의 참여		8, 11, 12, 15	.809		
	협의의 부(−)적 요인		16, 17, 19	.845		
	네트워크 기능수행의 부적(−)요인		14, 20, 27	.572		
	네트워크 지원요인		24, 25	.579		
총 문항 수						79

④ 기타

사회복지영역 이외에서도 사회자본에 대한 연구는 이루어지고 있다. 〈표 7-36〉은 행정학 및 지역사회개발학, 교육학 등의 영역에서 주로 다룬 사회자본 연구들을 비교 정리하였다.

🖥️ 〈표 7-36〉 국내 사회자본 척도 관련 연구의 사회자본 구성요소 및 지표 개발 과정

분야	연구자	주요 개념 및 구성요소	측정지표 개발 과정
행정학	박희봉 · 김명환 (2000)	지역, 시민교육, 지역사회리더십, 지역사회 규범, 신뢰, 의사소통채널, 지역사회 거버넌스, 지방정부의 도움, 지역사회능력, 행정 대응성	• 외국의 사회자본 및 거버넌스에 관한 이론적 검토 • 측정지표 및 설문문항 도출 과정에 대한 설명은 없음
	소진광 (2004)	신뢰, 참여, 연계망(네트워크), 제도 및 규범, 이타주의, 지역별 특성 고려	• 사회자본 이론 검토를 통해 사회적 자본의 유용성과 개념요소 도출
	최영출 (2004)	신뢰, 네트워크, 집단적 협력, 사회적 포용력, 제도적 규범	• 국내외 사회자본 수준 측정과 관련된 문헌연구를 통해 수준 측정지표 도출 • 계층분석(AHP) 방법론을 적용, 지표 간 상대적 중요도 측정
	소진광 외 (2006)	신뢰, 참여, 연계망(네트워크), 제도 및 규범, 이타주의, 지역별 특성 고려 *사례 지역-수도권 대도시(성남시), 지방 중소도시(순천시), 지방 대도시 인접 농촌도시(장성군), 농촌형 소도시(영양군)	• 외국의 사회자본 측정 사례에서 개념요소 도출 • 기존 국내외 연구에서 나타난 개념요소 활용, 설문 내용구성 • 지역특성별 사례지역 선정 설문조사
사회학	천현숙 (2004)	친밀도, 참여도, 공동체의식, 신뢰도	사회자본에 관한 선행연구를 참조하여 사회자본 구성요소 설정
지역 사회 개발학	정기환 · 심재만 (2004)	사회적 교환과 보상, 협동, 경쟁, 갈등	• 측정지표 설정에 관한 이론적 고찰 • 사회자본 측정 변수 선정과 지표 개발을 위한 가설적 지표 설정 • 지표별 구성요소 확정 및 설문지 작성 및 조사 • 요인분석 결과 유의성 있는 지표 선정
	유현숙 외 (2006)	동네 조직 참여, 이웃과의 비공식적 유대, 이웃과의 사회적 유대, 이웃에 대한 신뢰, 동네 애착, 동네에 대한 만족감, 이웃과의 연대감, 관용, 제도 신뢰	• 이론적 배경 설명에서 외국의 사회자본의 측정영역에 대한 분석만 제시 • 사회자본 측정을 위해 이론적 검토 후 측정항목 구성

교육학	김태준 외 (2003)	• 국가정체성
		  – 국가의식, 국제관계 및 역사의식
		• 권리 · 책임의식
		  – 준법 및 규범 준수, 도덕성 및 양심
		• 참여의식-보수적 · 사회변혁적 참여, 지역사회 참여
		• 신뢰 및 가치 공유-신뢰, 기회 균등, 민주적 가치 및 다양성
			• 국내외 선행 문헌 분석
			• 국내외 전문기관 및 담당자 심층면담
			• 전문가 협의 및 연구진 워크숍을 통한 측정 기본모형 구상
			• 국내외 시민의식 측정문항 비교 검토
			• 문항 개발 모형 수립 및 문항 개발/발달단계별 문항 수준 검토
			• 문항별 범주 제시

	안우환 (2006)	• 관계적 차원-교육적 관심과 대화 • 구조적 차원-학교교육활동 참여, 교우 및 사회관계망 • 인지적 차원-부모의 기대와 훈육	• 국내외 사회자본 문항 고찰 • 전문가 및 예비조사를 통해 측정문항 구성, 전국 단위 설문조사 실시 • 사회자본 측정도구 개발

	홍영란 외 (2007)	• 사회자본 3대 영역
		  – 시민의식 및 사회참여, 신뢰 및 관용성, 네트워크 및 파트너십
		• 사회자본 세 가지 수준
		  – 미시적 수준(개인 · 가정 · 이웃 등), 중간 수준(학교 · 지역사회 등), 거시적 수준(국가 · 국제사회 등)
			• 문헌 연구
			• 전문가 의견수렴을 위한 브레인스토밍
			• 전문가 협의회 및 정책포럼 개최
			• 사회자본 측정지표 개발
			• 지역사회 유형별 사회자본 수준 및 실태조사 실시 및 분석
			• 사회자본 지수 개발 방안 제시

출처: 최종혁 외(2010), p. 300 〈표 1〉에서 재인용.

(7) 지역사회자본척도

결론적으로 사회서비스투자사업 이용자들(가족을 포함)의 사회자본 인식의 개선, 즉 사회자본 인식 수준과 개선의 정도를 측정하기 위해서는 Knack과 Keefer(1997), Lochner와 동료들(1999), Onyx와 Bullen(2000), Forrest와 Kearns(2001) 그리고 CQL(2005) 등이 개발한 사회자본 지수를 활용할 수 있다.

〈표 7-37〉 사회자본척도 측정항목의 출처

측정영역	사회자본 측정항목	출처
관계 (네트워크)	1. 타인과의 관계	Knack & Keefer(1997)
	2. 어려울 때 도와줄 가족이나 친구	Lochner et al.(1999) Onyx & Bullen(2000)
	3. 같이 시간을 보내 줄 친구	Knack & Keefer(1997)
	4. 타인으로부터의 존중	Knack & Keefer(1997) CQL(2005)
	5. 가족 및 친지들과 교류	민진암(2013)
신뢰	1. 이웃이나 동료에 대한 신뢰	Knack & Keefer(1997) Lochner et al.(1999)
	2. 타인에 대한 신뢰	Knack & Keefer(1997)
	3. 사회조직에 대한 신뢰	자체 개발
	4. 공공조직에 대한 신뢰	자체 개발
공동의 규범	1. 지불 회피	Knack & Keefer(1997)
	2. 정당한 혜택	Knack & Keefer(1997)
	3. 길에서 주운 돈은 주인을 찾아주기 위해 노력하여야 한다.	Knack & Keefer(1997)
	4. 공중도덕	Knack & Keefer(1997)
	5. 사회에 대한 공헌과 기여	자체 개발
안전	1. 지역사회 안전 여부	Onyx & Bullen(2000)
	2. 야간활동의 안전	Onyx & Bullen(2000)
	3. 지역사회 안전에 대한 믿음	Knack & Keefer(1997)
사회참여	1. 투표 참여 여부	Lochner et al.(1999)
	2. 지역행사 참여 여부	Lochner et al.(1999) Onyx & Bullen(2000)
	3. 사적 활동 참여 여부	Knack & Keefer(1997) Onyx & Bullen(2000)
	4. 자원봉사활동 참여 여부	Lochner et al.(1999) Onyx & Bullen(2000)

앞의 자료를 바탕으로 도출한 1차 사회자본 질문항목을 중심으로 전문가집단의 타당도를 검증받아 수정된 예비사회자본척도를 〈표 7-38〉과 같이 구성하였다.

〈표 7-38〉 예비사회자본척도

측정영역	사회자본 질문항목	1=전혀 그렇지 않다, 2=많이 그렇지 않다, 3=약간 그렇지 않다, 4=보통이다, 5=조금 그렇다, 6=대체로 그렇다, 7=항상 그렇다
관계 (네트워크)	1. 나는 사람들과 친밀한 관계를 가지고 있다.	
	2. 나는 내가 어려울 때 나를 도와줄 가족이나 친구가 있다.	
	3. 나는 같이 시간을 보낼 친구가 있다.	
	4. 나는 사람들로부터 존중받는다고 생각한다.	
	5. 나는 가족 및 친지들과 활발히 교류하며 친밀하게 지내는 편이다.	
신뢰	6. 나는 이웃이나 동료를 신뢰한다.	
	7. 나는 사람들과 거래를 하면서 조심할 필요는 없다고 생각한다.	
	8. 나는 노인복지관 같은 비영리조직을 신뢰한다.	
	9. 나는 주민센터와 같은 정부조직을 신뢰한다.	
공동의 규범	10. 나는 공공 교통수단(버스나 기차 요금 등)에 대한 지불을 회피하는 것은 부당하다고 생각한다.	
	11. 나는 자격이 없는 사람은 정부의 혜택을 받으면 안 된다고 생각한다.	
	12. 길에서 주운 돈은 주인을 찾아주기 위해 노력하여야 한다.	
	13. 주차한 차에 손해를 끼치면 반드시 주인에게 얘기하여야 한다.	
	14. 사회에 대한 공헌과 기여는 당연한 시민의 의무다.	

안전	15. 나는 우리 지역사회가 안전하다고 생각한다.	
	16. 나는 밤에 혼자 길을 걸을 때 무섭다고 생각한다.	
	17. 사람들은 내가 사는 지역을 안전한 곳이라고 생각한다.	
사회참여	18. 나는 투표에 참여하는 편이다.	
	19. 나는 지역사회의 다양한 행사에 참여하는 편이다.	
	20. 나는 종교모임이나 산악회와 같은 동호회의 모임에 적극 참여하는 편이다.	
	21. 나는 자원봉사활동에 적극 참여하는 편이다.	

2) 요소별 성과측정영역

(1) 투입 · 산출영역: 효율성

지역자율형 사회서비스투자사업은 노인, 장애인 등을 대상으로 하는 다양한 사업, 즉 산모 · 신생아건강관리서비스 및 가사 · 간병방문서비스를 포함하여 다양한 지역밀착형 사업을 통해서 지역주민 개개인의 복지를 증진시키고 이용자들의 삶의 질을 향상시키며 생활만족도를 개선하는 것을 주요한 사업목표로 하는 사업이므로 재정적 측면을 강조하는 효율성은 사업 성격에 맞지 않기 때문에 성과측정영역에서 제외한다. 특히, 효율성은 투입 대비 산출의 화폐적 가치를 비교하기 위해 사용하는 요소이고, 성과로서 제시되는 다양한 이용자들의 생활상의 변화를 포함한 사회적 가치의 측정이 불가능하여 사회서비스의 성과측정요소로는 적합하지 않다.

(2) 투입 · 행동 · 산출영역: 서비스품질

① 서비스품질

서비스품질은 투입, 행동 그리고 산출의 과정을 측정할 수 있는 주요한 측정요소다. 서비스품질의 중요성은 품질 중심 관리 기법이 기업에 도입된 1980년대 중반 이후부터 현재까지 비영리 및 공공조직을 포함한 전 영역에 빠르게 확산되었다. 서비스품질이 곧 성과라고 할 수는 없지만 품질은 성과를 구성하는 주요한 구성요인임은 확실하다. 성과측정을 연구하는 대부분의 연구자들은 품질이 성과를 구성하는 중요 구성요인이라는 점에 이의를 달지는 않는다.

서비스품질이 이용자들의 변화를 가져오는 요인이 될 수 있지만 품질이 곧 효과라고는 할 수 없다. 즉, 서비스품질이 좋다고 해서 서비스가 모든 이용자의 생활이나 태도 또는 기능의 변화를 가져오는 것이라고는 할 수 없다. 따라서 서비스품질은 서비스의 결과를 측정하는 측정영역이 아니고 투입부터 산출까지의 과정을 측정하는 측정요소라고 할 수 있다. 특히, 서비스품질은 직원들의 행동을 측정하는 측정질문들을 다수 포함하므로 행동단계의 측정요소로서 중요한 역할을 수행한다. 또한 서비스의 유형성, 즉 시설이나 비품, 장비의 현대화 등과 같은 투입요소와 서비스제공 여부와 같은 서비스 응답성 등의 산출요소도 포함하므로 투입, 행동 그리고 산출의 영역을 측정하는 대표적인 측정요소가 곧 서비스품질이다.

② 지역자율형 사회서비스투자사업에서 제공하는 서비스의 품질

지역자율형 사회서비스투자사업은 기본적으로 이용자들의 생활복지 향상의 일환으로 제공되는 사업이라는 특징이 있다. 따라서 지역자율형 사회서비스투자사업에 참여하는 이용자들이 기대하고 인식하는 서비스의 질에 대한 평가는 성과의 한 영역인 서비스품질 측정을 통해서 이루어질 수 있다. 서비스의 질은 이용자들의 생활에 직접적인 변화를 가져다주는 가교 역할을 할 수 있으므로 지역자율형 사회서비스투자사업의 서비스에 대한 품질측정은 보다 개선된 서비스 질을 위해 중요한 역할을 수행한다.

③ 서비스품질과 품질보증 그리고 서비스표준(안)

제공되는 사회서비스의 품질을 측정하는 것은 투입과 행동 그리고 산출의 내용을 확인한다는 측면에서 매우 중요하다고 볼 수 있지만 서비스품질을 측정하기에 앞서 품질보증이나 표준화된 서비스제공 여부, 즉 서비스표준에 맞는 서비스가 제공되는가를 확인하는 것 역시 매우 중요하다. 이는 성과측정에서 서비스품질을 측정하는 것이 어

려운 경우 사업의 내용을 평가하기 위해서 서비스표준이나 품질보증(quality assurance)에 대한 지침을 설정한 후 이 지침을 준수하였는지를 확인하여 서비스품질을 간접적으로 측정하는 방식을 활용하기 때문이다.

품질보증이나 서비스표준(안)은 서비스를 제공받는 이용자들이 해결하려는 문제가 제공되는 서비스를 통하여 어느 정도 해결되고 있는가, 문제해결을 위해 제공되어야 하는 기본적인 서비스의 내용이 포함되어 있는가, 표준서비스나 내용이 적절한 방식으로 적절한 양만큼 제공되고 있는가, 또는 질을 보증하는 지침이나 방식을 분석하는 것 등이 품질보증 또는 서비스표준(안)의 확인에서 매우 중요한 부분이 된다.

사회서비스에서 품질은 서비스나 제품을 의미하는 것이 아니라 클라이언트의 욕구에 부응하여 만족시킬 수 있는 질적인 성격(김통원 외, 2006), 클라이언트의 욕구, 사회, 조직 등의 환경에 반응하는 관리체계와 프로세스를 개발하는 것(Gunther & Hawkins, 1996), 또는 서비스이용자들의 욕구를 충족시킬 수 있는 능력으로 정의될 수 있다(김은정 외, 2008). Poister(2003)는 품질이 서비스 전달 과정과 산출을 통해 직접적으로 측정될 수 있음을 강조하였으며 품질 측정요소로 소요시간, 정확도, 철저성, 접근성, 편리성, 안전성 그리고 공손함을 제시하였다.

품질보증은 이용자들에게 서비스를 제공하는 과정에서 발생할 수 있는 부족이나 어려움을 수정하고 개선하는 것을 목적으로 한다(Royse et al., 2006). 따라서 품질보증은 사업이 의도된 결과를 산출하기 위해서 작동하고 있는지 아닌지를 살펴보고, 적절한 수준의 서비스가 이용자들에게 제공되고 있는지를 확인할 수 있는 과정 분석의 핵심 부분이다. 특정 서비스들이 체계적이고 효과적으로 품질을 담보하면서 제대로 이용자들에게 제공되고 있는지를 확인하기 위하여 인증제를 시행하거나 서비스표준이나 최소 기준을 설정하는 경우도 있으며 이는 사회복지서비스분야에서도 예외는 아니다. Royse와 동료들(2006)에 따르면 병원의 경우 품질보증을 위한 구체적 분석내용은 주로 다음과 같은 정보에 대한 확인을 통해 이루어진다고 한다.

- 해결해야 하는 문제에 대한 확인서류
- 개입을 위한 기획이나 치료를 위한 계획서류

- 제공되는 서비스의 기간이나 빈도에 대한 서류
- 서비스 형식
- 처방
- 퇴원계획
- 직원의 자질에 대한 서류

미국, 영국 등 주요 국가들의 사회서비스품질 관련 표준영역은 크게 (1) 서비스이용자 보호관련 최소 기준, (2) 서비스품질의 내용관련 최소 기준, (3) 서비스제공인력 및 제공기관 관련 최소 기준 그리고 (4) 불만과 고충처리 과정의 확보에 대한 최소 기준 등으로 구성되어 있으며, 이를 바탕으로 사회서비스 공통 품질 기준의 예를 재구성하면 〈표 7-39〉와 같다(김은정 외, 2008).

〈표 7-39〉 사회서비스 공통 품질 기준의 예

최소 품질 기준 영역		구체적 내용
서비스 이용자 관련	서비스이용자 선택권 확보	• 정보제공 • 욕구 사정 • 서비스제공 전 초기 방문 • 서면 계약
	서비스이용자의 개별적 욕구, 선호 반영	• 서비스 이용 계획 설정 • 정기적 재사정(reassessment) • 기록 유지 및 보관
	서비스이용자와 삶의 질 확보	• 삶에 대한 자율성과 권리 보장 • 이용자의 의사 존중 • 이용자의 요구사항 반영 • 사회적 교류 기회의 보장 • 사생활 보장 • 비밀 유지

서비스 제공인력 관련	• 서비스 제공자의 전문성과 자격지침 명시 • 서비스 제공인력 모집방법 명시 • 서비스 제공인력 교육 및 훈련 계획 명시 • 서비스 제공인력 업무환경에 대한 지침 제공 • 서비스 제공인력에 대한 복리 제공 • 서비스 제공인력 관리체계 명시 • 자원봉사자 관리체계 명시
서비스 제공기관 경영 및 행정 관련	• 공급자 자격 조건 확보 • 사회서비스의 사회적 책무성 인식 • 사용자 중심의 서비스제공 철학 명시 • 명시적 회계규정과 재정절차 완비 • 서비스 이용 지불 방식, 절차, 금액관리 기준 확보 • 품질보증을 위한 노력 체계 확보
불만 및 고충처리 과정 관련	• 불만 접수 방법 명시 • 불만처리의 질 확보

출처: 김은정 외(2008), p. 63에서 재인용.

〈표 7-39〉에서 제시한 사회서비스 공통 품질 기준은 결국 사회서비스 품질보증을 위한 구체적 질문이나 내용으로 제시될 수 있다.[9]

한편, **품질보증**은 앞에서 지적한 바와 같이 사업의 과정에서 발생할 수 있는 부족이나 어려움을 수정하고 개선하는 것을 목적으로 하기 때문에 서비스결과보다는 서비스 자체의 내용을 강조하게 된다. 특히, 돌봄서비스 등과 같은 사회서비스사업의 경우 품질보증은 서비스를 제공하는 모든 기관이 이용자들로 하여금 질을 확인할 수 있고 질을 관찰할 수 있도록 하는 것이 매우 중요하다고 하기 때문에 품질관리 측면에서 이용자들에 대한 사례기록카드는 품질보증을 위해 매우 중요한 하나의 도구가 된다. 사례기록카드는 앞에서 제시된 질 보증을 위한 질문들에 대한 내용을 대부분 포함하고 있

---

9) 이용자, 제공기관, 제공인력 영역으로 구분한 최소 품질 기준의 구체적 내용은 김은정 외(2008), p. 87-92를 참조할 것

어 관리자의 입장에서나 이용자의 입장에서 서비스의 질을 확인하고 조정할 수 있는 중요한 척도의 역할을 담당한다. 사례기록카드는 사례관리가 실행되어야만 작성될 수 있기 때문에 서비스의 질은 이용자들에 대한 사례관리가 필수적이라고 할 수 있겠다. 사례기록카드가 포함하고 있어야 하는 내용을 정리하면 〈표 7-40〉과 같다.

〈표 7-40〉 사회서비스 품질보증을 위한 사례기록카드의 예

이용자	• 이용자는 어떠한 문제를 가지고 있는가? • 이용자는 현재 어떠한 상황인가?
계획서	• 이용자의 문제해결을 위한 계획서는 작성되었는가?
서비스의 빈도나 기간	• 서비스는 얼마나 자주(일주일, 한 달) 제공되는가? • 서비스의 단위는 몇 시간인가?
서비스 형식	• 서비스는 누가 제공하는가?
필요한 서비스	• 필요한 서비스는 무엇인가? • 얼마만큼의 서비스가 제공되는가(서비스 총량)?
서비스 종결 계획	• 언제 서비스가 종결될 수 있는가?
직원의 자질	• 서비스 제공자는 자격이 있는가?

④ 품질보증과 품질관리(quality management)

단일 사업이나 프로그램에서 제공되는 다양한 수준의 서비스가 내용적으로 이용자들이 가지고 있는 개별적 욕구를 해결할 수 있을 정도의 수준을 유지하고 있는지를 확인하는 서비스내용의 최소 수준이나 표준 그리고 품질보증의 확인은 결국 서비스 질 관리를 통해 사업의 성과를 관리한다는 측면에서 성과관리, 특히 성과를 구성하는 결과영역의 관리에 있어 핵심 내용이 된다.

성과관리 측면에서 보면 품질관리는 서비스 품질표준과 품질보증의 분석을 포함하는 것이라고 할 수 있다. 이는 품질관리의 핵심이 바로 품질보증과 표준화된 서비스품질 분석임을 의미한다. Deming이 강조하였던 품질관리의 가장 주된 목적이 사업의 모든 과정에서 나타날 수 있는 변수를 줄여 사업의 일관성을 획득하는 것이라고 한다면

(Royse et al., 2006), 사회서비스사업에서 품질관리는 사업의 대상인 이용자들의 변화를 위해 제공되는 서비스품질의 일관성을 유지하는 것이라고 해석할 수 있고, 품질관리는 결국 변화를 강조하는 결과분석과 밀접한 연관이 있을 수밖에 없게 된다. 즉, 품질관리의 일차적 목적은 품질 분석을 통하여 서비스품질의 일관성을 유지하고 이를 통해 사업이 성취하려는 목적을 성취하도록 함으로써 이용자들의 욕구를 충족시키는 것이라고 할 수 있다. 품질관리를 이용자들이 원하는 목표를 달성하도록 돕기 위해 사회서비스가 어떤 내용으로 구성되어야 하며, 어떤 방식으로 전달되고, 어떤 과정을 거치면서 공급되어야 하며, 서비스 질을 어떻게 측정해서 그것을 최종적 결과와 결부시켜 궁극적으로 품질향상을 이루도록 할 것인지를 다루는 활동(김은정 외, 2008)이라고 포괄적으로 정의된다고 하여도, 결국 품질관리는 제공되는 서비스의 품질을 향상시켜 이용자의 욕구를 해결하도록 하는 것이라고 할 수 있기 때문에 품질측정은 품질관리를 위한 기본 토대가 된다.

사회서비스투자사업에서 품질을 서비스이용자들의 욕구를 충족시킬 수 있는 능력이나 이용자의 입장에서 이용자가 원하고 필요로 하는 것이라고 정의하면 사회서비스투자사업에서 품질관리는 결국 이용자가 원하고 필요로 하는 서비스가 제공되고 있는가를 관리의 최우선 목적으로 두는 것이라고 할 수 있다. 또한 관리자의 측면에서 질 관리의 핵심은 바로 이용자가 원하는 또는 필요로 하는 서비스를 제공하기 위해 사업을 지속적으로 개선(향상)하는 것이라고 할 수 있다. 필요로 하는 서비스를 제공하기 위해 지속적으로 서비스품질을 개선하는 것은 결국 앞에서 살펴본 사업의 과정에서 발생할 수 있는 부족이나 어려움을 수정하고 개선하는 것을 목적으로 하는 질 보증과 밀접한 연관이 있다고 할 수 있으므로 품질보증은 결국 품질관리를 통해서 이루어진다고 할 수 있다. 결론적으로 질 보증은 품질개선(질의 향상)을 추구하며 품질개선이 지속적으로 이루어지도록 하는 것이 품질관리라고 할 수 있다. 품질보증-품질개선-품질관리의 관계를 그림으로 나타내면 다음과 같다.

품질보증 ▶ 품질개선 ▶ 품질관리

✎ [그림 7-9] 품질보증 – 품질개선 – 품질관리의 관계

  사회서비스투자사업에서 품질관리를 이용자가 원하고 필요로 하는 서비스가 제공
되도록 사회서비스의 품질을 관리하는 것이라고 한다면 품질관리는 결국 사업의 성과
와 밀접한 연관이 있다고 할 수 있다. 이는 성과관리가 성과의 가치, 과정 그리고 결과
를 측정하여 사업의 작동(또는 운영)과 내적 역동성을 사정, 분석하는 것이며, 이를 위
해 구체적으로 사업이 실행되는 방식(운영방식)과 제공되는 서비스의 질을 측정하는
것이라고 할 수 있기 때문이다. 결국 품질관리는 성과관리의 결과영역을 측정하는 것
에 의해 이루어지는 것이며 이를 위해 서비스품질척도와 이용자만족척도 등을 측정도
구로 활용하게 된다. 결국 품질을 관리하기 위해 서비스의 최소 품질을 보증할 수 있는
최소 품질 기준을 제시한다든지 또는 표준화된 서비스가 제공되도록 서비스표준안을
제시한다든지 하는 노력이 필요하며, 또한 이용자의 입장에서 서비스의 품질이 어떻
게 이해되는지를 확인하는 서비스품질에 대한 측정을 통하여 지속적으로 관리되어야
하는 것이 중요하다. 따라서 품질의 측정은 곧 성과의 결과영역에서 이용자의 변화와
욕구의 해결정도를 간접적으로 확인하는 중요한 측정영역이다.

  Martin(1993)은 프로그램 또는 사업에서 품질관리는 14개의 측면을 고려하는 것이
라고 강조하였는데, 그에 따르면 품질관리의 14개 측면은 다음과 같다.

〈Martin의 서비스품질 14개 측면〉

- 접근성
  - 사업에 들어오기 위해 어떤 기준을 충족시켜야 하는가?
  - 사업에 들어오기 위한 방어벽은 무엇인가?
- 보증: 직원들은 믿을 수 있는가?
- 의사소통
  - 이용자들은 사업에 대한 정보를 적절히 제공받고 있는가?
- 경쟁력
  - 직원들이 기술과 지식을 갖추고 있는가?
- 적합성
  - 직원들은 실천 활동을 위한 기준을 갖추었는가?

- 부족
  - 프로그램 질을 보증하는 데 있어 부족한 것이 있는가?
- 영속성
  - 사업에 의해서 제공되는 변화나 영향력이 유지되는가?
- 감정이입
  - 치료사들이나 직원들은 이용자들을 이해할 수 있는 이해력이 있는가?
- 존엄
  - 이용자들이 존엄과 존경으로 다루어지고 있는가?
- 수행력
  - 의도된 대로 개입이 이루어지고 있는가?
- 신뢰성
  - 개입은 일관성이 있고 예측 가능한가?
- 응답성
  - 도움을 위한 요청이 시간 내로 처리되고 있는가?
- 보장
  - 개입을 제공받는 데 있어 위험은 존재하지 않는가?
- 실체
  - 물리적 환경이 적합한가: 시설이 깨끗한가 또는 가구 등은 낡지 않았는가 등

⑤ 서비스품질척도

Parasuraman, Zeithaml 그리고 Berry(1988a, 1988b)는 민간부문 영역에서 서비스품질의 차이를 측정하기 위해 서비스품질 5개 영역의 총 22개 항목으로 구성된 척도를 제시하였다. 이들은 서비스의 유형성(tangible), 신뢰성(reliability), 응답성(responsiveness), 공감성(empathy), 확신성(assurance)을 서비스품질을 구성하는 5개 영역으로 보았다. 유형성은 기관 환경과 같은 의미로 서비스가 제공되는 기관의 시설이나 장비, 분위기 등이 가장 밀접하게 관련된다. 신뢰성은 품질의 기술적 부분을 포함하여 서비스 약속의 엄수나 정확성과 관련되며, 응답성은 서비스의 적시성과 즉각적 반응과 관련된다. 공감성은 품질의 비기술적 부분을 의미하는 것으로 서비스이용자에 대한 개별적 관심과 원활한 의사소통, 이용자에 대한 이해도 등이 관련된다. 확신성은 서비스제공자의 능력과 태도, 안전성 등과 관련된다. 품질의 5개 영역을 표로 나타내면 〈표 7-41〉과 같다.

💻 〈표 7-41〉 서비스 품질 영역

유형성	물리적 시설, 장비, 직원들의 외양	4개 문항
신뢰성	약속된 서비스를 독자적으로 정확하게 수행하는 능력	5개 문항
응답성	신속한 서비스를 제공하고 이용자를 도우려는 의지	4개 문항
확신성	신뢰와 확신을 불러일으키는 직원들의 능력과 그들의 지식과 예의	4개 문항
공감성	서비스조직이 이용자 등에게 제공하는 개인적 관심과 돌봄	5개 문항

출처: Parasuraman, Zeithaml, & Berry(1988b), p. 23에서 재인용.

이 장에서는 Parasuraman, Zeithaml 그리고 Berry가 제시한 서비스품질척도 (SERVQUAL모형)를 지역자율형 사회서비스품질을 측정하는 척도로 수정하여 서비스 품질척도로 활용하도록 한다.

⑥ SERVQUAL모형의 적용

5개의 영역에서 품질을 측정하기 위한 구체적인 측정지표(질문)로 Parasuraman, Zeithaml 그리고 Berry(1988b)는 22개의 질문을 제시하였으며, 점수는 1점에서 7점으로 매우 동의하면 7점, 전적으로 동의하지 않으면 1점, 그리고 확실하지 않으면 중간 점수를 부여하도록 되어 있다. 그 질문들의 내용은 〈표 7-42〉와 같다.

💻 〈표 7-42〉 서비스품질 측정영역별 질문

품질 측정 영역	항목별 측정질문	
	기대한 서비스	지각한 서비스
유형성	E1. 조직은 최신 장비를 구비하고 있어야 한다. E2. 시설은 시각적으로 호감이 가야 한다. E3. 직원들은 용모가 단정하여야 한다. E4. 시설의 외관이 서비스를 제공하는 유형과 일치하여야 한다.	P1. 조직은 최신 장비를 가지고 있다. P2. 시설이 시각적으로 호감이 간다. P3. 직원들의 용모가 단정하다. P4. 시설의 외관이 서비스를 제공하는 유형과 일치한다.

신뢰성	E5. 정해진 시간에 무엇인가를 하기로 약속을 했을 때 조직은 그것을 수행하여야 한다. E6. 이용자에게 문제가 발생하였을 때 조직은 공감을 해 주어야 하며 위안을 주어야 한다. E7. 조직은 믿을 만하여야 한다. E8. 조직은 서비스를 제공하기로 약속한 시간에 서비스를 제공하여야 한다. E9. 조직은 기록들을 정확하게 보관하고 있어야 한다.	P5. 정해진 시간에 무엇인가를 하기로 약속을 했을 때 조직은 그것을 수행한다. P6. 당신에게 문제가 발생하였을 때 조직은 공감을 해 주며 위안을 준다. P7. 조직은 믿을 만하다. P8. 조직은 서비스를 제공하기로 약속한 시간에 서비스를 제공한다. P9. 조직은 기록들을 정확하게 보관하고 있다.
응답성	E10. 서비스가 제공될 시간을 이용자에게 정확하게 알려 주는 것을 기대하기가 어렵다.(−) E11. 조직의 직원들로부터 이용자가 정확한 서비스를 기대하는 것은 비현실적이다.(−) E12. 조직의 직원들은 이용자들을 항상 도울 의지가 있는 것 같지 않다.(−) E13. 이용자들의 요구에 즉각적으로 응답할 수 없을 정도로 바쁜 것은 괜찮은 것이다.(−)	P10. 조직은 서비스가 제공될 시간을 당신에게 정확하게 알려 주지 않았다.(−) P11. 조직의 직원들로부터 정확한 서비스를 제공받지 못했다.(−) P12. 조직의 직원들은 당신을 항상 도울 의지가 없다.(−) P13. 직원들은 당신의 요구에 즉각적으로 응답할 수 없을 정도로 바쁘다.(−)
확신성	E14. 이용자들은 이 조직의 직원들을 신뢰할 수 있어야 한다. E15. 이용자들은 조직의 직원들과 거래하면서 안전함을 느낄 수 있어야 한다. E16. 직원들은 예의가 있어야 한다. E17. 직원들은 그들의 직무를 수행함에 있어 조직으로부터 적합한 지원을 받아야 한다.	P14. 조직의 직원들을 신뢰할 수 있다. P15. 조직의 직원들과 거래하면서 안전함을 느낀다. P16. 직원들이 예의가 있다. P17. 직원들은 그들의 직무를 수행함에 있어 조직으로부터 적합한 지원을 받는다.

공감성	E18. 조직이 이용자들에게 개인적인 관심을 기울이는 것을 기대할 수 없다.(−) E19. 직원들이 이용자들에게 개인적인 관심을 기울이는 것을 기대할 수 없다. (−) E20. 직원들이 이용자들의 욕구를 아는 것을 기대하는 것은 비현실적이다.(−) E21. 조직이 이용자들의 마음에 있는 최고의 관심을 가지고 있음을 기대하는 것은 비현실적이다. (−) E22. 조직이 모든 이용자가 편리한 시간에 운영하는 것을 기대하는 것은 어렵다. (−)	P18. 조직은 당신에게 개인적인 관심을 주지 않는다.(−) P19. 직원들이 당신에게 개인적인 관심을 기울이지 않는다.(−) P20. 직원들은 당신의 욕구를 알지 못한다.(−) P21. 조직은 당신의 마음에 있는 최고의 관심을 가지고 있지 않다.(−) P22. 조직은 모든 이용자가 편리한 시간에 운영하지 않는다.(−)

출처: Parasuraman, Zeithaml, & Berry(1988b), p. 38에서 재인용.

⑦ 지은구 등(2013)의 지역복지관 품질척도

서비스품질척도로 가장 많이 인용되고 활용되는 Parasuraman과 동료들(1988b)이 개발한 SERVQUAL모형은 알려져 있는 바와 같이 은행, 신용회사, 수선 및 유지관리회사, 전화회사 등 영리조직의 서비스품질을 구성하는 요인이므로 SERVQUAL모형이 제시한 5개의 품질영역을 사회적 목적 및 가치실현을 강조하는 비영리 사회복지관의 서비스품질을 구성하는 품질요인으로 적용하기 위해서는 비영리 사회복지관의 가치에 맞게 품질척도가 수정 보완되어 개발되어야 한다(지은구, 김민주, 2014).

특히, 김은정과 정소연(2009), 지은구(2012) 등은 사회복지조직의 서비스품질 구성요인으로 영리조직의 서비스품질척도에서 등한시하였던 사회성을 추가하였다. 하지만 이들이 제시한 사회성은 이용자의 권리보호, 이용자의 선택권에 대한 정보제공 등을 사회성 척도로 보고 구체적으로 사생활보호 및 존중, 비밀보장, 안전한 서비스 제공을 사회성 측정지표로 들었지만 사회성이란 일상적으로 타인과의 관계에서 협동하고 서로 간에 원활한 상호작용을 하는 정도를 나타내는 인간관계 및 대인관계로서 사교적인 행동을 의미하므로 사회성이라는 개념보다는 이들이 제시한 설명의 내용으로는 권리성에 더욱 가깝다고 할 수 있다. 즉, 사회성이란 사람과 사람과의 관계를 맺는 능력, 즉 타인과 잘 사귀고 어울릴 수 있는 특성을 말하므로 이들이 제시한 사회성이란 의미는 보다 정확히 표현한다면 곧 권리성을 의미하는 것이라고 볼 수 있다. 이러한 논의를 배경으로 지은구와 김민주(2014)는 사회적 가치실현을 목적으로 하는 비영리 사회복지조직의 특성을 고려하여 이용자의 권리보호를 위한 측정항목을 사회성보다는 권리성이라는 차원으로 해석하고, 권리성이라는 새로운 차원을 생성하여 지표를 구성하였다.

한편, Martin과 Kettner(2010)는 인간봉사영역의 프로그램에서 제공되는 서비스의 품질 구성요소를 설명하면서 접근성이라는 개념을 추가하였다. 즉, 그들은 이용자들이 사회프로그램에 접근하거나 프로그램을 제공받기가 쉬운가의 여부를 접근성이라고 지칭하고, 접근성이 사회복지영역에서 서비스품질을 구성하는 중요 요소임을 강조하였다. 일반적으로 지역사회복지관은 사회로부터 배제되고 소외받은 국민들이 이용하는 장소로서 복지관에서 제공되는 프로그램은 어떤 국민이든 배제 없이 그리고 장벽 없이 서비스를 제공받을 수 있어야 한다는 측면에서 장소적 또는 절차적으로 국민들을 배제하는 것은 국민들의 입장에서 보았을 때 당연히 받아야 하는 서비스의 배제를 의미하는 것이다. 따라서 비영리 사회복지관의 사회적 책임감의 측면에서 본다면 접근성은 비영리 사회복지조직에게 있어 반드시 유지하여야 하는 서비스품질 요소라고 할 수 있을 것이다.

이상의 논의를 바탕으로 지은구 등(2014)은 지역사회복지관 서비스 품질관리척도 영역을 탐색적 요인분석과 확인적 요인분석 및 신뢰성과 타당성을 거쳐 7개 품질영역으로 구성하였다. 이 영역은 유형성, 신뢰성, 공감성, 확신성, 응답성, 접근성 그리고 권리성이다. 이는 기존의 SERVQUAL모형이 제시한 5개 영역의 품질 구성요인에 접근성과 권리성을 추가한 것이다. 이들이 연구에서 제시한 지역사회복지관 서비스품질 구성요소는 다음과 같다.

첫째, 유형성은 기관의 물리적인 시설, 장비, 관리요원의 용모 및 복장 등이 최신식으로 또는 깔끔하게 관리되는 것을 제공자의 인지 및 태도를 통해 확인하는 것

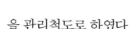

을 관리척도로 하였다.

둘째, 신뢰성은 이용자와 약속한 서비스를 정확하고 믿을 수 있게 수행하고 관리하는 능력을 인정하는 것을 의미한다.

셋째, 공감성은 이용자에게 쉬운 말로 이야기하고, 이용자에게 귀를 기울이며, 이용자의 욕구를 알기 위해 노력하는 것, 즉 이용자의 욕구조사, 정기적인 컨퍼런스 실시를 인지하는 정도로 확인한다.

넷째, 확신성은 제공자가 서비스를 수행하기 위한 기술과 지식을 소유하고 있고, 서비스제공자에게 정중함, 존경, 배려, 친근함, 신뢰성과 정직성이 있는 것, 이용자에게 위험과 의심의 가능성이 없는 것, 이용자의 참여에 대한 적극적 독려, 그리고 이용자의 의사를 우선 반영하여 프로그램에 대한 정보를 제공하는 것을 품질 구성요소로 확인한다.

다섯째, 응답성은 이용자를 기꺼이 도우며 신속하게 서비스를 제공하려는 것, 이용자의 불만접수, 불만사항을 해결하는 것을 인지하는 제공자의 태도를 확인한다.

여섯째, 접근성은 이용자들이 사회프로그램에 접근하거나 프로그램을 제공받기가 쉬운가의 여부를 지칭하며, 지역사회복지관이 이용자나 그의 가족이 접근하기가 용이한지, 그리고 프로그램의 팸플릿이나 안내문이 이용자나 가족이 손쉽게 접근 가능한 곳에 위치해 있는지, 이용자가족이 프로그램에 참여하는 것이 가능한지 등을 확인하는 것을 접근성 품질 구성요소로 한다.

일곱째, 권리성의 경우는 이용자의 권리 실현의 정도로 비밀보장, 자기결정, 정보공개 등과 관련하여 사회복지기관이 서비스제공을 위한 서면계약의 절차와 비용 및 지불방식에 대한 정보제공을 품질관리 요소로 삼는다.

이상의 개념에 근거하여 이들은 총 18개의 사회적 가치실현을 목적으로 설립된 지역복지관 서비스품질척도를 〈표 7-43〉과 같이 제시하였다.

💻 〈표 7-43〉 지은구, 김민주의 지역사회복지관 서비스품질관리 척도

품질 영역	측정문항
권리성	우리 기관은 서비스제공을 위한 서면계약의 절차를 공식화하고 있다.
	우리 기관은 이용자들에게 서비스 비용 및 지불방식에 대한 정보를 제공한다.
	우리 기관은 이용자들에게 서비스 정보(제공시간, 빈도, 기간)를 서비스 전(前)에 제공한다.
확신성	우리 기관은 서비스제공 계획 수립 시 이용자의 참여를 적극 독려하고 있다.
	우리 기관은 서비스 내용과 전달방식의 변경 시 이용자의 의사를 우선 반영한다.
	우리 기관은 이용자에게 다른 기관에서 제공되는 유사 프로그램에 대한 정보를 제공하고 있다.
공감성	우리 기관은 연 1회 이상 이용자 욕구조사를 실시하고 있다.
	우리 기관은 이용자의 요구사항을 반영하기 위해 매월 정기적인 컨퍼런스를 실시하고 있다.
	우리 기관은 이용자의 욕구사정 결과에 근거한 서비스제공을 원칙으로 하고 있다.
접근성	우리 기관은 이용자나 이용자가족이 접근하기에 용이한 곳에 위치하고 있다.
	우리 기관의 홍보물과 자료집, 서비스 안내문은 쉽게 접할 수 있다.
	우리 기관의 프로그램은 이용자가족이 참여할 수 있다.
유형성	우리 기관의 서비스 장비는 현대적이다.
	우리 기관의 시설은 쾌적하게 유지되고 있다.
신뢰성	우리 기관은 약속된 서비스가 제공되는지를 매주 확인한다.
	우리 기관은 약속된 서비스 시간을 엄수하며, 이를 수시로 점검하여 보고한다.
응답성	우리 기관은 불만 접수 방법을 명시하는 지침이 있다.
	우리 기관은 이용자의 불만사항을 해결하는 별도의 담당부서(인력)를 배치하고 있다.

⑧ 지은구와 이원주의 노인요양시설 서비스품질척도

지은구와 이원주(2015)는 지은구 등(2013), 지은구(2012), 김은정과 정소연(2009)의 연구를 접목하여 권리성과 협력성 항목을 추가 개발하고 Parasuraman, Zeithaml 그리고 Berry(1985)가 초기 모형의 접근성을 재구성하여 8개 차원의 총 44개 항목을 노인요

양시설 서비스품질척도로 다음의 〈표 7-44〉와 같이 구성하였다.

간략히 말하자면, 첫째, 유형성으로는 물리적 시설과 장비, 직원의 외모 등으로 시각성을 강조하였다. 둘째, 신뢰성으로는 정확하고 믿을 수 있게 약속을 잘 지키는 능력이 있는지를 보며, 셋째, 접근성으로는 이용자의 정보 접근의 용이성을 측정한다. 넷째, 응답성으로는 신속하게 서비스를 제공하고 고객을 도우려는 태도가 있는지를 측정하며, 다섯째, 확신성으로는 직원들이 지식과 예의, 믿음과 신뢰를 주는 자질을 갖추었는지에 초점을 둔다. 여섯째, 공감성으로는 이용자들을 배려하고 관심을 어느 정도 가지느냐를 측정하며, 본 연구에서 새로이 추가한 차원인 권리성은 이용자의 권리(비밀보장, 자기결정, 정보 공개, 존엄성 등) 실현의 정도로 보았다. 그리고 여덟째, 협력성으로는 직원과 이용자 및 그의 가족과 외부와의 유대관계로 보았다.

💻 〈표 7-44〉 SERVQUAL의 차원과 본 연구의 영역들

품질	차원	내용	기존 영역	본 연구영역
서비스 품질	유형성	물리적 시설, 장비, 직원들의 외모	4개 문항	7개 문항
	신뢰성	약속된 서비스를 독자적으로 정확하게 수행하는 능력	5개 문항	5개 문항
	접근성[10]	이용자에게 접촉의 가능성과 쉽게 접촉할 수 있는 것	–	3개 문항
	응답성	신속하게 서비스를 제공하고 이용자를 도우려는 의지	4개 문항	5개 문항
	확신성	신뢰와 확신을 불러일으키는 직원들의 능력 및 그들의 지식과 예의	4개 문항	3개 문항
	공감성	서비스 조직이 이용자 등에게 제공하는 개인적 관심과 돌봄	5개 문항	6개 문항

10) Parasuraman, Zeithaml, & Berry(1988)의 SERVQUAL 품질척도를 5개 차원으로 줄이면서 공감성(접근성, 커뮤니케이션, 고객 이해)으로 묶임.

권리성	이용자의 권리(비밀보장, 자기결정, 정보공개, 존엄성 등) 실현의 정도	–	10개 문항
협력성	직원(요양보호사) 및 이용자(가족) 간의 유대관계	–	5개 문항
총 문항 수		22개 문항	44개 문항

지은구와 이원주(2015)는 총 44개의 항목으로 구성된 품질척도를 타당도 검증을 통하여 최종 36개의 문항을 개발하였다. 최종 서비스품질 지표는 유형성 5개 문항, 접근성 3개 문항, 신뢰성 5개 문항, 응답성 5개 문항, 확신성 3개 문항, 공감성 6개 문항, 권리성 5개 문항, 협력성 4개 문항으로 다음의 〈표 7-45〉와 같이 구성되었다.

💻 〈표 7-45〉 지은구, 이원주(2015)의 노인요양시설 서비스품질척도

차원	내용
유형성	시설의 장비(침대, 휠체어 그리고 물리치료 기구 등)는 위생적으로 관리되고 현대적으로 보인다.
	시설은 내·외부적으로 깨끗하고 깔끔한 분위기다.
	시설의 직원들은 밝고 단정한 용모를 갖추고 있다.
	시설은 어르신에게 안전한 공간이다.
	시설은 어르신을 위한 편의시설(휴식공간, 승강기, 강당, 산책공간 등)을 가지고 있다.
접근성	식단은 매주 어르신에게 알림판 등을 통해 알 수 있다.
	서비스나 시설에 관련된 자료가 보기 쉬운 장소에 놓여져 있다.
	시설은 어르신이 참여할 수 있는 다양한 프로그램(생신잔치, 어버이날 행사, 건강체조, 놀이 등)을 제공한다.
신뢰성	시설은 서비스를 제공하기로 약속한 시간에 서비스를 제공한다.
	어르신에게 문제가 발생했을 때 시설은 어르신을 이해하기 위해 노력하며 위안을 준다.
	시설(직원)이 믿을 만하다.
	시설은 어르신 및 가족에 대한 기록을 정확하게 보관하고 있다.
	제공하기로 한 서비스와 실제 제공된 서비스는 같다.

응답성	시설은 어르신의 요구에 신속하게 대응한다.
	서비스가 제공될 시간을 어르신에게 정확하게 알려 준다.
	시설의 직원으로부터 어르신이 요구하는 서비스를 기대할 수 있다.
	시설의 직원은 어르신을 도울 의지가 있는 것 같다.
	서비스는 어르신의 상태나 의사를 반영하여 제공된다.
확신성	직원들은 충분한 업무지식 및 기술을 갖추고 있다.
	직원들은 어르신에게 예의 바르고 친절하다.
	직원들과 같이 있으면 안전함을 느낀다.
공감성	직원은 어르신의 편의를 최우선적으로 고려한다.
	직원은 어르신에게 관심을 가지고 있다.
	직원은 어르신이 무엇을 원하는지를 잘 알고 있다.
	시설에서 제공되는 서비스는 어르신에게 편리한 시간에 제공된다.
	어르신의 희망과 의견이 반영된 서비스가 제공된다.
	직원들은 어르신의 심신(몸) 상태를 잘 파악하고 있다.
권리성	시설은 어르신의 사생활과 자존심을 존중한다.
	시설은 서비스를 제공할 때 어르신에게 설명하고 동의를 얻는다.
	어르신은 언제나 서비스를 거절 및 중지시킬 수 있다.
	시설은 어르신에 대한 기록(돌봄기록이나 의료기록 등)을 어르신이나 가족의 요구 시 언제나 제공한다.
	시설은 어르신을 다른 사람과 차별하지 않고 동일하게 대한다.
협력성	시설에는 자원봉사자가 자주 찾아온다.
	시설은 어르신이 위급 시 연락할 수 있는 가족 및 기타 긴급연락처를 파악하고 있다.
	간호사 그리고 요양보호사들은 서로 도와주고 잘 지낸다.
	어르신의 상황(현재의 몸 상태) 등에 관한 정보가 직원들 간에 공유되어 있다.

　이들이 개발한 서비스품질척도는 2014년에 개발한 품질척도에서 협력성 차원을 새롭게 추가한 것을 특징으로 한다. 협력성의 핵심은 조직의 성공이 조직목적 실현에 영향을 줄 수 있는 이용자, 이용자가족, 그리고 직원 등과 같은 핵심 집단과의 관계를 어

떻게 잘 관리하는가에 전적으로 달려 있다는 점에 근거한다(Freeman & Phillips, 2002). 결국 모든 이해관련 집단의 지지나 지원활동을 유지하고, 그들의 이익이 최대가 될 수 있게 협력의 균형을 이루도록 하는 것이 중요하다. 이러한 점을 근거로 지은구와 이원주(2015)는 협력성을 이용자의 욕구를 공동으로 해결하고자 하는 노력으로 정의하였다.

노인요양서비스를 먼저 제공하고 있는 독일이나 일본 그리고 영국 등과 같은 선진국에서는 서비스품질을 강화하는 다양한 정책을 시행하고 있으며 서비스품질 측정문항으로 협력성에 대한 지표를 중요하게 제시하고 있다. 일본의 경우 서비스품질 측정항목에 지역주민과 자원봉사자 등 외부와의 연계가 잘 이루어지는지를 묻는 지표가 포함되어 있다(동경도지정정보공표센터, 2007). 독일은 결과의 질로서 사회망 강화를 측정항목에 포함하고 있고, 영국 역시 다른 제공기관과의 협력을 서비스품질 측정지표로 활용하고 있다(이정석, 한은정, 권진희, 2011). 이상의 연구를 토대로 지은구와 이원주(2015)는 협력성을 나타내는 지표를 총 4개 문항으로 제시하였다.

⑨ 지역자율형 사회서비스투자사업 서비스품질척도

Parasuraman, Zeithaml 그리고 Berry(1988b), 지은구와 김민주(2014) 등이 앞에서 제시한 서비스품질척도는 지역자율형 사회서비스투자사업에서 제공하는 서비스품질을 측정하기 위한 척도로 수정하여 활용할 수 있다. 수정된 지역자율형 사회서비스품질척도의 예는 〈표 7-46〉과 같다.

🖵 〈표 7-46〉 기대하는 사회서비스

	기대하는 사회서비스에 대한 질문	재가방문
유형성	1. 기관은 최신 장비를 구비하고 있어야 한다. 2. 기관의 시설은 호감이 가야 한다. 3. 기관의 강사들과 직원들은 용모가 단정하여야 한다. 4. 기관의 시설은 적절한 교육을 제공할 정도의 수준이어야 한다.	1, 2, 4번 문항 제외

신뢰성	5. 정해진 시간에 무엇인가를 하기로 약속했을 때 기관은 그것을 수행하여야 한다. 6. 나에게 문제가 발생하였을 때 강사들과 직원들은 공감을 해 주어야 하며 위안을 주어야 한다. 7. 기관의 서비스는 믿을 만하여야 한다. 8. 기관은 서비스를 제공하기로 약속한 시간에 교육을 제공하여야 한다. 9. 기관은 서비스제공 관련 기록들을 정확하게 보관하고 있어야 한다.	
응답성	10. 서비스가 제공될 시간을 직원들이 나에게 정확하게 알려 주는 것을 기대할 수 있다. 11. 강사들로부터 제공되는 정확한 서비스 내용을 기대할 수 있다. 12. 강사들과 직원들은 나를 항상 도울 의지가 있는 것 같다. 13. 강사들과 직원들이 나의 요구에 즉각적으로 응답할 수 없을 정도로 바쁜 것은 괜찮은 것이다. (−)	
확신성	14. 강사들은 신뢰할 수 있어야 한다. 15. 강사들과 교류하면서 안전함을 느낄 수 있어야 한다. 16. 강사들은 예의가 있어야 한다. 17. 강사들은 서비스를 제공함에 있어 기관으로부터 적합한 지원을 받아야 한다.	
공감성	18. 강사들이 나에게 개인적인 관심을 기울이는 것을 기대할 수 있다. 19. 직원들이 나에게 개인적인 관심을 기울이는 것을 기대할 수 있다. 20. 강사들이 나의 욕구를 아는 것을 기대할 수 있다. 21. 강사들이 내가 생각하는 최고의 관심사에 관심을 가지고 있음을 기대하는 것은 비현실적이다. (−) 22. 서비스가 나에게 편리한 시간에 진행되는 것을 기대할 수 있다.	
접근성	23. 기관은 이용자나 이용자가족이 접근하기에 용이한 곳에 위치하고 있어야 한다. 24. 기관의 홍보물과 자료집, 서비스 안내문은 쉽게 접할 수 있어야 한다. 25. 기관의 프로그램에 이용자가족이 참관할 수 있어야 한다.	23번 제외
권리성	26. 기관은 서비스제공을 위한 서면계약의 절차를 공식화하고 있어야 한다. 27. 기관은 이용자들에게 서비스 비용 및 지불방식에 대한 정보를 제공하여야 한다. 28. 기관은 이용자들에게 서비스 정보(제공시간, 빈도, 기간)를 서비스 전(前)에 제공하여야 한다.	

〈표 7-47〉 경험한 사회서비스에 대한 질문

	경험한 사회서비스에 대한 질문	재가방문
유형성	P1. 기관은 최신 장비를 구비하고 있다. P2. 기관의 시설에 호감이 간다. P3. 강사들과 직원들의 용모가 단정하다 P4. 기관의 시설은 적절한 서비스를 제공할 정도의 수준이다.	1, 2, 4번 제외
신뢰성	P5. 정해진 시간에 무엇인가를 하기로 약속했을 때 기관은 그것을 수행한다. P6. 나에게 문제가 발생하였을 때 강사들과 직원들은 공감을 해 주며 위안을 준다. P7. 기관의 서비스는 믿을 만하다. P8. 기관은 서비스를 제공하기로 약속한 시간에 서비스를 제공한다. P9. 기관은 서비스관련 기록들을 정확하게 보관하고 있다.	
응답성	P10. 서비스가 제공될 시간을 직원들이 나에게 정확하게 알려 주었다. P11. 강사들로부터 정확한 서비스 내용을 제공받았다. P12. 강사들과 직원들은 나를 항상 도울 의지가 있다. P13. 강사들과 직원들은 나의 요구에 즉각적으로 응답할 수 없을 정도로 바쁘다.(−)	
확신성	P14. 강사들을 신뢰할 수 있다. P15. 강사들과 교류하면서 안전함을 느낀다. P16. 강사들은 예의가 있다. P17. 강사들은 서비스를 수행함에 있어 기관으로부터 적합한 지원을 받는다.	
공감성	P18. 강사들은 나에게 개인적인 관심을 기울였다. P19. 직원들은 나에게 개인적인 관심을 기울였다. P20. 강사들은 나의 욕구를 안다. P21. 강사들은 나의 관심사에 관심을 가지고 있다. P22. 서비스는 나에게 편리한 시간에 운영된다.	
접근성	P23. 우리 기관은 이용자나 이용자가족이 접근하기에 용이한 곳에 위치하고 있다. p24. 기관의 홍보물과 자료집, 서비스 안내문을 쉽게 접할 수 있다. P25. 기관의 프로그램에 이용자가족이 참관할 수 있다.	23번 제외

권리성	P26. 기관은 서비스제공을 위한 서면계약의 절차를 공식화하고 있다.
	P27. 기관은 이용자들에게 서비스 비용 및 지불방식에 대한 정보를 제공한다.
	P28. 기관은 이용자들에게 서비스 정보(제공시간, 빈도, 기간)를 서비스 전(前)에 제공한다.

(3) 투입 · 행동 · 산출 · 결과의 전체 영역: 이용자만족

이용자의 만족을 세분화하여 측정하면 이용자만족은 투입부터 결과까지의 전 과정에 대한 이용자들의 생각을 측정할 수 있다는 점에서 매우 유용한 측정영역이 된다. 이용자들의 전반적인 사업에 대한 만족을 묻는 단순 질문 몇 개만으로 구성된 만족도척도가 아닌, 사업 전반에 대한 구체적인 이용자들의 인식을 측정하도록 고안되어 신뢰도 및 타당도가 검증된 만족도측정척도는 지역자율형 사회서비스투자사업에 참여하는 이용자들의 참여 시작 전부터 참여 이후까지의 전 과정, 즉 지역자율형 사회서비스투자사업 전반에 대한 이용자들의 인식을 측정할 수 있다. 물론, 이용자만족이 곧 사업의 효과를 전적으로 대변하는 측정지표(효과성지표)는 될 수 없지만 사업의 유용성 및 지속 가능성 그리고 개선점 등을 확인하는 중요한 지표로서 작용할 수 있다.

① 지역자율형 사회서비스투자사업의 이용자만족

만족은 이용자들의 변화를 측정하는 효과성 측정영역에 포함되지는 않지만 성과를 구성하는 한 영역에는 포함된다. 만족의 측정은 단순히 사업에 대한 이용자들의 만족을 측정하는 것이 아니며 보다 다양한 영역에서의 이용자만족을 측정하게 되어 지역자율형 사회서비스투자사업에 대한 다면적 성과를 평가하는 성과평가의 한 영역을 차지하게 된다. 즉, 만족의 측정영역에 강사나 직원과의 공감성 확보 정도, 인간적 대접의 정도, 교육의 적절성 등이 포함되어 투입과 사업의 활동 과정과 산출 그리고 결과를 포함한 다양한 영역에서의 만족도 측정이 이루어지게 된다. 만족도 측정영역을 위해 본 연구에서는 인간봉사영역에서 개발된 25개의 질문항목으로 구성된 McMurtry와 Hudson (2000)이 제시한 클라이언트 만족도척도를 활용하도록 한다. 이들의 척도는 이미 신뢰도 및 타당도를 검증받은 척도다.

② 지역자율형 사회서비스투자사업 만족도척도

다음의 〈표 7-48〉은 McMurtry와 Hudson(2000)이 제시한 클라이언트 만족도척도를 지역자율형 사회서비스 만족도척도로 수정한 것이다. 서비스 만족도척도는 Likert 7점 척도로서 총 25문항으로 구성되어 있다.

〈표 7-48〉 지역자율형 사회서비스투자사업 서비스 만족도척도

지역자율형 사회서비스투자사업 서비스 만족도 척도		

■ 응답범주(점수)
1=전혀 그렇지 않다, 2=대체로 그렇지 않다, 3=조금 그렇지 않다, 4=보통이다,
5=조금 그렇다, 6=대부분 그렇다, 7=항상 그렇다

항목	점수	질문내용
1		이곳에서 제공받은 서비스는 나에게 큰 도움이 되었다.
2		이곳의 강사나 직원들은 나를 잘 돌보는 것 같다.
3		나는 다시 서비스가 필요하다면 이곳을 찾을 것이다.
4		여기서 나에게 귀를 기울이는 강사나 직원은 아무도 없는 것 같다.
5		강사들과 직원들은 나를 단순한 이용자가 아니라 인간적으로 대접한다.
6		나는 이곳에서 나의 문제를 다루는 방법에 대해 많이 배웠다.
7		강사들은 나에게 맞는 서비스를 제공하는 것이 아니라 그들의 방식에 맞는 서비스를 제공한다.
8		나는 이곳을 다른 사람에게 추천할 것이다.
9		이곳 강사들은 그들이 제공하는 서비스 내용을 잘 알고 있다.
10		나는 이곳에서 내가 진정으로 필요로 하는 서비스를 받았다.
11		강사들은 있는 그대로의 나를 받아들였다.
12		내가 처음에 이곳에 왔을 때보다 지금이 훨씬 더 좋아졌다.
13		나는 이곳에 오기 전까지 나에게 맞는 교육을 받을 수 있는 장소가 없다고 생각했다.

14		여기서 받은 서비스는 내가 지불한 비용(본인부담금)만큼의 가치가 있다.
15		강사들은 그들의 욕구에 앞서 나의 욕구를 중요시하였다.
16		강사들은 나와 의견이 다를 때 나를 무시한다.
17		내가 여기서 얻은 가장 큰 도움은 나 자신을 돕는 방법을 배운 것이다.
18		강사들이나 직원들은 내가 이곳에서 서비스 받는 것을 중단하려고만 한다.
19		나를 알고 있는 사람들은 이곳이 나에게 긍정적인 변화를 가져다주었다고 말한다.
20		강사들이나 직원들은 내가 다른 장소에서 어떻게 서비스를 받을 수 있는지에 대해서 알려 주었다.
21		강사들과 직원들은 나의 감정을 이해하려고 한다.
22		강사들과 직원들은 돈을 받는 것에만 관심이 있다.
23		나는 강사들과 진정으로 대화하고 싶음을 느낀다.
24		내가 여기서 얻은 서비스는 기대했던 것 이상이다.
25		나는 이곳을 다시 이용하고 싶다.

▶ 점수화 방법

다음의 공식은 서비스 만족도척도 계산 공식을 나타내며, 계산은 삶의 질 지수 계산 방식과 동일하다.

$$S = \frac{\left(\sum(Y) - N\right)(100)}{[(N)(6)]}$$

Y = 질문항목의 점수
N = 응답한 질문의 수

• 응답한 질문의 수에 6을 곱하는 이유는 7점 척도이기 때문이며, 만약 5점 척도라고 한다면 4를 곱하여야 한다.

(4) 투입, 행동과 산출영역: 형평성측정

① 형평성

형평 또는 형평성은 동등한 대접이라는 전통적인 의미를 가지고 있다(지은구, 2014). Danziger와 Porteney(1982)는 형평이라는 개념을 2개의 의미로 해석하였다. 그들은 형평을 수직적 형평과 수평적 형평으로 분류하였는데, 그들에 따르면 **수직적 형평**은 가장 심각한 욕구에 있는 사람들에게 혜택이나 서비스가 제공되는 것을 의미하며 **수평적 형평**은(지위에 상관없이) 욕구가 있는 모든 사람에게 (동일한) 혜택이나 서비스가 제공되는 것이라고 하였다. 또한 Barr(1998)는 Danziger와 Porteney(1982)의 견해를 받아들여 앞에서 지적한 바와 같이 형평을 수직적 형평과 수평적 형평으로 보다 구체적으로 구분하였다. 그에 따르면 수직적 형평은 부자에게서 빈자에게로 소비나 소득을 재분배함으로써 이루어지며, 수평적 형평은 재화나 서비스에 대해 최소 기준을 설정하여 기준 이하에 있는 사람들에게 재화와 서비스를 제공하는 방법(혜택의 형평성), 자원에 대한 동등한 접근성을 보장하는 방법(접근의 형평성) 그리고 기회의 평등을 보장하는 방법(기회의 형평성) 등을 통해 이루어진다. [그림 7-10]은 형평성의 구성영역을 나타낸다.

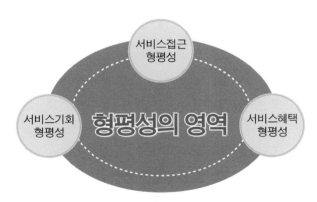

[그림 7-10] 형평성의 영역

혜택형평성은 수평적 혜택의 개념에 포함되므로 비슷한 조건에서 동일한 욕구를 가진 사람들에게는 동일한 혜택을 제공하는 방법이다. 이러한 혜택형평성의 개념을 Barr

(1998)는 최소 기준을 적용하고 그 기준 이하에 있는 동일한 집단구성원에게 동일한 혜택을 준다는 의미로 좁게 해석하였지만 결국 혜택형평성은 비슷한 기준에 있는 비슷한 욕구를 갖고 있는 사람들에게 동등한 혜택을 제공하는 것으로 설명함을 의미한다고 할 수 있다. 또한 접근형평성은 지원에 대한 동등한 접근이 보장됨을 나타내는 개념으로, 정보불균형(정보비대칭)이 발생하지 않도록 정보 장애에 있는 구성원들에게도 서비스에 접근성을 강화하도록 하여야 한다는 개념을 포함한다. 그리고 기회형평성은 형평한 기회 또는 동등한 기회로 표현되며 누구에게나 서비스나 혜택을 제공받을 수 있는 동등한 기회가 제공되어야 함을 나타내는 것이다.

결국 사회복지제도나 프로그램의 성과를 측정하는 데 있어 형평성을 평가 기준으로 사용할 때 수평적 형평성과 수직적 형평성이 동시에 실현되고 있는가를 측정하는 것이 핵심이 될 수 있다. 즉, 사회복지사업 및 프로그램의 대상이 누구인지를 고려하여 소득이 낮은 집단에게는 수직적 형평성이 실현될 수 있도록 서비스나 혜택이 제공되어야 하며, 동일한 조건에 있는 동일한 욕구를 가진 사람들에게는 동일한 혜택을 제공하는 수평적 형평성이 실현될 수 있어야 한다. 예를 들면, 형평성의 원칙에 기초하여 질병의 정도에 따라 의료혜택 서비스가 조정될 수 있으며 수입의 정도에 따라 혜택의 수준이 차등 적용될 수 있음을 의미한다. 또한 기회형평성이 고려되어 프로그램을 제공받기 원하는 모든 사람에게 동등한 기회가 제공되어야 한다. 일반적으로 경제학자들이 강조하는 동등한 기회(또는 기회의 형평)는 모든 사람에게 참여할 수 있는 동등한 기회가 주어진다는, 즉 직위와 직종이 열려 있다는 의미다. 장애인과 정상인에게 똑같은 기회가 보장된다는 것이 과연 어떤 의미가 있는가? 따라서 동등한 기회를 보장한다는 것은 사회복지영역에서 모든 사람에게 무차별적으로 동등한 기회가 보장된다는 측면보다는 개개인의 차별성을 인정하고 그들 모두에게 그들의 욕구에 맞는 동등한 기회를 강조하는, 보다 넓은 의미에서의 동등한 기회의 개념이 필요하다고 할 수 있으며(지은구, 2003), 이것은 곧 수평적 형평성의 실현을 통해서 가능할 수 있다.

자본주의 경제체제하에서 발생하는 사회적 배제나 차별은 소외집단을 비롯하여 국민들의 형평성을 심각하게 위협하므로 형평성은 사회적 차별이나 배제가 공공조직 또는 비영리조직의 서비스제공을 통해서 발생하고 있는가를 확인하는 질문들로 구성될 수 있다. 결론적으로 보면 사회복지사업이나 서비스제공에 있어 형평성의 실현 여부를 확인할 수 있는 질문영역은 수직적 형평성과 수평적 형평성으로 그리고 수평적 형평성은 다시 혜택형평성, 접근형평성, 기회형평성으로 측정될 수 있다.

기회형평성은 서비스를 받을 수 있는 대상자 또는 이용자들에 대한 동등한 대접을 의미하므로 차별과 배제의 여부를 확인할 수 있는 영역이다. 따라서 서비스기회형평성은 소득이나 지역, 나이, 성별, 장애 정도 등이 서비스를 제공받는 대상자들에게 차별적인 서비스가 제공되도록 영향을 미치고 있는가를 확인하는 것을 의미한다. 서비스를 제공받는 기간 동안 어떠한 차별적 요소가 있었는지를 확인하는 것은 기회형평성에 있어 중요한 요소다. 또한 혜택형평성은 비슷한 욕구를 갖는 사람들에게 비슷한 혜택을 제공하는 것을 의미하므로 서비스혜택형평성이라고 지칭한다. 즉, 서비스혜택형평성은 기관에서 이용자들에게 제공되는 서비스의 내용이 모두 동일한 내용으로 구성되어 있는가를 확인하는 것을 의미하므로 대상자들은 서로 다른 반(class)에서 교육을 받더라도 교육의 내용은 동일하게 구성되어 있어야 함을 의미한다. 서비스접근형평성은 서비스를 받기 위해 필요한 정보가 제공되는지, 즉 혜택 또는 서비스에 대한 접근이 서비스를 필요로 하는 사람들에게 동일하게 보장되고 있는가를 확인하는 것을 나타낸다.

서비스기회형평성	서비스신청 및 서비스를 제공받는 기간 동안 차별을 경험한 적이 있는가?
서비스혜택형평성	제공되는 혜택이나 서비스 내용이 모든 사람에게 동일한가?
서비스접근형평성	서비스에 대한 동등한 접근성을 보장하고 있는가? 서비스 정보를 얻는 데 어려움이 없었는가?

② 형평성측정

앞에서 설명한 바와 같이 형평성은 사회적 차별이나 배제가 공공조직 또는 비영리조직의 서비스제공을 통해서 발생하고 있는가를 확인하는 질문들로 구성될 수 있다. 형평성을 확인할 수 있는 질문영역은 첫째, 서비스기회형평성, 둘째 서비스혜택형평성 그리고 서비스접근형평성 등 세 가지다. 서비스기회형평성은 소득이나 지역, 나이, 성별, 장애 정도 등이 서비스를 제공받는 대상자들에게 차별적인 서비스가 제공되도록 영향을 미치고 있는가를 확인하는 질문을 포함하며 서비스를 제공받는 기간 동안 어떠한 차별적 요소가 있었는지를 확인하는 것은 기회형평성에 있어 중요한 요소다. 또한 서비스혜택형평성은 비슷한 욕구를 갖는 사람들에게 비슷한 혜택을 제공하고 있는지를 확인하는 질문을 포함한다. 즉, 서비스혜택형평성은 기관에서 이용자들에게 제공되는 서비스의 내용이 모두 동일한 내용으로 구성되어 있는지를 확인하는 질문을 포함한다. 그리고 서비스접근형평성은 서비스를 받기 위해 필요한 정보가 제공되는지, 즉 혜택 또는 서비스에 대한 접근이 서비스를 필요로 하는 사람들에게 동일하게 보장되고 있는지를 확인하는 질문을 포함한다.

③ 형평성측정척도

현재 단위사업이나 프로그램의 형평성 정도를 측정하기 위해 객관적으로 검증된 형평성측정도구는 개발되지 않았다. 따라서 선배시민대학의 서비스기회형평성, 서비스접근형평성 그리고 서비스혜택형평성을 측정하기 위해서는 측정지표(질문항목)를 자체적으로 개발하여 측정하는 방법이 최선이다.

이 장에서는 형평성의 측정영역을 서비스기회형평성, 서비스혜택형평성 그리고 서비스접근형평성으로 구분하고 각각의 영역을 측정할 수 있는 질문항목을 자체 개발하여 전문가 집단으로부터 두 차례에 걸쳐 수정 보완한 척도를 사용하도록 한다. 응답문항은 Likert 6점 척도를 사용하였다. 형평성 측정영역을 측정하기 위한 형평성 측정도구, 즉 질문항목은 다음과 같다.

〈표 7-49〉 사회서비스 형평성측정척도

다음과 같은 질문에 어떻게 생각하십니까?		1=전혀 그렇지 않다, 2=대체로 그렇지 않다, 3=약간 그렇지 않다, 4=조금 그렇다, 5=대체로 그렇다, 6=전적으로 그렇다					
서비스혜택 형평성	내가 받은 상담, 교육이나 기타 서비스들은 다른 사람들이 받은 서비스들과 같은 내용이다.	①	②	③	④	⑤	⑥

서비스기회 형평성	나는 서비스에 참여하는 동안 차별을 당한 경험이 있다.	①	②	③	④	⑤	⑥
	나의 생활환경(소득, 교육 등)이 서비스의 참여 자격이나 혜택에 영향을 주었다고 생각한다.	①	②	③	④	⑤	⑥
서비스접근 형평성	기관이 제공하는 서비스에 대한 정보는 손쉽게 구할 수 있었다.	①	②	③	④	⑤	⑥

제**8**장

결 론

결 론 제**8**장

① 연구의 결과

본격적으로 일반 국민들을 대상으로 하는 사회복지서비스가 4대 사회서비스투자사업으로 통칭되어 2007년부터 제공된 후 명칭의 변경과 사업의 조정을 거쳐 '지역자율형 사회서비스투자사업'으로 발전되었지만 여전히 사회서비스사업의 지역사회 및 지역주민들에 대한 영향력은 적절하게 평가받지 못하고 있다. 즉, 국민생활복지 향상과 전체 사회복지 향상을 목적으로 하는 사회서비스의 제공은 국민들의 복지체감도 증진 및 개개인이 가지는 문제, 이에 대한 인식의 개선, 나아가 삶의 질뿐만 아니라 행복감의 개선 등 사업의 직간접적 효과를 포함하는 사업의 성과를 가져다주지만 이러한 사업의 성과는 이용자뿐만 아니라 전체 국민에게도 정확하게 전달되고 인식되지 못하고 있다. 다음은 사회서비스사업의 목적과 영향력을 중심으로 하여 지역자율형 사회서비스투자사업의 논리를 나타낸 것이다.

사회문제에 영향을 받는
지역주민들의 사회서비스 욕구 증대

지역사회 주민을 위한
사회서비스사업 기획 및 제공

사회서비스 이용자들의
생각, 태도, 감정, 기능, 인식 등의 변화

사회서비스 욕구 해결 및
사회문제 해소

개인 및 전체 사회의 복지 증진 및
삶의 질 향상

[그림 8-1] 지역자율형 사회서비스투자사업의 논리

[그림 8-1]에서 나타난 바와 같이, 지역자율형 사회서비스투자사업이 지역사회가 주체가 되어 주민들의 욕구를 적절하게 해결하고 국민 개개인의 삶의 질 개선 및 전체 사회복지의 향상을 도모하는 사회서비스의 핵심적인 사업이 되기 위해서는 사업 전반에 대한 기획뿐만 아니라 사업의 성과 역시 보다 면밀하게 측정되어 사업의 안정적 발전을 위한 토대로서 작동하여야 한다. 특히, 사업이 발전하기 위해서 사업의 성과는 반드시 측정되어야 하며 측정을 통해서 보다 발전적인 사업으로의 개선이 이루어져야 한다.

지역자율형 사회서비스투자사업에 대한 정부의 평가는 매년 이루어지며 모든 기관은 3년에 한 번은 반드시 평가를 받도록 되어 있고 주로 서류에 기반한 정량평가로서 서류 준비만 적절하게 이루어진다면 정부가 주도하는 정기적인 평가에 있어 어려운 점은 없다고 할 수 있다. 사업평가는 사업 발전을 위한 발전적인 평가이어야 하지만 현 정부가 주도하는 평가는 기관에 업무 부담을 가중시키며 조직이나 사업 발전, 직원 역량 강화와 학습을 위한 토대로서의 역할을 하지 못하고 있다는 것이 평가의 한계로 지적되고 있다. 기관은 사회서비스사업을 기획하고 제공하는 데 있어 사업의 기본적인 취지와 목적 및 목표에 부합하는 가치를 유지 및 보전하고 서비스에 사회서비스제공을 위한 사회적 가치가 담기도록 하기 위해 노력하여야 한다. 또한 기관은 일정 정도의 사회서비스품질을 유지 보전하고 품질을 개선하며 서비스가 이용자들의 만족도를 향상시키도록 하기 위한 서비스 행동 과정 역시 지속적으로 관리하여야 한다. 그리고 기관은 사회서비스사업이 이용자들에 미치는 직접적인 효과 및 간접적인 효과까지도 파악하여 사업의 영향력을 향상시키기 위한 다각적인 노력을 경주하여야 한다.

성과 개선은 현재 조직이나 사업의 성과와 기대하는 성과 사이의 차이를 줄여 나가는 관리적 측면에서의 노력이다. 현재 사업의 성과와 기대하는 성과 사이의 차이를 줄이기 위한 전제조건은 현재의 성과가 반드시 측정되어야 한다는 점이다. 성과를 측정하기 위해서는 성과측정을 위한 기본 체계가 갖추어져 있어야 하는데, 이를 성과측정모형이라고 한다. 따라서 성과측정모형은 성과를 측정하기 위한 체계를 의미한다. 성과를 측정하기 위한 체계적 노력은 곧 성과측정모형을 토대로 하며, 모형에 따라 성과의 재부분이 측정되고 분석된다. 성과측정모형은 사업에 따라 다르게 나타나는데, 이는 모든 사업이 그 사업만의 특징적인 목적이나 목표를 가지고 있고 그 목적과 목표의 성취 여부를 측정하는 모형은 당연히 사업의 성격에 따라 달리 적용되어야만 하기 때문이다.

이 책에서 제시하는 성과측정모형은 지역자율형 사회서비스투자사업의 성과를 측정하기 위한 측정모형이다. 사회서비스의 성과를 측정하기 위해 당연히 사회서비스 성과의 영역(dimension)이 제시되고 제시된 성과의 영역에 따른 성과측정의 여러 요소들을 확인하여 제시하는 것은 기본이다. 사회서비스라는 재화는 사회적 목적 실현을 위해 국가에 기획되고 생산되는 사회재(social goods)이자 사회적 가치실현을 목적으로 하는 가치재(worthy goods)의 성격을 갖는다. 사회재 또는 가치재적 성격에서 본다면 사회서비스는 특히 국민 개개인의 생활복지 향상과 전체 사회의 복지 향상이라는 궁극적으로 실현하고자 하는 가치가 존재한다. 체계주의 관점을 적용하면 성과는 투입, 행동, 산출, 결과의 측면에서 측정된다. 그리고 가치실현을 위한 노력은 곧 사회서비스 성과의 투입 부분을 형성한다. 하지만 성과는 투입, 행동, 산출, 결과 각각의 단계에서 독자적으로 나타날 수도 있지만 투입과 행동, 산출과 결과는 인과적 관계에 의해서 논리적으로 모두 연결되어 있다고 볼 수 있으므로 성과는 단계적으로 그리고 성과의 요소를 중심으로 측정되어야 한다. 성과의 제반 요소들은 효과성이나 서비스품질과 서비스만족 그리고 형평성 등의 사업성과를 나타내는 요소들을 일컬으며, 모든 성과요소는 상호 간에 연계되어 있고 특히 단계들과 밀접한 인과관계를 유지한다. 즉, 투입은 사회적 가치실현을 위한 노력이고, 행동은 서비스를 제공하고 일정 수준을 유지하기 위한 품질 개선 및 유지를 위한 노력을 포함하며, 산출은 적절하고 형평한 서비스가 제공되었는지를 확인하는 형평성 수준에서 측정 가능하며, 결과는 이용자들에게 나타나는 직접적이고 간접적인 모든 변화를 포함한다.

이 책에서는 사회서비스의 성과를 가치, 과정 그리고 결과영역으로 구분하며 각각의 단계들은 성과의 제반 요소들과 밀접한 연관이 있음을 나타내는 단계 및 요소적 측정을 혼합한 성과측정모형을 지역자율형 사회서비스투자사업에 적합한 성과측정모형으로 제시한다. 성과측정모형에 입각한 성과측정을 위한 제반 영역들은 다음과 같이 정리될 수 있다.

- 투입단계: 사회적 가치지향성에 대한 측정
- 투입 및 행동과 산출단계: 서비스형평성 및 서비스품질에 대한 측정
- 투입 및 행동 그리고 산출과 결과단계: 서비스품질 및 서비스만족에 대한 측정
- 결과단계(효과성): 이용자 개개인이 가지는 문제의 해소 및 해결 그리고 사회적 적응력의 향상이나 생활상의 변화, 생각이나 태도 또는 기능의 변화에 대한 측정, 이용자와 이용자가족의 통합과 지역사회에 대한 인식 변화에 대한 측정

제7장의 성과측정영역에서 보면 사회적 가치지향성은 결국 이용자들에 대한 영향력의 정도로 나타난다. 따라서 영향력이론을 적용하면 이용자들에 대한 영향력의 정도를 나타내는 효과성 측정은 성과측정의 가장 핵심적인 영역으로서 지역자율형 사회서비스투자사업의 특성상 다음과 같은 영역에서 이용자 및 이용자가족에 대한 사업의 영향력이 주로 측정될 수 있다.

- 이용자들의 사회적 회복력의 향상
- 이용자들이 가지고 있는 문제의 해결 내지는 문제에 대한 인식의 개선
- 이용자들의 사기 진작
- 이용자들의 삶의 질 및 행복감 향상
- 이용자들의 생활만족도 향상
- 이용자들이 가지고 있는 문제의 해결이나 감소를 통한 자기존중감의 향상
- 이용자의 친구, 가족, 학교 그리고 사회 등에 대한 사회적 적응력의 개선
- 이용자 및 이용자가족의 가족순응성 개선
- 이용자 및 이용자가족의 가족건강성 개선
- 이용자(이용자가족 포함)들이 인지하는 사회서비스, 정부에 대한 신뢰나 사회참여
  와 같은 사회자본 인식의 개선

이와 같이 사회서비스의 성과는 성과의 제반 요소들을 확인하고 객관적으로 검증받은 성과측정도구를 활용하여 성과를 측정한 후 성과 개선을 위한 기관의 다각적인 노력을 경주하여야만 가능하다.

② 연구의 함의 및 제언

이 책에서는 성과측정의 영역에서 투입 대비 산출과 같이 성과를 단순하게 화폐적 단위나 비용으로 처리하여 나타내는 효율성과 같은 성과측정 요소는 제외하였으며 마찬가지로 단순한 서비스의 양을 나타내는 생산성과 같은 성과측정요소도 제외하였다. 본 지역자율형 사회서비스 성과측정모형이 기존의 성과측정모형과의 가장 핵심적인 차이점은 사회서비스의 성과를 가치지향성을 적용하여 분류한 것이며, 성과의 제반 영역을 고려하는 데 있어 각 단계별 영역의 관계를 고려하는 로직모형을 적용한 것이

고 투입에서 결과까지의 사이를 인과관계로 바라보는 영향력이론을 적용하여 성과측정의 단계 및 요소를 혼합하여 성과측정영역으로 분류하여 측정을 한다는 점이다.

이 책의 범위는 사회서비스사업, 특히 '지역자율형 사회서비스투자사업'의 성과측정모형을 제시하는 것이고 그러한 연구목적에 부합하기 위하여 각각의 성과측정영역에 맞는 측정요소들을 제시하였다. 따라서 성과측정요소들을 어떻게 측정할 것인지에 대한 문제, 즉 측정도구의 문제는 본 연구의 범위를 벗어난다. 특히, 성과측정요소인 효과성을 나타내는 측정영역에 대한 설명에서 서비스대상자들에 대한 설명을 중심으로 하였으므로 효과성을 구성하는 각각의 요소들을 측정하는 객관적이고 검증받은 측정도구의 개발 및 소개는 제외하였다. 검증 받은 성과측정도구의 개발은 많은 노력과 시간을 필요로 하지만 이 책에서 제시한 성과측정모형이 본격적으로 작동하기 위해서는 반드시 검증 받은 사회서비스사업만을 위한 성과측정도구들이 개발되고 적용되어야만 한다. 따라서 성과측정을 위한 도구(척도나 지수) 개발은 차후의 연구과제로 남겨 놓도록 한다.

또한 본 연구가 전체 사회서비스사업이 아닌 범위를 축소시켜 지역자율형 사회서비스투자사업에 대한 논리를 분석하고 성과측정을 위한 기본적인 모형을 개발하는 것이었지만 사회서비스사업의 기본적인 논리는 크게 다르지 않으므로 사회서비스사업 일반으로 모형을 확대하여 적용하는 것 역시 큰 틀에서 가능하다고 생각된다.

참고문헌

강신욱(2003). 생활체육 참가자의 운동중독과 자기의식 및 사회적응의 관계. 한국체육학회지, 42(5), 91-99.

강종수(2012). 사회복지조직의 사회자본과 직무만족 및 조직몰입의 관계. 한국산학기술학회논문지, 13(9), 3915-3923.

강혜규(2013). 사회서비스 바우처사업의 성과와 과제. 보건·복지 Issue & Focus 171: 1-8. 서울: 한국보건사회연구원.

강혜규, 노대명, 박세경, 강병구, 이상원, 조원일, 이병화(2007). 사회서비스확충방안연구: 주요 사회서비스 수요 추계 및 정책과제. 서울: 한국보건사회연구원.

곽민주, 이희숙(2014). 경제적 요인이 생활만족도에 미치는 영향. 소비자학연구, 25(2), 93-119.

곽호근(2007). 생활체육참여자의 여가만족과 자기효능감 및 사회적응의 관계. 인하대학교 박사학위논문.

김구, 한기민(2011). 경찰조직의 사회적 자본이 직무성과에 미치는 영향. 지방정부연구, 15(4), 127-151.

김동배(2008). 한국 노인의 성공적 노화 척도 개발을 위한 연구. 한국사회복지학, 60(1), 211-231.

김동헌, 김영재, 이영찬(2006). 기업의 사회적 자본과 인적자원개발. 한국직업능력개발원.

김미숙, 김은정(2005). 사회복지시설의 민간자원 동원에 영향을 주는 요인 연구: 후원을 중심으로. 한국사회복지학, 57(2), 5-40.

김병규(2004). 기업조직의 사회적자본 증진에 대한 연구: 조직몰입과의 관계를 중심으로. 부산대학교 석사학위논문.

김상진(2006). 호텔의 사회자본이 기업성과에 미치는 영향: 직무만족, 조직몰입, 경영성과를 중심으로. 경희대학교 박사학위논문.

김성경(2001). 그룹홈 거주 청소년의 심리사회적 적응에 관한 연구. 이화여자대학교 박사학위논문.

김영미(1998). 우울성 성격장애 진단의 임상적 타당성 및 유용성 연구. 연세대학교 박사학위논문.

김영범(2005). 주부의 스포츠활동 참여에 따른 운동의존과 사회적응력 및 삶의 질과의 관계. 강릉대학교 박사학위논문.

김은정, 정소연(2009). SERVQUAL 모형에 근거한 사회서비스 품질의 구성차원과 서비스 만족도. 한국사회복지정책학회, 36(2), 191-217.

김은정, 최은영, 정소연(2008). 사회서비스 품질접근 동향과 품질표준 설정. 사회서비스 활성화를 위한 품질 및 성과관리체계 구축방안, 2, 310-378.

김은희(2010). 사회복지조직의 사회적 자본과 직무만족과의 관계연구. 한국거버넌스학회 학술대회자료집, 139-165.

김익기(1997). 폭력과 범죄. 임현진 외. 한국인의 삶의 질. 서울: 서울대학교출판부.

김종수(2013). 제헌헌법 사회보장이념의 재발견과 계승. 사회보장법연구, 2(2), 1-38.

김태현, 김동배, 김미혜, 이영진, 김애순(1998). 노년기 삶의 질 향상에 관한 연구. 한국노년학, 18(1), 150-169.

김통원, 남현주, 윤재영, 임은희, 김자영(2006). 사회복지시설 서비스 최소기준(안) 개발. 성균관대학교산학협력단·보건복지부.

김형모(2006). 장애인복지과 평가의 향후 과제. 임상사회사업연구, 3(3), 47-67.

김희규(2004). Senge의 학습조직이론의 학교 적용에 관한 연구. 교육행정학연구, 22(1), 67-87

김희숙(2006). 노인종합복지관의 프로그램개선 방안에 관한 연구. 서울시립대학교 석사학위논문.

「노인복지법」. 일부개정 2015. 01. 28. 시행 예정 2015. 07. 29.

「노인복지법시행규칙」. 일부개정 2015. 06. 02.

동경도지정정보공표센터. http://www.fukushizaidan.jp/(재단법인 동경도고령자·복지재단, 동경도지정 정보·공표센터, 동경도 제3자 평가추진기구).

문영주(2011). 사회복지조직의 사회적 자본 척도 구성과 그 적용에 관한 연구. 사회복지연구, 42(3), 381-407.

문유석, 허용훈, 김형식(2008). 경찰공무원의 사회적 자본과 직무만족. 한국지방자치학회 하계

학술대회, 2, 143-174.

민진암(2013). 노인 일자리사업 참여노인의 역량이 삶의 만족도에 미치는 영향 연구: 사회적 자본의 매개효과를 중심으로. 목원대학교 박사학위논문.

박상표(2009). 영재청소년과 일반청소년의 사회적응력 수준 비교연구. 명지대학교 박사학위논문.

박상훈(2011). 다문화가정의 문화관광 만족이 사회적응력에 미치는 영향. 동명대학교 박사학위논문.

박세경, 김형용, 강혜규, 박소현(2008). 지역복지 활성화를 위한 사회자본 형성의 실태와 과제. 한국보건사회연구원.

박영란, 권중돈, 손덕순, 이은주, 장연식, 이세융, 이기민, 전혜원(2012). 100세 시대 노인 여가 활성화를 위한 노인복지관 기능과 역할 재정립. 한국노인종합복지관협회.

박은숙, 김순자, 김소인, 전영자, 이평숙, 김행자, 한금선(1998). 노인의 건강증진 행위 및 삶의 질에 영향을 미치는 요인. 대한간호학회지, 28(3), 638-649.

박희봉, 강제상, 김상묵(2003). 조직 내 사회적 자본의 형성 및 조직성과에 대한 효과. 한국행정연구, 12(1), 3-25.

보건복지부(2007). 노인복지관의 기능 재정립에 관한 연구.

보건복지부(2012). 2012년도 지역사회서비스투자사업안내.

보건복지부(2014). 제6기 사회복지시설 평가.

보건복지부(2015a). 2015년 노인보건복지 사업안내 2권.

보건복지부(2015b). 지역자율형 사회서비스투자사업 안내: 지역사회서비스투자사업.

보건복지부 사회보장정보원 홈페이지. http://www.ssis.or.kr. 사회서비스 전자바우처〈정부 3.0 정보공개〈정보공개〈통계정보.

사지은(2005). 발달장애아동에 여가활동이 사회적응에 미치는 효과: 사례연구 중심으로. 명지대학교 석사학위논문.

서울복지재단(2006). 서울시노인복지관 기능정립방안.

서울시노인종합복지관협회(2011). 서울시노인종합복지관 운영매뉴얼.

서울시복지재단(2011). 노인종합복지관 기능 및 역할 재정립 연구.

양난주(2014). 사회복지시설평가제도에 대한 비판적 고찰. 한국사회복지행정학, 16(3), 493-517.

염두승(2003). 청소년 후기 스포츠활동 참여에 따른 자아정체감 및 사회적 관계. 경희대학교 박사학위논문.

염종호(2011). 공공조직의 사회적 자본과 조직효과성에 관한 연구. 한양대학교 박사학위논문.

오혜경(1999). 장애인사회복지실천. 서울: 아시아미디어리서치.

우미향(2009). 한부모 가족 청소년 자녀의 사회적 적응에 관한 연구: 성역할 정체감과 자기효능 감을 중심으로. 성신여자대학교 박사학위논문.

원관희(2002). 청소년의 동아리 여가활동과 사회적 적응의 관계 연구. 경희대학교 석사학위 논문.

유경, 김지현, 강연욱, 이주일(2012). 한국판 노인용 사기 척도(PGCMS)의 타당화 연구. 한국노 년학, 32(1), 207–222.

유경, 민경환(2005). 연령 증가에 따른 정서최적화 특성의 변화: 정서 경험과 사회적 목표 중심 으로. 한국노년학, 25(2), 211–227.

유경, 이주일, 강연욱, 박군석(2009). 노년기 정서 경험의 변화와 주관적 안녕감: 종단 연구 분 석. 한국노년학, 29(2), 729–742.

유동철(2012). 사회복지시설평가, 패러다임의 전환이 필요하다. 사회복지시설 평가제도 개선 토론회 자료집. 공정경쟁과 사회안전망 포럼.

유영주, 이인수, 김순기, 최희진(2013). 한국형 가족건강성척도 II (KFSS–II) 개발 연구. 한국 가정관리학회지, 31(4), 113–129.

윤은경, 조윤득(2010). 노인의 감정조절이 삶의 질에 미치는 영향. 한국노년학, 30(4), 1429– 1444.

이봉주(2013). 지역사회복지관의 사회서비스 관리와 평가: 무엇을, 왜, 어떻게. 한국사회복지행 정학, 15(1), 197–221.

이봉주, 김수삼, 신용규, 김은혜, 정무성(2012). 사회복지시설 평가 대응전략. 한국사회복지행 정학.

이원주, 지은구(2015). 노인요양시설과 성과측정. 서울: 학지사.

이정석, 한은정, 권진희(2011). 재가장기요양기관 평가체계 개선방안. 국민건강보험공단 건강 보험정책연구원.

이진만(2013). 조직 내 사회자본 영향요인에 관한 연구: 공·사 조직 비교를 중심으로. 건국대 학교 박사학위논문.

이현송(2000). 소득이 주관적 삶의 질에 미치는 영향. 한국인구학, 23(1), 91–117.

임승주(2004). 류마티스 관절염 여성의 심리사회적 적응. 이화여자대학교 석사학위논문.

장금성, 김은아, 오숙희(2011). 간호사가 지각한 병원조직의 사회적 자본이 조직성과에 미치는 영향. 한국간호과학회, 17(1), 22–32.

전기우, 윤광재(2011). 사회복지조직의 사회적 자본이 복지전담인력의 직무성과에 미치는 영향에 관한 연구: 지적자본의 매개효과를 중심으로. 한국사회와 행정연구, 22(3), 313-343.

전미향(1997). 미술치료가 청소년의 자기존중감과 사회적응력에 미치는 효과. 영남대학교 박사학위논문.

정무성(2005). 사회복지 프로그램 개발론. 경기: 학현사.

정무성(2014). 제6기 사회복지시설 평가의 흐름과 전망. 2014년 한국사회복지행정학회 춘계학술대회 및 WORKSHOP, 1-48.

정철상(2011). 가슴 뛰는 비전. 서울: 중앙생활사.

조성숙(2015). 사회복지 프로그램 개발과 평가. 서울: 신정.

조성숙, 지은구(2009). 대구지역의 사회서비스 수요 파악을 위한 탐색적 연구. 한국지역사회복지학, 30, 1-20.

조현승, 고대영, 박문수, 이재원, 이종구(2012). 전자바우처 도입과 사회서비스산업의 환경 변화. 산업연구원.

지은구(2003). 사회복지경제학연구. 서울: 청목출판사.

지은구(2006). 사회복지조직연구. 서울: 청목출판사.

지은구(2008). 사회복지평가론. 경기: 학현사.

지은구(2010). 노인복지서비스 성과관리방안. 한국사회복지행정학회 춘계학술대회발표집.

지은구(2012). 비영리조직 성과관리. 서울: 나눔의 집.

지은구(2014). 사회복지경제와 측정. 서울: 도서출판 민주

지은구, 김민주(2014). 복지국가와 사회통합. 서울: 청목출판사.

지은구, 이원주(2015). 노인요양시설 성과측정모형 개발 연구. 노인복지연구, 69, 239-268.

지은구, 이원주, 김민주(2013). 지역사회복지관 서비스 품질관리척도 개발연구. 사회복지정책, 40(3), 347-374.

최성윤(2000). 또래관계와 심리사회적 적응과의 관계에 대한 연구: 여고생을 중심으로. 이화여자대학교 석사학위논문.

최재성(2001). 사회복지분야의 평가 경향과 과제. 한국사회복지행정학, 4(1), 89-115.

최재성, 장신재(2001). 수요자 중심의 원칙에서 조명한 우리나라 보육료 지원제도의 성격에 관한 소고. 한국아동복지학, 11(1), 125-150.

최종혁, 안태숙, 이은희(2010). 지역사회 사회자본 척도 개발을 위한 질적연구. 한국사회복지학, 62(4), 297-324.

최현수, 이현주, 손창균, 전지현, 신재동, 정희선, 이경건, 박나영, 이봉주, 김태성, 구인회, 김상경, 이상목, 정원오, 오욱찬, 변금선, 조영조(2012). 2012년 한국복지패널 기초분석 보고서.

최혜지, 이영분(2006). 구조적 차원성 탐색을 통한 '노인 생활 만족도 척도'의 재발견. 한국사회복지학, 58(3), 27-49.

최홍기(2009). 한국과 일본의 사회복지시설평가 특성 비교 연구-OECD 공공관리 평가체계를 중심으로. 사회복지정책, 36(1), 381-411.

추욱(2010). 지방정부조직의 사회적 자본과 조직효과성의 관계에 관한 연구: 충청남도를 중심으로. 배재대학교 박사학위논문.

한국보건사회연구원(2012). 2012년 한국복지패널 기초분석 보고서.

한상미(2007). 사회복지사들의 사회자본 측정도구 개발. 사회복지연구, 33(단일호), 237-272.

한형수(2004). 한국사회 도시노인의 삶의 질에 관한 연구. 사회복지정책, 19(8), 113-142.

Adams, H. E. (1972). *Psychology of adjustment*. New York: The Ronald Press.

Allport, G. W. (1961). *Pattern and Growth in Personality*. New York: Holt, Rinehart and Winston.

Ammons, D. N. (2003). Performance measurement and benchmarking in local government. In J. Rabin (Ed.), Encyclopedia of public administration and importance-performance analysis. *Hospitality Education and Research Journal, 13*(3), 203-213.

Andersson, T. D. (1992). *Another model of service quality: A model of causes and effects of service quality tested on a case within the restaurant industry*. In P. Kunst., & J. Lemmink (Eds.), *Quality Management in Service*. Netherland: van Goreum.

Andrews, R. (2010). Organizational Social Capital, Structure and Performance. *Human Relations, 63*(5), 583-608.

Antonovsky, A., & Sourani, T. (1988). Family sense of coherence and family adaptation. *Journal of Marriage and the Family*, 79-92.

Araki, A., Murotani, Y., Kamimiya, F., & Ito, H. (2004). Low well-being is an independent predictor for stroke in elderly patients with diabetes mellitus. *Journal of the American Geriatrics Society, 52*(2), 205-210.

Argyris, C. (1999). *On organizational learning* (2nd ed.). Oxford: Blackwell Publishing.

Armstrong, M., & Baron, A. (2005). *Performance Management*. London: Jaico Publishing House.

Babakus, E., & Boller, G. W. (1992). "An empirical assessment of the SERVQUAL scale", *Journal of Business Research, 24*, 253−268.

Babakus, E., & Mangold, W. G. (1992). Adapting the SERVQUAL scale to hospital services: An empirical investigation. *Health Services Research, 26*(6), 767.

Baltes, M. M., & Baltes, P. B. (1990). "Psychological perspectives on successful aging: The model of selective optimization with compensation". In P. B. Baltes & M. M. Baltes (Eds.), *Successful Aging: Perspectives from Behavioral Sciences* (pp. 1−34). New York: Cambridge University Press.

Barr, N. (1998). *The economics of the welfare state*. London: Oxford.

Baugh, W. E. (1987). *Introduction to the Social Services* (5th ed.). London: Macmillan Education.

Beardslee, W. R. (1989). The role of self−understanding in resilient individuals: The development of a perspective. *American Journal of Orthopsychiatry, 59*, 266−278.

Berman, E. M. (2006). *Performance and Productivity in Public and Nonprofit Organizations*. N. Y.: M. E. Sharpe, Inc.

Berry, J. W., & Kalin, R. (1995). Multicultural and ethnic attitudes in Canada. *Canadian Journal of Behavioral Science, 27*, 310−320.

Bickman, L. (1987). The function of program theory. In L. Bickman (eds.), Using program theory in evaluating, *New directions for program evaluating, 33*. San Francisco: Jossey−Bass.

Blanchard−Fields, F. (1989). *Postformal reasoning in a socioemotional context*. New York, NY, England: Praeger Publishers.

Boulding, W., Kalra, A., Stalin, R., & Zithaml, V. (1993). A dynamic process model of service quality: From expactation to behavioral intentions. *Journal of Marketing Research, 30*, 7−27.

Bouman, M., & van der Wiele, T. (1992). "Measuring service quality in the car service industry: Building and testing an instrument.", *International Journal of Service Industry Management, 3*(4), 4−16.

Brandtstädter, J., & Rothermund, K. (1994). Self−percepts of control in middle and later adulthood: Buffering losses by rescaling goals. *Psychology and aging, 9*(2), 265.

Broom, C. (1998). *Performance Measurement Concepts and Techniques*. Washington, D. C.: American Society for Public Administration.

Bruijin, H. (2007). *Managing Performance in the Public Sector*. N. Y.: Routledge.

Burr, W. R., Leigh, G. K., Day, R. D., & Constantine, J. (1979). Symbolic inter-action and the family. In W. R. Burr, R. Hill, F. I. Nye., & I. L. Reiss (Eds.), *Contemporary theories about the family* (Vol. 2, pp. 42-111).

Buttle, F. (1996). Servqual: Review, critique, research agenda. *European Journal of Marketing, 30*(1), 8-32.

Callow-Heusser, C., Chapman, H., & Torres, R. (2005). *Evidence: An assential tool*. Prepared for national science foundation under grant EHR-0233382, April.

Campbell, A. (1981). *The sense of well-being in America: Recent patterns and trends*. New York: McGraw-Hill Publications.

Caplan, G. (1990). Loss, stress, and mental health. *Community mental health journal, 26*(1), 27-48.

Cardy, R. L. (2004). *Performance management*. Armonk. New York: M. E. Sharpe.

Carman, J. M. (1990). "Consumer perceptions of service quality: An assessment of the SERVQUAL dimensions", *Journal of Reading, Vol. 66,* No. 1, Spring, pp. 33-5.

Carstensen, L. L. (1999). A life-span approach to social motivation. In J. Heckhausen., & C. Dweck (Eds.), *Motivation and self regulationacross the life-span* (pp. 341-364). Cambridge, England: Cambridge University Press.

Carstensen, L. L., & Cone, J. D. (1983). Social desirability and the measurement of psychological well-being in elderly persons. *Journal of Gerontology, 38*(6), 713-715.

Cavell, T. A. (1990). Social adjustment, social performance, social skills: Atri-component model of social competence. *Journal of clinical psychiatry, 19*, 111-122.

Chai, Rosemary C. K. (2001). *An explonatory study of cross-cultural adaptation of U. S. expatriates in Singapore*. unpublished doctoral dissertation. The University of New Mexico.

Chen, H. T. (1990). *Theory-driven evaluations*. Sage.

Coleman, P. G., Philp, I., & Mullee, M. A. (1995). Does the use of the Geriatric Depression

Scale make redundant the need for separate measures of well-being on geriatrics wards? *Age and ageing, 24*(5), 416–420.

Collette, J. (1984). Sex differences in life satisfaction: Australian data. *Journal of Gerontology, 39*(2), 243–245.

Cooper, P., Osborn, M., Gath, D., & Feggetter, G. (1982). Evaluation of a modified self-report measure of social adjustment. *The British Journal of Psychiatry,* 141(1), 68–75.

Cronin, J. J. Jr., & Taylor, S. A. (1992). "Measuring service quality: A reexamination and extension", *Journal of Marketing, 56,* July: 55–68.

Cummings, T., & Worley, G. (2005). *Organizations development and change.* Mason, OH: Thomson.

Danziger, S., & Porteney, K. (1982). The distribution impact of public policies. *Policy Study Journal, 10*(4), 623–638.

Davis, P., & Knapp, M. (1981). *Old peoples' home and the production of welfare.* London: Routledge and Kegan Paul.

Denhart, J. V., & Arstigueta, M. P. (2008). Performance management systems: Providing accountability and challenging coolaoration. In W. Nac Dooren., & S. Van de Walle (eds.), *Performance Information in the Public Sector.* Ken Kernaghan: Palgrave macmillan.

DeKler, M. (2007). Healing emotional trauma in organizations: An O. D. framework and case study. *Organizational Development Journal, 25*(2), 49–56.

DePoy, E., & Gilson, S. F. (2003). *Evaluation practice: Thinking and action principles for social work practice.* Thomson/Brooks/Cole.

Diehl, M., Coley, N., & Labouvie-Vief, G. (1996). Age and sex differences in strategies of coping and defense across the life span. *Psychology and Aging, 11,* 127–13.

Diener, E., Horwitz, J., & Emmons, R. A. (1985). Happiness of the very wealthy. *Social Indicators Research, 16*(3), 263–274.

Diener, E. (1984). Subjective well-being. *Psychological Bulletin, 95,* 542–575.

Diener, E., Suh, E., Lucas, R., & Smith, H. (1999). El bienestar subjetivo, tres décadas de progreso. *Boletín Psicológico, 125(2),* 271–302.

Diener, E. D., Emmons, R. A., Larsen, R. J., & Griffin, S. (1985). The satisfaction with life scale. *Journal of personality assessment, 49*(1), 71-75.

Donabedian, A. (1980, 1982, 1985). *Explorations in quality assessment and monitoring, Vol. 1: The definition of quality and approaches to its assessment; Vol 2: The criteria and standards of quality; Vol 3: The methods and findings of quality assessment and monitoring.* Ann Arbor, MI: Health Administration Press.

Emmons, R. A., & Colby, P. (1995). Emotional conflict and well-being: Relation to perceived availability, daily utilization and obserer reports of social support. *Journal of Personality and Social Psychology, 68*, 947- 95.

Eng, E., & Parker, E. (1994). Measuring community competence in the Mississippi Delta: The interface between program evaluation and empowerment. *Health Education & Behavior, 21*(2), 199-220.

Evans, J. R. (2008). *Quality & performance excellence: Management, organizations, and strategy* (5th ed.). Mason: Thomson.

Farzianpour, F., Fourodhani, A. R., Vahidi, R. G., Arab, M., & Mohamedi, A. (2011). Investigating the relationship between organizational social capital and service quality in teaching hospitals. *American Journal of Economics and Business Administration, 3*(2), 425-429.

Featherman, D. L. (1992). Development of reserves for adaptation to old age: Personal and societal agendas.

Ford, J. M., Joseph, M., & Joseph, B. (1993). "*Service quality in higher education: A comparison of universities in the United States and New Zealand using SERVQUAL*". unpublished manuscript, Old Dominion University, Norfolk, VA.

Forrest, R., & Kearns, A. (2001). Social cohesion, social capital and the neighbourhood. *Urban studies, 38*(12), 2125-2143.

Freeman, R. E., & Phillips, R. A. (2002). Stakeholder theory: A libertarian defense. *Business ethics quarterly, 12*(3), 331-349.

French, W. (1969). Organization development: Objectives, assumptions, and strategies. *California Management review, 12*(2), 23-34.

Frechtling, J. (2007). *Logic modeling methods in program evaluation.* San Francisco: Jossey Bass.

Gaster, L. (1995). *Quality in public services: Managers' choices.* Buckingham, MK: Open

University Press.

Gates, A. I. (1950). Educational psychology, 3, New York: Macmillan Co. (pp. 614−615).

Germain, C. B. (1979). *Social Work Practice: People and Environments*. New York: Columbia University Press.

Grönroos, C. (1982). *Strategic Management and Marketing in the Service Sector*. Swedish School of Economics and Business Administration, Helsinki.

Grinnell, Jr., R. M. (1997). *Social work research and evaluation* (5th ed.). Itasca, I1: F. E. Peacock Publishers, Inc.

Grinnell, Jr., R. M., Gabor, P. A., & Unrau, Y. A. (2012). *Program Evaluation for Social Workers: Foundations of Evidence−Based Programs* (6th ed.). New York: Oxford University Press.

Gunther, J., & Hawkins, F. (1996). *Total quality management in human service organizations*. New York: Springer Publishing Co.

Hall, I., & Hall, D. (2004). *Evaluation and social research*. New York: Macmillan.

Harbour, J. L. (2009). *The basics of performance measurement* (2nd ed.). New York: CRC Press.

Hatry, H. P. (1999). *Performance Measurement: Getting Results*. Washington, D. C.: Urban Institute Press.

Heatherton, T. F., & Polivy, J. (1991). Development and validation of a scale for measuring state self−esteem. *Journal of Personality and Social psychology, 60*(6), 895.

Hedvall, M.−B., & Paltschik, M. (1989). "An investigation in, and generation of, service quality concepts", In G. j. Avlonitis et al. (Eds), *Marketing thought and practice in the 1990s*. European Marketing Academy, Athens: 473−83.

Helliwell, J. F., & Putnam, R. D. (1995). Economic growth and social capital in Italy. *Eastern economic journal, 21*(3), 295−307.

Hills, P., & Argyle, M. (2002). The Oxford Happiness Questionnaire: A compact scale for the measurement of psychological well−being. *Personality and individual differences, 33*(7), 1073−1082.

HM Treasury. (2001). Choosing the Right Fabric: A Framework for Performance Information. London, H. M. Treasury.

Honzik, M. P. (1984). Life−span development. *Annual review of psychology, 35*(1), 309−

331.

Hsu, C. P., Chang, C. W., Huang, H. C., & Ghiang, C. Y. (2011). The relationships among social capital, organizational commitment and customer−oriented prosocial behaviour of hospital nurses. *Journal of chanical Nursing, 20*, 1383−1392.

Iacobucci, D., Grayson, K. A., & Omstrom, A. L. (1994). "The calculus of service quality and customer satisfaction: Theoretical and empirical differentiation and integration", In T. A., Swatyz, D. E. Bowen & Brown, S. W. (Eds.), *Advances in Services Marketing and Management* (Vol. 3)(pp. 1−68), JAI Press, Greenwich, CT.

Jain, S., & Gupta, G. (2004). Measuring service quality: Servqual vs. servperf scales. *VIKALPA, 29*(2), 25−37.

Janis, I. L., & Field, P. B. (1959). Sex differences and personality factors related to persuasibility.

Janson, P., & Mueller, K. F. (1983). Age, Ethnicity, and Well−Being A Comparative Study of Anglos, Blacks, and Mexican Americans. *Research on Aging, 5*(3), 353−367.

John, O. P., & Gross, J. J. (2004). Healthy and unhealthy emotion regulation: Personality processes, individual differences, and life span development. *Journal of personality, 72*(6), 1301−1334.

Johnson, H. W. (1995). *The Social Services: An Introduction* (4th ed.). Itasca, IL: F. E. Peacock Publishers Inc.

Kandall, J., & Knapp, M. (2000a). Measuring the performance of voluntary organizations. *Pubic Management, 2*(1), 105−132.

Kandall, J., & Knapp, M. (2000b). The third sector and welfare state modernization: In puts, activities and comparative performance. *Civil Society Working Paper, 14*.

Kaplan, R. S., & Norton, D. P. (1992). The balanced scorecard: Measures that drive performance. *Harvard Business Review, January−February*, 71−80.

Kaplan, R. S., & Norton, D. P. (1993). Putting the balanced scorecard to work. *Harvard Business Review, September−October*, 2−16.

Kaplan, R. S., & Norton, D. P. (1996a). *The balanced scorecard*. Boston: Harvard Business School Press.

Kaplan, R. S., & Norton, D. P. (1996b). Linking the balanced scorecard to strategy. *California Management Review, 39*(1).

Kehneman, D., & Miller, D. T. (1986). Norm theory: Comparing reality to its alternatives.

Psychological Review, Vol. 93, 136-153.

Kellogg Foundation. (2000). *Logic model development guide*. Bettle Creek, Michigan: Author.

Kinston, W., Loader, P., & Miller, L. (1987). Emotional health of families and their members where a child is obese. *Journal of psychosomatic research, 31*(5), 583-599.

Knack, S., & Keefer, P. (1997). Does social capital have an economic pay off? A cross-country investigation. *The Quarterly journal of economics, 112*(4), 1251-1288.

Knapp, M. (1984). *The Economics of social care*. London: Macmillan.

Larson, R. (1978). Thirty years of research on the subjective well-being of older Americans. *Journal of gerontology, 33*(1), 109-125.

Lavee, Y., McCubbin, H. I., & Patterson, J. M. (1985). The double ABCX model of family stress and adaptation: An empirical test by analysis of structural equations with latent variables. *Journal of Marriage and the Family*, 811-825.

Lawrie, G., & Cobbold, I. (2002a). Development of the 3rd generation balanced scorecard. 2GC Working Paper. 2GC Active Management: UK.

Lawrie, G., & Cobbold, I. (2002b). Classification of balanced scorecards on their intended use. 2GC Working Paper. 2GC Active Management: UK.

Lawton, M. P. (1972). Assessing the competence of older people. Research, planning, and action for the elderly: The power and potential of social science.

Lawton, M. P. (1975). The Philadelphia geriatric center morale scale: A revision. *Journal of Gerontology, 30*(1), 85-89.

Lawton, M. P. (2003). Lawton's PGC Morale Scale. Retrieved July, 2, 2011.

Leana, C. R., & Pil, F. K. (2006). Social Capital and Organizational Perfomance: Evidence from Urban Public Schools. *Organizational Science, 17*(3), 353-366.

Leana, C. R., & Van Buren, H. J. (1999). Organizational Social Capital and Emplotment Practices. *Academy of Management Review, 24*(3), 538-555.

Leblanc, G., & Nguyen, N. (1988). "Customers' perceptions of service quality in financial institutions", *International Journal of Bank Marketing, Vol. 6*, No.4, 7-18.

Lehtinen, J. R., & Lehtinen, O. (1982). *Service quality: A study of quality dimensions*, unpublished working paper. Service Management Institute, Helsinki.

Lewis, B. R. (1993). Service quality measurement. *Marketing Intelligence and Planning,*

11(4), 4−12.

Liang, J., Asano, H., Bollen, K. A., Kahana, E. F., & Maeda, D. (1987). Cross−cultural comparability of the Philadelphia Geriatric Center Morale Scale: An American−Japanese comparison. *Journal of Gerontology, 42*(1), 37−43.

Liang, J., Bennett, J., Akiyama, H., & Maeda, D. (1992). The structure of PGC Morale Scale in American and Japanese aged: A further note. *Journal of cross−cultural gerontology, 7*(1), 45−68.

Liang, J., & Bollen, K. A. (1983). The structure of the Philadelphia Geriatric Center Morale scale: A reinterpretation. *Journal of Gerontology, 38*(2), 181−189.

Lin, N. (2001). *Social capital: A theory of social structure and action*. London: Cambridge University Press.

Lipsey, M. W. (1993). Theory as method: Small theories of treatments. *New directions for program evaluation, 1993*(57), 5−38.

Lochner, K., Kawachi, I., & Kennedy, B. P. (1999). Social capital: A guide to its measurement. *Health & place, 5(4)*, 259−270.

Ma, L., Green, K. E., & Cox, E. O. (2009). Stability of the Philadelphia Geriatric Center Morale Scale: A multidimensional item response model and Rasch analysis. *Journal of Applied Gerontology*, 10.1177/0733464809339623.

Mangold, G. W., & Babakus, E. (1991). "Service quality: the front−stage perspective vs. the back stage perspective", *Journal of Services Marketing, Vol. 5*, No. 4, Autumn: 59−70.

Mannell, R. C., & Dupuis, S. (1996). Life satisfaction. *Encyclopedia of gerontology, 2*, 59−64.

Mark, M. M., Henry, G. T., & Julnes, G. (2000). *Evaluation: An integrated framework for understanding, guiding, and improving public and nonprofit policies and programs*. San Francisco, CA: Jossey−Bass.

Marr, B. (2009). *Managing and delivering performance*. London: BH.

Martin, L. (1993). *Total quality management in human service organizations*. Newbury Park, CA: Sage.

Martin, L. L. (2009). Program planning and management. In R. J. Patti (ed.), *The handbook of human services management* (2nd ed.). London: Sage.

Martin, L. L., & Kettner, P. M. (1996). *Measuring the performance of human service programs* (Vol. 71). Sage.

Martin, L. L., & Kettner, P. M. (2010). *Measuring the performance of human service programs.* Thousand Oaks, Califonia: Sage.

McDavid, J., & Hawthorn, L. (2006). *Program evaluation and performance measurement.* London: Sage.

McHugh, D., Groves, D., & Alker, A. (1998). Managing learning: What do we learn from a learning organization? *The Learning Organization, 5*(5), 209−220.

McLaughlin, J., & Jordan, G. B. (1999). Logic model: A tool for telling your programs performance story. *Evaluation and program planning, 5*(5), 209−220.

McMurtry, S. L., & Hudson, W. W. (2000). The Client Satisfaction Inventory: Results of an initial validation study. *Research on Social Work Practice, 10(5)*, 644−663.

Miller, G. A. (2009). Wordnet. Princeton, Trustees of Princeton University.

Moorehouse, M. J. (1991). Linking maternal employment patterns to mother−child activities and children's school competence. *Developmental Psychology, 27*(2).

Morris, J. N., & Sherwood, S. (1975). A retesting and modification of the Philadelphia Geriatric Center Morale Scale. *Journal of Gerontology, 30*(1), 77−84.

Nahapiet, J., & Ghoshal, S. (1998). Social Capital, Intellectual Capital, and the Organizational Advantage. *Academy of Management Review, 23*(2), 242−266.

Neugarten, B. L., Havighurst, R. J., & Tobin, S. S. (1961). The measurement of life satisfaction. *Journal of gerontology, Vol. 16*, 134−143.

Niven, P. (2003). *Balanced scorecard step by step for government and nonprofit agencies.* Hoboken, NJ: John Wiley & Sons, Inc.

Niven, P. (2008). *Balanced scorecard step by step for government and nonprofit agencies* (2nd ed.). Hoboken, NJ: John Wiley & Sons, Inc.

Oakland, J. S. (1989). *Total quality management.* London: Butterworth/Heinemann.

Oh, H. S., Labianca, G., & Chung, M. H. (2006). A multilevel model of group socail capital. *Academy of Management Review, 31*(3), 569−582.

O'Keeff, T. (2002). Organizational learning: A new perspective. *Journal of European Industrial Training, 26*(2), 130−141.

Onyx, J., & Bullen, P. (2000). Measuring social capital in five communities. *The journal of *applied behavioral science, 36*(1), 23–42.

Parasuraman, A., Zeithaml, V., & Berry, L. L. (1985). "A conceptual model of service quality and its implications for future research", *Journal of Marketing, Bol. 49*, Autumn: 41–50.

Parasuraman, A., Zeithaml, V., & Berry, L. L. (1988a). A conceptual model of service quality and its implications for future research. *Journal of Marketing, 49*, 41–50.

Parasuraman, A., Zeithaml, V., & Berry, L. L. (1988b). SERVQUAL: A multiple item scale for measuring consumer perceptions of service quality. *Journal of Retailing, 64*(1), 12–40.

Parasuraman, A., Zeithaml, V., & Berry, L. L. (1991b). "Refinement and reassessment of the SERVQUAL scale", *Journal of Retailing, Vol. 67*, No.4: 140–7.

Parasuraman, A., Zeithaml, V., & Berry, L. L. (1994). "Reassessment of expectations as a comparison standard in measuring service quality: Implications for future research", *Journal of Marketing, Vol. 58*, January, 111–24.

Paxton, P. (1999). Is social capital declining in the United States? A multiple indicator assessment 1. *American Journal of sociology, 105*(1), 88–127.

Pedler, M., Burgogyne, J., & Boydell, T. (1997). *The learning company: A strategy for sustainable development* (2nd ed.). London: McGraw–Hill.

Piaget, J. (1952). *The origins of intellgence in chilldren.* New York: International university press.

Pierce, R. C., & Clark, M. M. (1973). Measurement of morale in the elderly. *The International Journal of Aging and Human Development, 4*(2), 83–101.

Poister, T. (2003). *Measuring perfomance in public and nonprofit organizations.* Jossey–Bass.

Putnam, R. D. (1993). The Prosperous Community: Docial Capital and Public Life. *American Prospects, 4*(13), 35–42.

Richard, M., & Allaway, A. (1993). Service quality attributes and choice behavior. *Journal of Service Marketing, Vol. 7*, No. 1, 59–68.

Richmond, J. B., & Beardslee, W. R. (1988). Resiliency: Research and practical implications for pediatricians. *Journal of Developmental & Behavioral Pediatrics, 9*(3), 157–163.

Robinson, L. J., Schmid, A. A., & Siles, M. E. (2002). Is social capital really capital?. *Review of Social Economy, 601*, 1−21.

Rodríguez−Pose, A., & Von Berlepsch, V. (2014). When migrants rule: the legacy of mass migration on economic development in the United States. *Annals of the Association of American Geographers, 104*(3), 628−651.

Rook, K. S. (1997). Positive and negative social exchanges: Weighing their effects in later life. *The Journals of Gerontology Series B: Psychological Sciences and Social Sciences, 52*(4), S167−S169.

Rosenberg, M. (1979). *Concerning the self.* New York: Basic Books.

Rossi, P. H., Freeman, H. E., & Lipsey, M. W. (2004). *Evaluation* (7th ed.). Sage Publications.

Rothman, M. L., Hedrick, S., & Inui, T. (1989). The Sickness Impact Profile as a measure of the health status of noncognitively impaired nursing home residents. *Medical care*, S157−S167.

Rowe, J. W., & Kahn, R. H. (1998). *Successful Aging.* New York: Dell Publishing a Division of Random House.

Royse, D., Thyer, B., Padgett, D., & Logan, T. K. (2006). *Program evaluation* (4th ed.). Belmont, CA: Thomson.

Rutter, M. (1987). Psychosocial resilience and protective mechanisms. *American journal of orthopsychiatry, 57*(3), 316.

Ryden, N. B. (1984). Morale and perceived control in institutionalized elderly. *Nursing Research, 33(3)*, 130−136.

Ryff, C. D. (1989). "In the Eye of Beholder: Views of Psychological Well−being among Middle−aged and Older Adult", *Psychology and Aging, 4*, 195−210.

Ryff, C. D. (1995). Psychological well−being in adult life. *Current directions in psychological science, 4*(4), 99−104.

Sage, G. (1974). *Sport and american society: Selected readings* (2nd ed.). Reading, MA: Addison Wesley.

Sampson, R. J., Raudenbush, S. W., & Earls, F. (1997). Neighborhoods and violent crime: A multilevel study of collective efficacy. *Science, 277*(5328), 918−924.

Schultz, R., & Heckhausen. J. (1996). "A Life span model of successful aging", *American Psychologist, 51*(7), 702−714.

Seeman, T. E., Berkman, L. F., Charpentier, P., Blazer, D., Albert, M., & Tinetti, M. (1995). Behavioral and Psychosocial Predictors of Physical Performance: MacArthur Studies of Successful Aging. *Journal of Gerontology, 50A*(4), M177–M183.

Senge, P. (1990). *The fifth discipline*. London: Century Business.

Shaffer, L. F. (1936). *The psychology of adjustment* (p. 16). New York: Houghton Mifflin.

Shaffer, L. F. (1956). *The Psychology of Adjustment* (p. 398). Boston: Houghton Mifinin Co.

Smith, A. (1998). *Training and development in Australia* (2nd ed.). Sydney: Butterworths.

Smotkin, D., & Madari, G. (1996). An outlook on subjective well-being in older Israeli adults. *International Journal of Aging and Human Development, 42*, 271–289.

Spates, T. G. (1948). *Leadership and Human Relations at the Places Where People Work*.

Stock, W. A., Okun, M. A., & Benito, J. A. G. (1994). Subjective well-being measures: Reliability and validity among Spanish elders. *The International Journal of Aging and Human Development, 38*(3), 221–235.

Strawbridge, W. J., Cohen, R. D., Shema, S. J., & Kaplan, G. A. (1996). Successful aging: Predictors and Associated Activities. *Am J Epidemiol, 144*, 135–41.

Stupak, R., & Leitner, P. (2001). *Handbook of public quality management*. New York: Marcel Dekker, Inc.

Talbot, C. (2010). *Theories of Performance: Organizational and service improvement in the public domain*. London: Oxford University Press.

Teas, K. R. (1993a). "Expectations, performance evaluation and consumers' perceptions of quality", *Journal of Marketing, Vol. 57*, No. 4, 18–24.

Teas, K. R. (1993b). "Consumer expectations and the measurement of perceived service quality", *Journal of Professional Services Marketing, Vol. 8*, No. 2, 33–53.

Teas, K. R. (1994). "Expectations as a comparison standard in measuring service quality: An assessment of a reassessment", *Journal of Marketing, Vol. 58*, January, 132–9.

The United Way of America. (1996). *Measuring program outcomes: A practical approach*. Alecandria, VA: Author.

The World Values Survey(WVS). (2012). http://www.worldvaluessurvey.org.

Tsai, W., & Ghoshal, S. (1998). Social Capital and Value Creation: The Role of Intra-firm Networks. *Academy of Management Journal, 41*(4), 464–476.

United Way of America. (1999). *Achieving and Measuring Community Outcomes: Challenges,*

Issues, Some Approaches. United Way of America.

Van Dooren, W., Bouckaert, G., & Halligan, J. (2010). *Performance Management in the Public Sector*. New York: Routledge.

Wagnild, G., & Young, H. (1987). The Resilience ScaleTM Homepage. Recuperado em, 21.

Wagnild, G., & Young, H. (1990). Resilience: Analysis and measurement. *The Gerontologist, 30*, 267−280.

Wagnild, G. M., & Young, H. M. (1993). The Resilience Scale(RS). Literature Review of Koncept. *Psychological Resiliency*, 64−67.

Wason, P. J., & Johnson−Laird, P. N. (1972). *Psychology of Reasoning: Structure and Content*. London: B.T. Batsford.

Weinbach, R. (2004). *Evaluating social work services and programs*. New York: Allen and Bacon.

Weiss, C. H. (1998). *Evaluation* (2nd ed.). Upper Saddle River, N. J.: Prentice−Hall.

Weissman, M. M., & Paykel, E. S. (1974). *The depressed woman: A study of social relationship*. Chicago, IL: University of Chicago Press.

Weissman, M. M., & Bothwell, S. (1976). Assessment of social adjustment by patient self−report. *Archives of general psychiatry, 33*(9), 1111−1115.

Wethington, E., & Kessler, R. C. (1986). Perceived support, received support, and adjustment to stressful life events. *Journal of Health and Social behavior*, 78−89.

Worley, C., & Feyetherm, A. (2003). Reflections on the future of OD. *Journal of Applied Behavioral Science, 39*, 97−115.

Wrosch, C., & Heckhausen, J. (2002). Peceived control of life regrets: Good for young and bad for old adults. *Psychology and aging, 17*(2), 340.

Wutruba, T. R., & Tyagi, P. (1991). Met expectations and turnover in direct selling. *Journal of Marketing, 55*, 24−35.

WVS. (2012). World Values Survey 2010−2012 Wave.

Yates, B. T. (1996). *Analyzing costs, procedures, processes, and outcomes in human services*. Thousand Oaks, CA: Sage.

Zaccaro, S. J., Blair, V., Peterson, C., & Zazanis, M. (1995). *Collective efficacy. In Self−efficacy, adaptation, and adjustment* (pp. 305−328). Springer US.

찾아보기

저자 소개

지은구(사회복지학박사)
현 계명대학교 사회과학대학 사회복지학과 교수
〈주요 저서 및 역서〉
지은구, 2016. 한국사회복지 전달체계연구. 계명대학교 출판부.
지은구, 2014. 사회복지경제와 측정. 도서출판 민주.
지은구, 2013. 사회복지경제분석론. 청목출판사.
지은구, 2012. 비영리조직 성과관리. 나눔의 집.
지은구, 2012. 비영리조직변화연구. 청목출판사.
지은구, 2010. 사회복지재정연구. 집문당.
지은구, 2008. 사회복지평가론. 학현사.
지은구, 2006. 자본주의와 사회복지. 청목출판사.
지은구, 2006. 사회복지조직연구. 청목출판사.
지은구, 2005. 사회복지행정론. 청목출판사.
지은구, 2005. 사회복지프로그램개발과 평가. 학지사.
지은구, 2003. 사회복지경제학연구. 청목출판사(문화관광부선정 우수학술도서).
지은구 외, 2015. 최신 사회문제론. 학지사.
지은구 외, 2015. 노인요양시설과 성과측정. 학지사.
지은구 외, 2015. 사회복지측정도구개발의 실제. 학지사.
지은구 외, 2014. 복지국가와 사회통합. 청목출판사.
지은구 외, 2010. 사회복지서비스의 특성과 이용자재정지원. 나눔의 집(문화체육부 선정 우수학술도서).
지은구 외, 2009. 사회복지서비스 재정지원방식. 청목출판사.
지은구 외, 2009. 사회서비스사례조사연구. 청목출판사.
지은구 외, 2009. 지역사회복지론. 학지사.
지은구 외(공역), 2012. 프로그램평가와 로직모델. 학지사.
지은구 외(공역), 2009. 바우처와 복지국가. 학지사(학술원 선정 우수학술도서).
〈주요 논문〉
Eun-gu Ji, 2006. A study of the structural risk factors of homelessness in 52 metropolitan areas in the
U. S. *International Social Work*, *49*(1), 107-117 외 다수

조성숙(사회복지학박사)

현 계명대학교 사회과학대학 사회복지학과 부교수

〈주요 저서 및 역서〉

조성숙, 2015. 사회복지 프로그램 개발과 평가. 도서출판 신정.

조성숙, 이신영, 2013. 사회복지현장실습. 공동체.

조성숙, 2011. 비영리마케팅: 비영리조직의 고효율, 저비용 마케팅 전략(역). 도서출판 신정.

지은구, 조성숙, 2010. 지역사회복지론. 학지사.

조성숙, 2009. 이데올로기와 복지(역). 도서출판 신정(2010 대한민국 학술원 우수도서 선정).

〈주요 논문〉

Cho, S. S., & Gillespie, D. F., 2016. A conceptual model exploring the dynamics of government–nonprofit service delivery. *Nonprofit and Voluntary Sector Quarterly*, 35(3), 493–509. 외 다수

김민주(사회복지학박사)

전 창신대학교 사회복지학과 겸임교수

현 계명대학교 사회복지학과 BK21 플러스 지역사회통합인재양성사업단 연구교수

〈주요 저서〉

김민주 공저, 2015. 사회복지측정도구개발의 실제. 학지사.

김민주 공저, 2015. 최신 사회문제론. 학지사.

김민주 공저, 2014. 복지국가와 사회통합. 청목출판사.

김민주 공저, 2012. 장애인복지론. 공동체.

김민주 공저, 2012. 사회복지현장실습. 형설출판사.

김민주 공저, 2011. 사회복지행정론. 형설출판사.

김민주 공저, 2010. 사회복지개론. 공동체.

김민주 공저, 2009. 사회복지프로그램개발과 평가. 공동체.

〈주요 논문〉

김민주, 2015. "돌봄 서비스 제공인력의 이직의도에 미치는 영향에 관한 비교연구". 비판사회정책, 46, 48–84.

김민주 외, 2014. "노인요양시설 서비스품질척도 타당도 연구". 한국노인복지학회, 66, 141–165.

김민주 외, 2014. "지역사회복지관 성과관리측정척도 타당도 연구". 한국사회복지행정학, 16(1), 147–177.

김민주 외, 2014. "사회복지사가 인지하는 사회적자본 지표개발과 타당도 연구". 경성대 사회과학연구소, 31(1), 161–192.

김민주 외, 2014. 돌봄서비스 제공인력의 감정노동수행정도가 이직의사에 미치는 영향에 관한 연구–장애인 활동서비스 제공인력을 중심으로–. 비판사회정책, 44, 7–45. 외 다수

사회서비스와 성과측정
Social Service and Performance Measurement

2017년 1월 5일 1판 1쇄 인쇄
2017년 1월 10일 1판 1쇄 발행

지은이 • 지은구 · 조성숙 · 김민주
펴낸이 • 김진환
펴낸곳 • (주) **학지사**

　　　　04031 서울특별시 마포구 양화로 15길 20 마인드월드빌딩
대표전화 • 02)330-5114　　　　팩스 • 02)324-2345
등록번호 • 제313-2006-000265호

홈페이지 • http://www.hakjisa.co.kr
페이스북 • https://www.facebook.com/hakjisabook

ISBN 978-89-997-1087-2　93330

정가 18,000원

이 도서의 국립중앙도서관 출판시도서목록(CIP)은 서지정보유통지원
시스템 홈페이지(http://seoji.nl.go.kr)와 국가자료공동목록시스템
(http://www.nl.go.kr/kolisnet)에서 이용하실 수 있습니다.
(CIP제어번호: CIP2016026762)

······· 교육문화출판미디어그룹 **학지사** ·······

심리검사연구소 **인싸이트** www.inpsyt.co.kr
원격교육연수원 **카운피아** www.counpia.com
학술논문서비스 **뉴논문** www.newnonmun.com